シリーズ　災害と社会

灾害与社会

シリーズ　災害と社会

1

灾害社会学导论

［日］大矢根淳　浦野正树　田中淳　吉井博明 编著

蔡骐　翟四可 译

2017·北京

大矢根淳 浦野正树 田中淳 吉井博明
災害社会学入門
弘文堂 2007 年
根据日本弘文堂出版社 2007 年版译出

总序

日本乃世界著名多灾之邦，地震、海啸、台风、暴雨、火山喷发的发生频度尤高，如1994年到2002年期间，全球范围内6级以上地震共发生160余次，其中20.5%发生在这个国土面积仅占世界总面积的0.25%的国度。置身于这种"危机四伏"的自然环境，同时受到欧美灾害社会学研究的影响，"二战"以后，灾害研究逐渐成为日本社会学的一个重要分支。经60余年的蓄积，日本灾害社会学已跻身世界灾害社会学研究的前列。

一、日本灾害社会学的系谱

论及日本灾害社会学研究的先驱，一般会追溯到明治时期的震灾预防调查会和大正时期的临时震灾救护事业局。1891年浓尾大地震之后，明治政府组建震灾预防调查会，通过它重点展开四项工作：调查此次震灾损失的各项具体数据；进行地震科学的测定、观察和调查；研究建筑物的抗震性能；及时公布上述各项调查研究成果并将之作为制定相关社会政策的重要依据。此后数十年里，作为国家层面的灾害对策研究机构，震灾预防调查会始终是日本灾害对策研究的核心。1923年关东大震灾之后，大正政府立即成立临时震灾救护事业局，负责全面指导和协调抗震救灾工作。从灾害社会学研究角度来看，临时震灾救护事业局在震后两个月实施的一项调查特别值得一提。与以往的灾害调查相比，这次调查具有一个鲜明特点：开始关注灾后复兴的问题。其具体表现在三个方面：第一，为把握震灾导致的人口移动以及灾区外迁人口的生存状况和返乡意愿，把调查区域扩大到日本全国，而不只局限于受灾地区；第二，为给受灾地区复兴规划提供具体依据，调查内容以受灾人口的"就业"和"住房"状况为重点；第三，把调查结果作为制定受灾地区公共住宅政策的直接依据。因此，这项调查被认为是日本灾害社会学研究史上的一个重要进步。另外，20世纪40年代中期至50年代初期关于东京大轰炸和核爆炸受害者的调查研究也是日本灾害社会学研究史册中的重要一页，不过其研究主体主要是美国的一些研究组织。

一般认为，1964年关于新潟大地震时的恐慌行为及灾害信息的美日合作研究，是作为纯学术研究的日本灾害社会学研究的起点。而参加这一研究的安倍北夫、秋元律郎和冈部庆三等学者，则被日本灾害社会学界公认为第一代学者的代表。安倍的主要业绩在于，通过对城市居民的灾害应急行为的系统分析，归纳出决定生死的要素，在此基础上提出有助于成功逃生的应急行动模式。秋元的学术贡献主要表现在三个方面：一是通过对战后美国灾害社会学的理论发展和研究个案的梳理，归纳出"战后美国灾害社会学发展阶段说"；二是将美国灾害社会学理论运用于日本的灾害案例研究，提出日本城市灾害的组织应对模式；三是培养了一批年轻学者。冈部主要以人际交往理论为分析工具，推进了灾害信息（警报、避难指示及避难劝告等）和避难行动这两个领域的研究。此外，山口弥一郎也是日本灾害社会学第一代学者中的一位杰出人物，他对明治时期以来多次遭遇海啸灾害的三陆地区渔村进行了长达八年的实地调查，依据翔实的一手资料，一方面运用民俗学理论解释灾区居民的家系和生业的复兴过程，另一方面运用地理学方法分析灾区居民在迁居高地后重建居民共同体的过程，并对那些渔村在近半个世纪中重复"受灾—复兴—再度受灾"的原因进行了剖析，为日本灾害社会学研究留下了弥足珍贵的成果。

就学者梯队而言，日本灾害社会学至今已有六代学者①。20世纪70年代以后，日本实施大量吸收学者参与政策制定过程的国策。在这一背景下成长起来的第二代学者以吉井博明和广井修为代表，他们在研究重点上，承继第一代学者的传统，继续致力于灾害信息研究；在研究取向上，开启了作为"智囊团"参与重大法律法规和政府决策制定的先河。如吉井、广井分别承担了政府关于宫城县冲地震、伊豆大岛近海地震等灾害的受灾状况调查的组织工作，还直接参与了《大规模地震特别措施法》等重要法规的制定。可以说，推进灾害信息研究和积极服务于国家的防灾对策是第二代学者的两项主要功绩。20世纪80年代这十年里，日本没有发生重大自然灾害，这使第一代和第二代的学者得以潜心反思和整理以前的研究成果，并在此基础上出版了一批灾害社会学基本理论著作，如《都市灾害的科学》（安倍北夫、秋元律郎，有斐阁，1982）、《现代的精神181号，都市和灾害》（秋元律郎，至文堂，1982）、《灾害和日本人》（广井修，时事通信社，1986）、《灾害报道和社会心理》（广井修，中央经济社，1987）、《对灾害的社会科学研究》（广濑弘忠，新曜社，1981）等。而山本康正、浦野正树、广濑弘忠、田中淳、林春男、田中重好等一

---

① 此为大矢淳根在给笔者的电子邮件中阐述的观点。

批年轻人在参加这些著作的资料整理和参与撰写的过程中，成长为第三代学者。大矢根淳、横田尚俊、中森广道、山下祐介、渥美公秀等第四代学者，在20世纪80年代末开始研究生涯，到1995年阪神·淡路大震灾时成为受灾地长期研究的中坚力量。在阪神·淡路大震灾时初涉灾害社会学研究的菅磨志保、越山健治、永松伸吾、关谷直也、浅野幸子等人，在之后接连发生的芸予地震、中越地震、能登半岛地震等灾害中积累起研究经验和成果，成为东京大学、京都大学、大阪大学、早稻田大学等相关研究机构的重要生力军，被称为第五代学者。而活跃于2011年东日本大震灾研究第一线的一批新人，正在成长为第六代学者。

从研究本身来看，日本灾害社会学研究在20世纪80年代以后进步显著，主要表现在四个方面：一是跨学科研究者增加；二是研究领域扩大；三是受灾地长期调查研究方法得以确立；四是灾害共生对策研究成为核心主题。究其背景，以下两点十分重要：(1)新暴露的灾害问题促使更多其他学科的研究者投入灾害与社会的研究，从而拓展了灾害社会学的研究领域。如1983年日本海中部地震引发的海啸，致使上百人丧生，这促使信息科学和灾害社会学联手致力于海啸警报迅速化问题的研究；遇难者中有13名参加学校郊游的小学生，这使学校如何在突发灾害中保护学生生命的问题成为教育学与灾害社会学共同面对的新课题。沙林事件、东海村JCO核燃料处理临界事故以及美国"9·11"恐怖事件等重大人为灾害的发生,使危机管理成为灾害社会学的研究对象。(2) 1959 年伊势湾台风之后的近三十年里,日本没有发生过一次死者超过千人的灾害,但 1991 年之后,云仙普贤火山喷发(1991 年)、北海道西南冲地震及其引发的奥尻海啸(1993 年)、阪神·淡路大震灾(1995 年)等重大自然灾害接踵而至,其带来的避难生活和复兴建设的长期化问题以及由此产生的许多社会问题,使受灾地长期研究成为灾害社会学研究的一种基本方法,并得到广大民众的肯定和支持。[①] 而重大灾害的频繁发生以及关于首都圈直下型地震、东南海·南海地震的预测,则使灾害共生实践成为日本灾害社会学研究的出发点和归宿。

二、日本灾害社会学的基本框架

以集合行动论、社会信息论、组织论和地域社会论为基

[①] 据大矢根淳教授介绍,在此之前,灾害社会学研究,尤其是受灾地长期研究,往往得不到人们的理解,甚至被讥讽为"把他人的不幸当饭吃"。

本视角的研究,构成了日本灾害社会学的基本框架。①

1. 集合行动论视角

在灾害社会学研究中,集合行动论主要被用于关于恐慌(panic)、流言、掠夺、救助、反对相关行政举措的居民运动以及以灾民为主体的地区复兴运动等受灾地民众的集合行动及其机制的分析。

在研究范式方面,集合行动论视角下的灾害社会学研究经历了由"崩溃论"到"创发论"的转换。20世纪70年代之前,关于灾害时集合行动机制的主流研究,基本上都属于"崩溃论"的范畴,以"致灾因子引起外部物理环境崩溃→社会系统崩溃→行为规范崩溃"为研究假设的基本模式。这种"崩溃论"在20世纪60年代前后就开始受到质疑,研究者的关注焦点逐渐移向社会结构、社会组织以及人们的行为规范如何在灾害这一特殊的背景下得以重构或创新的问题,"创发论"的影响力随之渐次增强。"创发论"关于危机状态下的行为、社会结构和社会组织的变化和创新及其机制的研究,不仅为说明个人和社会集团的创发行动提供了新的分析框架,而且为解释社会组织和社区的结构性变化及结构性创新提供了新的理论工具。

---

① 参看田中淳等:《集合行動の社会心理学》,北树出版,2003年;田中淳:"災害と社会",船津卫等,《21世紀の社会学》,放送大学教育振兴会,2005年。

在研究对象方面，集合行动论视角下的灾害社会学研究的关注重点也有明显变化。恐慌行为曾经备受关注。这里所说的"恐慌"，指人们在感到自己的生命财产面临危险时发生的一种争先恐后地"趋安避难"的集合性行为。由于恐慌行为不仅会妨碍人们顺利逃生，而且往往会直接造成人员伤亡，因此早在19世纪末就有不少学者从心理学和集合行动论的视角研究它的诱发因素和预防措施，直到20世纪中后期，无论就世界范围而言，还是就日本而言，它都是灾害社会学关注的重点对象。但是，大量案例表明，灾害时很少发生恐慌行为，人们未能成功逃生的原因大多在于没有及时采取恰当的避难行动。于是，研究重点就从如何避免恐慌行为转移到如何推进避难行动。此外，随着上述研究范式的转型，救灾志愿者、救灾组织以及社区的活动也都成为主要研究对象。

2. 社会信息论视角

如果能够及时地得到准确的灾害信息，人们就会采取适当的避难行动——这一假设是社会信息论视角下的灾害社会学研究的出发点。这一视角下的研究主要包括四个方面：一是关于灾害信息本身的研究（如分类及体系构成、内容及表述形式等）；二是关于灾害信息的发布和传播的研究（如各类媒体灾害信息报道的特点及互补、发布过程等）；三是关于灾害信息的处理和接收的研究（如灾害信息及其报道的负功能、灾害信息处理体制、灾害信息共享系统、救灾组织间的信息沟通等）；四是关于灾害文化和防灾教育的研究。

3. 组织论视角

E.L. 库朗特利（E.L.Quarantelli）和 R.R. 戴恩斯（R.R. Dynes）领导的俄亥俄州立大学灾害研究中心曾提出一个关于救灾组织的结构和功能分类的分析框架，以组织结构和组织活动内容为两根轴线，根据灾害发生前后有无变化对组织进行分类，并对各类组织的特性和功能进行实证分析。秋元律郎、山本康正将这一分析框架导入日本的灾害社会学研究，而在他们及其后辈研究者的研究实践中又有许多独创性的发展。如东京大学新闻研究所关于长崎暴雨灾害的调查研究和野田隆关于山体滑坡灾害的调查研究中，在关于各级行政组织的职责及其相互关系的研究方面取得了卓有成效的进展；[①]阪神·淡路大震灾研究开启了关于创发型（emergence）救灾组织的研究；还有学者把"自助"、"共助"和"公助"的理念与组织理论相结合，对灾害相关组织及其相互关系进行系统分析。[②]

[①] 参看东京大学新闻研究所灾害与信息研究组的研究报告《1982年7月長崎水害における組織の対応》（1983年）和野田隆著《災害と社会システム》（恒星社厚生阁，1997年）。
[②] 大矢根淳等：《災害社会学入門》，弘文堂，2007年，第32页。

4. 地域社会论视角

在灾害社会学领域，S.H. 普林斯（S.H.Prince）和 P.A. 索罗金（P.A.Sorokin）分别是实证研究和理论研究的开创者，而两者都特别关注受灾地区灾后的长期社会变化。灾害不仅表现为灾害因子引发的瞬间物理性冲击，还表现为这种冲击导致的受灾地社会长期变化的整个过程。在这个意义上，甚至可以说以地域社会为对象的灾害研究才是真正意义上的灾害社会学研究。对于重大灾害频频发生、东南海·南海地震和首都圈直下型地震等巨大灾害随时可能发生的日本来说，地域社会论视角下的灾害社会学研究具有更为重要的现实意义。

值得注意的是，日本灾害社会学研究不仅关注灾害对受灾地社会的长期影响，还关注漫长历史中积淀下来的地域文化对灾害的影响。研究者普遍认为，灾害从哪些方面以及在怎样的程度上影响当地社会，受制于当地居民共有的地域文化，正是地域文化左右着人们灾前准备、灾时应对以及灾后复兴的行动。

三、日本灾害社会学的重要概念

1. 灾害

C.E. 佛瑞茨（C.E. Fritz）、A.H. 邦顿（A.H. Barton）、E.L. 库

朗特利等人都把灾害看作一种社会系统因遭受突发的而且具有破坏性的冲击而偏离常态的现象。其中，A.H.邦顿明确地把致灾因子、物理性破坏及其引起的社会系统变化看作灾害的三个基本要素，提出分析这种社会系统变化的四个角度：（1）以受灾地为中心的地理区分（直接受冲击区域、过渡区域、救援区域、外部区域）；（2）灾害的时间过程（社会准备期、预知·警告期、非组织性反应期、组织性应对期、复旧·复兴期）；（3）各种层面的社会单位（受灾者、组织、地域社会、国家及国民社会整体、国际社会）；（4）灾害与社会系统的关系（社会系统遭受的灾害、社会系统的灾害应对）。A.H.邦顿的观点很早就被引进日本，成为日本社会学灾害认知的理论依据。

日本灾害社会学的灾害概念，也是研究者们在长期研究实践中达到的灾害认知。在日本灾害社会学发展史上，岩崎信彦等人主编的三卷本《阪神·淡路大震灾和社会学》(『阪神·淡路大震災と社会学』)具有里程碑的意义，在那里，"灾害"被如此定义："对于社会系统来说，灾害是一种突发事态。在物理性空间轴上，受灾区域呈现为以受灾地为中心的同心圆。某个特定地理区域内的日常社会系统突然遭遇灾害，其影响会波及各个层面的各种社会单位；同时，对灾害的社会应对也表现为各个层面的各种社会单位在紧急应对、复旧、复兴等不同阶段的行动过程。"[1]

2.灾害共生论

人类关于灾害原因的认知最先是在"天灾论"层面，并且经历了一个从敬畏超自然之"天"到求索自然规律的过程。这一点，日本民族也不例外。二战以后，随着上述基于自然与社会的相互作用的灾害概念以及"脆弱性"（vulnerability）和"复元·恢复力"（resilience）概念的引进，日本灾害社会学对灾害原因的认知从"天灾论"层面飞跃到"人祸论"层面。20世纪60年代到80年代，日本政府和民间集中力量治理河流、修建水坝、保护和培植森林，从多方面积极开展以防灾减灾为目的的国土建设。而在此期间，日本没有发生过一次死者超过千人的灾害。这使人们乐观地相信：人类可以消除灾害。但是，进入20世纪90年代以后，重大灾害接踵而来，而日本又是一个国土面积狭窄的岛国，不可能把灾害频发地区都宣布为"不宜人居之地"。这一特殊环境孕育了一种新的灾害观：容纳灾害，与其共生。这种灾害共生论成为日本灾害社会学的一个新的理论支点。

对于上述灾害共生论，可从三方面把握。首先，其核心理

---

[1] 岩崎信彦等:《阪神·淡路大震灾と社会学》第3卷，昭和堂，1999年，第323页。

念在于从肯定硬件承受力的有限性出发，思考社会如何把灾害的破坏控制在最小程度，从而实现与灾害共生。换言之，灾害共生论不是消极的宿命论，而是建立在科学基础之上的积极的灾害应对。其次，它强调每个居民、每个社会单位在防灾减灾对策方面的责任，认为只有当每个人、每个社会单位都切实地承担起防灾减灾的责任时，"灾害共生"才可能从理想成为现实。再次，它是一种实践论，"灾害共生"是一个贯穿整个灾害过程的实践过程。以2000年有珠山火山喷发灾害为例，灾害共生实践表现为如下过程：火山喷发之前，进行各种防灾活动；火山喷发前夕，密切观察前兆的细微变化，及时发布紧急通告、避难劝告和避难指示，组织居民避难；火山喷发灾害发生时，因居民都已经安全避难，所以没有造成人员伤亡；火山喷发沉寂之后，在国家和民间组织的援助下，组织居民展开以"与火山喷发共生"为目标的地区复兴和重建事业。

3. "脆弱性"和"复元·恢复力"

"脆弱性"和"复元·恢复力"这对概念并非同时产生，灾害社会学研究者首先发现的是"脆弱性"问题。B. 瓦茨奈（B.Wisner）把"脆弱性"概括为三个层次：一是根源性·整体性要素，包括贫困、权力结构和资源限定、意识形态、经济体系等；二是动态压力要素，包括公共设施、教育、训练、适宜空间、投资环境、市场和新闻自由等的缺乏以及人口增长、城市化、环境恶化等宏观要素;三是危险的生活环境,包括脆弱的物理环境(如危险地区、危房、安全系数低下的城市基础设施等)和脆弱的地方经济(如朝不保夕的生活状况、低收入等)。B. 瓦茨奈认为,由于上述要素的作用,人们的具体生活环境存在诸多脆弱点,当这些脆弱点遭遇地震、暴风、洪水、火山爆发、滑坡、饥饿、化学灾害等灾害因子,就会引起灾害的发生或扩大灾害造成的损失。

"复元·恢复力"的本意指"回跳"、"反弹"或"伸缩性",作为学术概念,它首先进入力学领域,指材料因受力而发生形变但具备恢复势能的能力;1970 年代,它被引进生态学领域,先只是指生态系统的一种自我恢复能力,后被用来说明"社会—生态"系统的可持续发展能力;此后,它被作为"脆弱性"概念的补充,指社会系统对致灾因子冲击的承受力和恢复力。在灾害社会学理论体系中,"'复元·恢复力'概念是一个帮助人们在把握宏观环境的同时,聚焦社会内部的凝聚力、交往能力以及解决问题的能力等要素的逻辑装置"。"复元·恢复力"研究的根本目的有二:一是发现内在于受灾地区社会文化结构深处的、真正能够帮助受灾地从灾害中恢复元气的原动力;二是从社会系统内部着手,提升其对致灾因子冲击的承受力和恢复力。[①]

[①] 浦野正树等:《復興コミュニティ論入門》,弘文堂,2007 年,第 32—33 页。

和欧美国家的灾害社会学一样，在日本灾害社会学界，"脆弱性"研究比"复元·恢复力"研究起步更早，成果更丰硕。而随着"灾害共生"理念的确立，更多的研究者开始更加重视"复元·恢复力"。

四、日本灾害社会学的主要研究领域

1. 灾害中的生命问题和心理问题

这个领域的主要研究重点包括"灾害与生死"（灾时应急反应和逃生行动、灾害关联死亡、受灾者心理援助等）、"灾时医疗救护"（受灾者紧急就诊行动、医疗急救体制等）、"救灾相关组织"（救灾相关组织的分类和系统构成等）以及"救援者心理援助"等问题。

2. 灾害信息

这个领域的研究对象主要有"灾害信息与行动"（灾害信息对避难行动和防灾行动的影响等）、"灾害信息与媒体"（各类媒体在灾害信息传播方面的特点、彼此互补以及各自需要解决的问题和解决途径等）、"灾害信息发布过程"（灾害信息发布的及时性和迅速性、灾害信息内容的准确性、详细化和细分化、灾害信息的表述等）以及"灾害文化和防灾教育"等问题。

3. 灾后生活

这个领域的主要研究课题有"灾害弱者问题"、"避难生活"、"受灾者的生活重建"和"受灾地区的复兴建设"等。

在日本,"灾害弱者"这个概念最早出现在 1986 年发表的《防灾白皮书》中,1995 年阪神·淡路大震灾之后,灾害弱者问题成为灾害社会学的一个关注重点。[①] "灾害弱者",也即"灾害时需要援助的人",指那些在灾害发生时无法像普通人那样回避危险或逃离到安全场所,在灾害过后也无法像普通人那样在避难所生活以及进行复旧复兴工作,因而在整个灾害期间都必须依靠他人援助的人,[②] 具体包括"老年人、需要护理者、身心障碍者、重病患者、孕妇、未满五岁的孩子、不能熟练使用日语的外国人等"。[③] 日本灾害社会学关于灾害弱者的研究,主要集中在灾时灾害弱者的逃生困难、灾后灾害弱者的生活重建困难、灾害弱者保护的社会责任、解决灾害弱者问题的具体举措等方面,其研究成果直接促成了日本政府的《对灾害时要援助者提供避难援助的指导意见》和日本红十字会的《灾害时要援助者对策纲领》的出台。

---

① 阪神·淡路大震灾中,50% 以上的丧生者为老年人这一事实暴露了灾害弱者问题的严重性(参看大矢根淳等:《災害社会学入門》,弘文堂,2007 年,第 136 页)。
② 日本红十字会:《災害時要援助者対策ガイドライン》,2006 年。
③ 《朝日新聞》晨刊,2011 年 4 月 13 日。

在日本灾害社会学中,"避难生活"主要指受灾者在避难所的生活,其研究重点包括避难所的生活问题和运营问题以及"灾害时需要援助的人"的照料问题。关于避难所的生活问题,松田丰等人按照时间过程把它划分为灾后最初阶段的"生活功能"问题、稍后的"生活环境"问题以及再后的"生活重建"问题。[1] 关于避难所的运营问题,岩崎信彦等人根据避难所运营主体把它分成五类。[2] 而避难所对"灾害时需要援助的人"的照料问题,也是上述"灾害弱者"研究的一部分。

在灾后复兴研究方面,阪神·淡路大震灾成为一个转折点。此前,灾后复兴一般以受灾地区的空间规划、公共基础设施和建筑物重建等为重点;此后,灾害社会学研究者明确地把受灾者生活重建问题与受灾地复兴建设问题区别开来,指出不仅受灾地的复兴并不一定意味着受灾者生活的重建,而且受灾地复兴建设有时还可能影响受灾者生活重建。他们关于受灾者生活重建的研究,推进了《受灾者生活重建援助法》的制定。在受灾地复兴建设研究方面,街区和居民共同体的恢复和新建,即社区复兴问题成为研究的重点。

---

[1] 松井丰等:《あのとき避難場所は——阪神·淡路大震災のリーダーたち》,ブレーン出版,1998年。
[2] 岩崎信彦等:《避難所運営の仕組みと問題点》,神户大学震灾研究会编,《大震災100日の軌跡》,1995年。

4. 新视点

近年来,有不少新的问题被纳入日本灾害社会学的研究视野,以下四个方面受到越来越多的关注,似将成为新的重要研究领域。[①]

一是防灾福祉社区研究。一方面,在现代城市里,基层地域社会应对巨大而复杂灾害的能力愈趋低下,脆弱性日渐增强;另一方面,随着少子化·老龄化的愈益加剧,基层地域社会面临如何维持和发展老年社会福利的难题。"防灾福祉社区"是一种把这两者整合为一个社会问题加以考虑的新思路,试图通过重新开发传统社会中的"居民互助"这一福利资源,并把它整合进现代社会结构,从而构建社区这种现代居民共同体来解决这一社会问题。代表性研究成果有《防灾福祉交流地域福祉和自主防灾的结合》(仓田和四生,密涅瓦书房,1999)、《共同性的地域社会学》(田中重好,哈巴斯特社,2006)以及《市民主体的危机管理》(东京志愿者·市民活动中心,筒井书房,2000)等。

二是灾害与社会性别问题研究。在女性在避难生活中的特殊困难、在防灾救灾中的积极作用以及男女共同参与灾害

[①] 大矢根淳等:《災害社会学入門》,弘文堂,2007年,第211—263页。

共生对策制定与基层地域社会的"复元·恢复力"之间的内在联系等方面，近年已有《火鸟女性——市民组织起来挑战新公共理念》（清原桂子等，兵库日报社，2004）等研究成果问世。而大矢根淳认为，这一领域今后还应该关注避难倾向、志愿者活动、避难所集体生活的影响、复兴过程中决策参与程度等方面的性别差异以及灾害对夫妻、家庭关系的影响等问题。

三是风险社会中的公民社会建设研究。重点有两个：一是志愿者活动及其组织，包括灾时志愿者活动及其组织的救灾功能和平时多样化的志愿者活动及其组织的防灾减灾功能；二是居民互助网络及社区的构建。代表性研究成果有《地震灾害救助志愿者社会学》（山下祐介等，密涅瓦书房，2002）、《志愿者知识》（渥美公秀，大阪大学出版会，2002）、《地震灾害救助志愿者》（大阪志愿者协会，1996）等。

四是受灾地长期调查方法研究。这是研究者在对自己的研究实践进行反思的基础上，对这种方法予以理论化构建。其代表性研究成果有《灾害社会学研究实践——超时空问题结构比较实地研究》（大矢根淳，《专修社会学》第14期，2002）、《推进实践性研究——人类科学的现状》（小泉润二等，有斐阁，2007）等。

五、日本灾害社会学的特点

1. 灾害社会学的双重取向

长田攻一认为,社会学的灾害研究以描述和揭示灾害引起的社会变动及其规律为重要目的之一,因而必然具有社会变动论的取向;同时,随着社会系统的脆弱性、适应性以及复元·恢复力越来越受到重视,社会学灾害研究的重点逐渐移向前灾害期社会系统的备灾状态,因而具有了防灾社会学的取向。在他看来,因为具有社会变动论的取向,所以社会学的灾害研究能够为已有的社会学理论(如社会变动理论)提供研究素材;因为具有防灾社会学的取向,所以社会学的灾害研究必然面向实践,直接服务于减少脆弱性、增强复元·恢复力的社会建设。[1]

在长田攻一之前,田中重好已经提出,可以把社会学的灾害研究区别为"以灾害为研究对象的社会学"和"以灾害为研究素材的社会学";前者为后者提供宝贵的研究素材,而后者则关注灾害的"非日常性"一面,发现那些在"日常状态"中隐藏很深而被忽视了的社会矛盾,从而修正和完善已有的

---

[1] 岩崎信彦等:《阪神·淡路大震灾と社会学》第3卷,昭和堂,1999年,第323—324页。

社会学理论。[1]

长田把自己的"社会学灾害研究双取向论"与田中的"社会学灾害研究两类论"相结合,首先把"以灾害为研究对象的社会学"区分为"以说明灾害的社会性机制为目的的'灾害社会学'"和"以战胜集合性灾害应急反应,并在实践中创建新的具有更高灾害免疫力的社会系统为目的的'防灾社会学'",其次把"以灾害为研究素材的社会学"区分为"以修正和完善已有理论为目的的'理论性研究'"和"以解决以灾害问题的形式表现出来的基层地域社会矛盾为目的的'实践性研究'",由此勾画出社会学灾害研究"四分法"的一般图式。

社会学灾害研究四分法

	理论化取向	实践性取向
以灾害为研究对象的社会学	灾害社会学	防灾社会学
以灾害为研究素材的社会学	理论性研究(如地域社会理论研究、社会阶层理论研究、家庭社会学理论研究、族群社会学理论研究、社会变动理论研究等)	实践性研究(如街区建设、社会运动、社会规划等)

---

[1] 岩崎信彦等:《阪神·淡路大震災と社会学》第3卷,昭和堂,1999年,第334页。

xxi

但是，对于以"脆弱性"和"复元·恢复力"为基本概念的灾害社会学来说，防灾研究是其出发点和归宿。所以，显然不能把防灾社会学从灾害社会学体系中分割出去。不过，长田和田中的分析确实揭示了灾害社会学的一般特性，即这是一门具有"理论化"和"实践性"双重取向的学问。

2. 日本灾害社会学向"实践性取向"的倾斜

在"理论化"和"实践性"的双重取向中，日本的灾害社会学明显地倾斜于"实践性取向"，具体表现在以下两个方面。

其一，从已有研究来看，日本灾害社会学的"理论化取向"较为薄弱。首先，从数量来看，根据田中淳的统计，在二战结束至20世纪90年代初期，日本关于自然灾害的社会科学研究共有2087项，其中，防灾对策研究862项，灾害状况纪实462项，受灾状况调查329项，灾害过程理论研究287项（案例分析171项、基础研究116项）。由此不难推知，日本灾害社会学在基础理论研究方面的研究，数量十分有限。从日本学者撰写的灾害社会学专著来看，大多理论框架欠完备，逻辑演绎欠精致。其次，从内涵来看，在为数不多的理论研究中，大多属于具体理论领域的研究，而很少有关于灾害社会学理论体系整体框架的研究；至于日本学者撰写的灾害社会学专著，也大多存在理论框架欠完备、逻辑演绎欠缜密的倾向。

关于造成上述"理论化取向"薄弱的主要原因，试举两点：（1）灾害社会学这一学科还十分年轻，而理论积累则是有待时日之事；（2）置身于重大灾害频发的国度，日本的灾害社会学研究者不得不把大量的时间和精力用于实地调查和对策研究，因而缺少进行缜密细致的理论思考及在此基础上建构理论体系所需要的时间。

其二，就基本理念而言，日本的灾害社会学具有鲜明的"实践性取向"。这一"实践性取向"主要体现在六个方面：一是旗帜鲜明地以灾害共生实践研究为出发点和归宿；二是研究项目绝大多数为应用性研究；三是研究成果直接服务于相关政策法规的制定和各项相关实践活动；四是受灾地长期调查的研究方法受到普遍重视；五是作为研究成果的实证资料浩瀚、真实、完整；六是大多数研究者明确地把灾害社会学作为一门"实践的学问"。正是这种鲜明的"实践性取向"使日本灾害社会学成为世界灾害社会学体系中的一枝奇葩：尽管"理论化取向"较为薄弱，但总体水平仍位居前列，为其他国家的灾害社会学研究提供诸多有益的参考和借鉴。

其实，自 20 世纪末以来，已有越来越多的日本学者意识到"理论化取向"薄弱这一问题,并明确提出日本的灾害社会学应该处理好"理论研究、实证研究和社会实践的关系"[1],必须把构建关于灾害共生实践的学问体系作为重要课题。[2]下述弘文堂"灾害社会学"系列丛书,可以说正是他们构建这种学问体系的一种尝试。

六、关于弘文堂"灾害与社会"系列丛书

弘文堂是日本著名出版社之一,已有110余年历史,以出版高质量的法律和社会学的学术著作在日本的学术界和出版界享有盛誉。2007年12月,弘文堂推出系列丛书"灾害与社会"的第1卷,至2009年3月已出齐一期计划的8卷。

该套丛书的编著者以中年学者为主体,他们大多是当今日本灾害社会学研究的领军人物,其所属单位及职务如下:

大矢根淳(第1卷和第2卷主编之一):专修大学教授,早稻田大学地域社会与危机管理研究所兼职研究员。

浦野正树(第1卷和第2卷主编之一):早稻田大学教

---

[1] 岩崎信彦等:《阪神·淡路大震災と社会学》第3卷,昭和堂,1999年,第322页。
[2] 大矢根淳等:《灾害社会学入門》,弘文堂,2007年,第32页。

授，早稻田大学地域社会与危机管理研究所所长。

田中淳（第1卷、第3卷、第7卷和第8卷主编之一），东洋大学教授，日本中央防灾会议专门委员，日本文部科学省科学技术学术审议会专门委员，日本文部科学省地震调查研究推进总部专门委员会委员，日本国土审议会专门委员。

吉井博明（第1卷、第3卷、第7卷主编之一）：东京经济大学教授，日本中央防灾会议专门委员，日本原子能安全委员会专门委员，日本文部科学省地震调查研究推进总部专门委员会代理委员长，日本消防审议会会长。

吉川忠宽（第2卷主编之一）：日本防灾都市计划研究所计划部部长，早稻田大学地域社会与危机管理研究所兼职研究员。

菅磨志保（第5卷主编之一）：大阪大学特聘讲师。

山下祐介（第6卷著者、第5卷主编之一）：弘前大学副教授。

渥美公秀（第5卷主编之一）：大阪大学副教授。

永松伸吾（第4卷著者）：日本防灾科学技术研究所特别研究员。

以下，就各卷内容做一简单概述。

第1卷《灾害社会学导论》由七章构成，分为"总论"、

"分论"和"灾害社会学的涉及范围与新型风险"三个部分。"总论"部分提纲挈领地回顾了日本灾害社会学研究的历程，并简明扼要地论述了日本灾害社会学的基本概念和理论框架；"分论"部分对日本灾害社会学的主要研究领域予以分别评述；第三部分对日本灾害社会学的新研究领域进行了分析和展望，其中关于核灾害的特性及应对的论述，在东京大震灾引发核电站严重核泄漏事故的今天读来，其前瞻性和学术敏锐性显而易见。在本套丛书的规划上，主编们赋予这第1卷以"母体"的职能，其各章主题即为其余各卷的选题，所以也可以说它是本套丛书的序言或概论。

第2卷《灾后社区重建导论》也包含七章，分为"概论"和"分论"两个部分。"概论"部分提出了复兴社区论的分析框架和基本观点；"分论"部分在案例研究的基础上，分别对震灾、火山喷发灾害、战争灾害、水灾、火灾等灾害现象与社会制度的相互关系以及受灾者生活重建的具体过程进行理论考察。

第3卷《灾害危机管理导论》以灾害会导致的三种危机——灾时生命财产危机、灾后复兴·重建危机以及受灾地社会崩溃危机——为前提，从灾害危机的"管理能力是在具体案例的学习中培养出来的"这一基本认识出发，试图提供一本"面向防灾危机管理者的基础讲座"。全书11章分为三部分：第一章对灾害危机的本质和分类、灾害危机管理的要点和失败原因进行理论分析；第二章至第十章构成第二部分，区分不同种类的危机，结合具体的案例分析，论证灾害危机管理者应该采取的应对措施；第十一章聚焦灾害危机管理者的实际技能，介绍若干具体的训练和演习方法。

第4卷《减灾政策论入门》围绕巨大灾害的管理和市场经济问题，从四个方面对减灾政策进行分析。首先，从灾害的低频度化、巨大化、多样化、复杂化等视角分析防灾减灾这一政策领域的特点；其次，分别从灾时经济损失以及巨大灾害后复旧复兴所必要的财政来源这两个角度，分析减灾政策论的核心——经济风险问题；再次，以地域防灾计划为例，探讨减灾政策中的管理结构问题；最后，在上述三方面的基础上，探讨作为减灾政策的组织基础的管理体制模式。在日本学术界，该书受到很高评价，被认为既开拓了公共政策研究的新领域，同时也标志着灾害经济学的初步形成。2009年，该书获得"日本公共政策学会著作奖"。

第5卷《灾害志愿者理论入门》围绕"何谓灾害志愿者"这个问题，从"理论"、"实践"和"思想"三个层面予以考察。"理论篇"从理论上说明"何谓灾害志愿者"：首先从宏观视角分析风险社会中的志愿者的思维和行动特征；继而从灾害志愿者与受灾者之间的关系这一微观视角，分析灾害志愿者的社会价值；最后从灾害志愿者行为这一内在角度，分析灾害志愿者应该是一种怎样的存在。"实践篇"分别介绍救灾、复旧复兴等不同阶段的灾害志愿者活动实例，通过那些活动的内容、成果以及"在那些活动中持续反映出来的东西"来对"何谓灾害志愿者"予以注解。"思想篇"通过灾害志愿者活动中形成的新型价值观念来深入说明"何谓灾害志愿者"。该书在对先行研究进行概括和梳理的同时，尝试建构一个志愿者研究的分析框架，这在日本的志愿者研究史上具有划时代的意义。

第6卷《风险社区论》从"现代社会是风险社会"这一基本认识出发，分析在社区这一层次减灾及救灾的可能性以及使这一可能性成为现实的必要举措，并试图构建一种风险社区理论。全书分三个部分，第一部分分析日本社会中所存在的各种风险以及居民共同体的演变，从历史的角度论证风险社区的必要性和逻辑必然性；第二部分对关于居民共同体和社区的先行研究进行梳理，从中找出构建风险社区的理论依据；第三部分以上述理论为依据，对风险社区的形态进行具体设计，并提出风险社区的一个重要特点：与以往的社区论强调社区内部的资源动员、自我完结不同，风险社区在资源动员上，不能局限于社区内部，还必须动员和利用外部资源。

第7卷《灾害信息论入门》较为全面地介绍了灾害信息论这一从信息论视角研究减灾问题的新兴研究领域，其内容主要包括以下几个方面：灾害信息论的主要观点和理论框架、灾害信息的生产、传播和接受，灾害信息的共有，灾害报道等灾害信息的负功能。

第8卷《从社会调查看到的灾后复兴》与其他7卷不同，是一项个案研究。2000年三宅岛发生火山喷发灾害，某专业调研机构在灾后对岛民进行了连续四年的追踪调查，第8卷即以这一调查数据为主要依据，描述受灾者的意识和生活的变化过程，分析当地社会灾后复兴建设的过程及其各阶段的重要任务，揭示了复兴理想与现实之间的矛盾，对"灾后复兴"给予了真实诠释。该书的价值已超越灾害社会学研究本身，作为追踪调查研究的个案，它对社会调查方法研究也提供了不可多得的素材。

总之，弘文堂的"灾害与社会"系列丛书一期计划的8卷各有特色，又共同构成一个体系。这套丛书是日本灾害社会学各主要领域前沿研究的集萃，也是日本灾害社会学理论框架建构的一种尝试，在日本灾害社会学发展史上必将留下浓重的一笔。

人类遭遇极端天气和灾害已经成为常态,这一点跨越国界,不分民族。因此,我国学术界也亟需开展灾害社会学研究,构建中国灾害社会学体系。他山之石,可以攻玉,这套丛书对于我们具有借鉴和启示之意义,自不待言。值得欣慰的是,经过多方努力,这套丛书前三卷的中译本终于可与中国读者见面了。借此机会,我们对前商务印书馆副总编辑王乃庄先生在推进我国灾害社会学研究方面的远见卓识表示崇高的敬意;对大矢根淳教授在中译本翻译过程中所提供的无私帮助表示诚挚的谢意;还要特别感谢商务印书馆编辑王仲涛先生,因他很多有益的建议和帮助,才使这三卷中译本得以顺利面世。

蔡　骐
2011 年夏

目录

序 1

第一部分 总论 11

第一章 灾害社会学系谱 11
第一节 灾害研究的成立和发展 13
 一、灾害社会学研究的起始和发展 13
 二、灾害是什么 16
 三、灾害的时间与空间 19
 四、灾害的长期化与时间循环 22
第二节 日本灾害研究的系谱和领域 30
 一、灾害研究在日本的发展 30
 二、日本灾害研究的领域 33
 三、构建灾害社会学的目标 37
第三节 灾害社会学发展的两条路径：合理控制灾害应对与减少地区脆弱性 41
 一、美国灾害社会学的发展：合理控制灾害应对 41
 二、"9·11"引发的课题：对人为灾害的危机管理及组织应对模式的摸索 43
 三、灾害研究的新视角：减少地区脆弱性 45
 四、"脆弱性"与"复元·恢复力" 47
 五、灾害研究的现状 49

第二章　灾害和社会应对史　53

第一节　灾害社会学的回顾和展望　55
　　一、灾害的社会连锁　55
　　二、灾害与社会变动　58
　　三、灾害的社会应对　59
　　四、灾害应对的兵站服务（logistics）过程　61
　　五、紧急社会系统与行为主体　63

第二节　日本灾害社会（科）学的先行研究　66
　　一、浓尾地震与《震灾预防调查会报告》　67
　　二、关东大震灾与"震灾调查报告"　70
　　三、昭和三陆地震海啸灾害与海啸民俗　72
　　四、挖掘先行研究　74

第三节　灾害的社会应对史　75
　　一、《灾害救助法》的制定过程　76
　　二、从"特别措置法"到《灾害对策基本法》　78
　　三、东海地震说与新的防灾法令　83
　　四、阪神·淡路大震灾与《受灾者生活
　　　　重建援助法》　86
　　五、灾害相关法令的完善及其社会动力　88

第二部分　分论　95

第三章　灾害中的生命和心理　95

第一节　灾害与生死　97
　　一、灾害死亡的推移　97
　　二、灾时行动模式与生死　99
　　三、风灾水害与死亡　99
　　四、震灾与死亡　101

五、受灾者心理援助　108
第二节　　灾时医疗救护　111
　　　一、伤病员的诊断和治疗　113
　　　二、灾时院前急救　113
　　　三、灾时医疗机构　116
　　　四、阪神·淡路大震灾之后的灾害医疗体制建设　118
第三节　　灾时相关组织　122
　　　一、"自助"、"共助"、"公助"　122
　　　二、灾害相关组织分类　123
　　　三、灾时相关组织的内外因　128
第四节　　救援者心理援助　134
　　　一、惨事应激反应　134
　　　二、惨事应激反应的主要症状　135
　　　三、惨事应激反应的治疗和心理援助　138

第四章　　灾害与信息　147
第一节　　灾害信息与行动　149
　　　一、灾害信息研究的地位　149
　　　二、避难行动　151
　　　三、进行防灾教育和提高防灾意识　156
第二节　　灾害信息与媒体　161
　　　一、信息的作用　161
　　　二、信息发挥作用的条件　163
　　　三、各种媒体的特点和作用　165
　　　四、灾害媒体的课题　170
第三节　　灾害信息的发布过程　172
　　　一、灾害信息发布过程中的问题　172
　　　二、灾害信息发布过迟　172

　　　　　三、致使信息接收者陷于混乱或误解的信息　180
　　　　　四、问题与课题
　　　　　　　——信息详细化和细分化的影响　183

第四节　灾害文化与防灾教育　187
　　　　　一、两种"灾害文化"　187
　　　　　二、现象论的"灾害文化"　189
　　　　　三、规范性"灾害文化"　192
　　　　　四、防灾教育的内容及其层次　194
　　　　　五、防灾教育的现状和课题　199

第五章　灾后生活与生活重建　207

第一节　灾害弱者问题　209
　　　　　一、灾害弱者问题的提出　209
　　　　　二、被灾害夺去的生命　211
　　　　　三、灾害弱者是社会的产物　214
　　　　　四、解决灾害弱者问题的方向　217

第二节　避难生活　220
　　　　　一、"避难生活"的含义　220
　　　　　二、避难者的生活问题　223
　　　　　三、避难生活的准备　231

第三节　生活重建和复兴　238
　　　　　一、"复旧"与"复兴"的异同和位相　238
　　　　　二、生活重建与复兴的矛盾　240
　　　　　三、各种复兴模式　244

第四节　灾后复兴城市计划事业　250
　　　　　一、复兴城市计划事业的内涵　250
　　　　　二、灾害对防灾性能的检验　251
　　　　　三、生活重建与复兴城市计划事业　253

四、复兴城市计划事业的社会影响　255
　　五、复兴城市计划事业的个案研究——原北淡町（现淡路市）
　　　　富岛地区的事例　258

第三部分　灾害社会学的涉及范围与新型风险　265

第六章　挑战新型风险　265
第一节　城市社会与风险　267
　　一、袭击城市的灾祸与城市生活风险　267
　　二、城市风险应对的传统方式与城市风险的质变　269
　　三、经济繁荣背后的新型城市风险及其影响　272
　　四、现代社会的风险——风险社会论和多元文化应对　276
第二节　对核灾害的认识和应对　280
　　一、核灾害的特征　280
　　二、核灾害应对过程　282
　　三、防御核灾害所需要的"风险沟通"　288
第三节　应对迫在眉睫的巨大自然灾害——首都圈直下型地震和东南海·南海地震　293
　　一、首都圈直下型地震和东南海·南海地震的受害规模　294
　　二、如何减少灾害损失——减灾目标和防灾战略　296
　　三、怎样实现减灾目标——住宅抗震化和海啸避难
　　　　行动迅速化　298
　　四、迎接明天可能发生的巨大灾害　301
　　五、制度如何适应灾害的进化
　　　　——老龄化、人口缩减和巨大灾害　303
第四节　灾害全球化　307
　　一、全球化世界与灾害全球化　307
　　二、灾害全球化　308

　　　　三、灾害全球化背景下的灾害研究　312
　　　　四、对第三世界的灾害援助战略　314

第五节　**防灾系统的边界**　320
　　　　一、战后日本防灾系统的建立　320
　　　　二、灾害环境的变化
　　　　　　——巨大灾害风险的上升　322
　　　　三、社会脆弱性的深刻化　322
　　　　四、信息化和国营化　324
　　　　五、全球化的影响　325
　　　　六、防灾系统的拓展　326

第七章　**灾害社会学的新视角和新观点**　331
第一节　**防灾福祉社区**　333
　　　　一、地域社会的灾害和防灾　333
　　　　二、何谓防灾、何谓福祉　334
　　　　三、灾害和风险的变型与地域社会
　　　　　　——防灾社区史　337
　　　　四、防灾福祉社区建设　341
　　　　五、提高地域社会解决问题的能力　343

第二节　**灾害中的性别问题**　351
　　　　一、"灾害与性别"问题概论　351
　　　　二、亚洲和发展中国家的自然灾害与
　　　　　　性别问题　361
　　　　三、妇女参与地域防灾活动及其未来　373

第三节　**风险社会中的志愿者活动与公共性**　392
　　　　一、风险社会与志愿者活动　392
　　　　二、灾时志愿者活动　394
　　　　三、平时志愿者活动——为非常时期做准备的
　　　　　　活动、有助于减灾的行动结构　397

    四、互助网的可能性和课题　400

第四节　**灾害社会学研究的实践**　410

    一、受灾地调查研究中友好关系的构建及
　　　　　研究实践　410

    二、调查之前　413

    三、调查之后　415

附录　**灾害及防灾信息一览表**　420
编者和执笔者介绍　436
索引　447

序

2007年夏季，在新潟县中越冲发生了地震。不少人不由地困惑：为何新潟又遭遇大地震？在那些日子，电视上频频出现核电站冒着黑烟的景象，令观者陷于极度不安。虽说最终万幸没有发生重大核事故，但自然灾害会诱发灾难性核事故的可能性，已不再是看不见摸不着的抽象概念，它以令人恐惧的形象深深地嵌入了人们的大脑。其实，在2004年新潟县中越地震灾害发生当时以及之后很长一段时间里，人们已经通过电视等视像媒体亲眼目睹地震灾害造成的惨烈景象，也见证了散落于山间的村落在震后复兴中遭遇的重重困难，从而开始关注灾后复兴中地方自治体的财政困难等社会基础脆弱的问题，而2007年这次地震差点导致灾难性核事故的客观事实则使人们对社会本身的脆弱性更加忧心忡忡。

在昭和与平成之交的1980年代末，在地球物理学和防灾工程学等领域，不少研究者多次发出警告：地球的安稳时代已经终结！从昭和34年（1959年）的伊势湾台风灾害之后至1980年代末，这三十来年的时间里，日本没有发生过一次死者超过千人的大灾害，实现了举世瞩目的经济高速发展。上述"地球安稳时代已经终结"的警告，是研究者们依据各种观测数据，对大自然将再次向人类发威，地球将进入地震、火山喷发、飓风等各种自然灾害多发期的科学预见。它也是一种严肃的提醒：日本的现代化大都市还没有经历过重大灾害的洗礼，其坚固和有序都可能只是一种假象！而"地球安稳时代已经终结"这一警告余音未了，云仙普贤火山喷发（1991年）、北海道西南冲地震及其引发的奥尻海啸（1993年）、阪神·淡路大震灾（1995年）等重大自然灾害果然接踵而至。

另一方面，在20世纪的最后几年，沙林①事件（1994年的松本沙林事件和1995年的地铁沙林事件）等的发生使得"世界末日"情绪蔓延整个日本列岛，人们在迎接新世纪之际，亲历其境地感受到自己的生活基础乃至整个高度发展的社会系统都已崩溃在即。JCO核燃料处理工厂临界事故的发生、

---

① 沙林，又称甲氟膦酸异丙酯，是一种用作神经性毒气的化学剂。——译者

2001年"9·11"恐怖事件的暴发，更让人产生世界大战时代又将来临的危机感。正是在这样的背景下，危机管理论应运而生，并逐渐成为显学。

我国关于灾害问题的社会科学研究开始于20世纪60年代，在过去的半个多世纪里，已积累了颇为丰硕的成果。尤其是近年以来，围绕灾害与环境变化这一问题，以阪神·淡路大震灾及其后世界各地接连发生的重大灾害为具体研究对象，灾害社会学有了长足发展。在踏入21世纪不久的今天，我们试图在梳理先行研究的基础上，探索应对眼前以及未来的灾害的对策，同时思考灾害现象的本质。本书的写作规划，正是基于对这一时代课题之研究意义的自觉。

本书由"总论"、"分论"和"灾害社会学的涉及范围与新型风险"三部分构成。总论部分高屋建瓴地俯瞰灾害社会学的发展史；分论部分分门别类地概述灾害社会学的各领域；第三部分在前两部分的基础上，对灾害社会学若干拓展中的新领域予以介绍。

本书在分析论证的过程中，试图把"复元·恢复力"确立为灾害社会学的新视角。在至今为止的灾害社会学中，"社会脆弱性"研究堪称"绝活"。我们要在此研究的基础上更进一步，把长期的复旧复兴过程纳入研究视野，并从"复元·恢复力"去解释这个过程中的问题。灾害显现于社会体系的相对脆弱之处——若仅是如此，人们只要对那些脆弱之处予以强化，或用其他更坚固的东西取而代之即可高枕无忧。可是，发生在固若金汤之处的灾害也并非罕见。人们总是力图从社会系统的外部把握灾害发生的因果关系，但灾害总是发生在人类智力不及之处。这样的灾害给予我们启迪：不是应该从植根于地域社会的文化及社会资源的内部，发现灾后复兴的原动力吗？只有着眼于受灾地社会自身固有的复元·恢复力，才可能培育出富有当地特性的抗灾力。

下面对本书各章节主要内容做一简要概述。

"总论"包括第一、第二两章。第一章第一节回顾灾害社会学形成和发展的历史，其中涉及"二战"期间美国的战略轰炸调查（包括东京大空袭调查和广岛长崎原子弹轰炸调查）与"二战"后日本的城市防灾研究之间的联系。第二节以上述社会学灾害研究中的日美关系为基础，简述我国学者独自展开的灾害研究。其叙述逻辑表现为，一方面，考察阪神·淡路大震灾研究及其成果在我国灾害社会学发展史上的地位，同时，对从20世纪70年代开始的灾害信息研究到近年建构灾害社会学理论体系的摸索这个过程予以说明。第三节介绍20世纪末以来灾害社会学研究的新方向,其中,首先对"9·11"恐怖事件以后与军事体系相结合的危机管理体系进行批评,指出它作为自然灾害对策,实质上是一种明显的倒退;其次对"复元·恢复力"研究这一灾害社会学的新视角予以介绍,指出自觉地与"社会脆弱性"研究相结合的"复元·恢复力"研究的重要性。

第二章介绍社会学灾害研究的若干个案。第一节对社会学灾害研究的主要视角和概念加以解释。第二节剖析明治时期的震灾预防调查会、大正时期的震灾调查报告、昭和时期的三陆海啸灾害研究及海啸民俗研究等日本近现代社会学灾害研究的典型案例。第三节回顾日本灾害相关法律制度的制定及其背景,其中,重点说明从明治时期的"受灾者救助法"(包括《备荒贮蓄法》、《灾害救助基金法》等)到昭和时期的《灾害救助法》的连接和发展、以伊势湾台风这一前所未有的重大灾害为契机制定的《灾害对策基本法》、作为从风灾水灾对策向地震灾害对策展开之标志的20世纪70年代末的《大规模地震特别措置法》以及阪神·淡路大震灾后制定的《受灾者生活重建援助法》,由此具体展示灾害对策中国家责任的扩大和强化的过程。

"分论"由第三、第四、第五这三章构成。第三章第一节围绕灾害中的生死问题，分析人们在遭遇灾害时的一般行动过程，特别是逃生行动过程。第二节聚焦灾时医疗救护活动的组织问题，结合阪神·淡路大震灾之后日本灾害医疗体制（受灾地据点医院和灾时医疗救援小组等）的完善过程，重点介绍伤病员分类和急救搬运等概念和运作系统，说明灾害现场就是医疗救援组织积极活动的场所。第三节着重论证灾害发生现场的灾害对策中"公助"、"自助"、"共助"三者的关系，强调"公助"的局限性与"自助"和"共助"的重要性；在此基础上，提出救灾现场活动组织分类的问题。第四节以心理问题、特别是救援者的心理问题以及相关的心理援助方法为重点。在日本，近年来，受灾者的心理问题受到越来越多的关注，受灾者心理援助也已成为救灾活动的重点之一，但同样置身灾害现场的救援者的心理问题却尚未得到应有的重视，面向救援者的心理援助也未得到普及，为此，本节关于救援者在事故中遭受的心灵创伤及其防治方法的分析或许能多少起到一点拾遗补缺之功用。

第四章以"灾害与信息"为主题。第一节以灾害信息论为视角，介绍"灾害与信息"问题上的主要研究领域，其中以避难行动、防灾知识和防灾意识为重点。第二节着重研究灾害信息与媒体的关系，论证灾害信息在"警戒期"和"发生期"

等灾害过程不同阶段中的重要性以及有效利用这些信息所需要具备的条件、各类媒体在防灾救灾中的特点、作用和任务。第三节以灾害信息发表过程中的各个环节为对象，其中重点分析灾害警报及其相关信息发表滞后的原因以及让更多人接受避难指示和避难劝告的方法，并在此基础上发现保障上述信息广泛且有效传达上的难点和问题。第四节从文化的角度深入探讨灾害与信息的关系，先从理论上对"灾害文化"概念予以解释，再通过个案对防灾教育的内容和层次进行说明。

第五章的视线转向灾后复兴建设，主要关注社区复兴及社区生活重建问题。第一节关注灾害中受害最显著最深重的弱者，在批判性地梳理先行研究的基础上，对灾害弱者的形成过程进行分析。第二节着眼于避难生活，通过将阪神·淡路大震灾时的避难生活与日本国内外的相关事例进行横向比较以及纵向比较，发现凡是在灾后能够面对困难、积极探索重建之路的社区，几乎都是在灾前就积极采取防灾对策的，并对其中部分社区的灾前避难所运营训练进行介绍。第三节从古今内外灾后复兴建设的典型案例入手，探讨灾后复兴和生活重建中的重要问题。在第四节指出，不仅地震等自然灾害，还有战争等人为灾害，都可能给城市居民生活及城市社会整体带来毁灭性破坏，所以城市复兴事业就成为灾后社会基础重建的根本，而第四节就聚焦这种城市复兴事业的设计和实施的过程。

第三部分"灾害社会学的涉及范围和新型风险"包括第六、第七两章。这一部分通过对20世纪后半叶以来新出现的灾害及其社会对策的考察，以及对灾害社会学研究的新视角和新领域的总结，展望灾害社会学这一学科的涉及范围。第六章第一节概略叙述各种灾害和风险：从城市贫困等传统型风险到各种新型风险——如经济繁荣背景下出现工业废弃物问题、具有复合性、连锁性和波及性这种城市灾害特性的恐怖事件和核事故等次级危机、无差别地伤害人类的核爆炸和核战争、世界范围内蔓延的禽流感和疯牛病、异常气候和大气层破坏等全球环境问题等。第二节重点分析核灾害的过程以及社会对策。第三节以首都圈直下型地震、东南海·南海地震等被预言不久将降临日本的巨大自然灾害为例，提出这些灾害社会应对方面的问题和任务。第四节对灾害全球化进行分析，就全球化灾害救援的难度，指出受灾地内外灾害救援职业代理互相合作的困难。第五节介绍防灾系统构筑理论（灾害危机管理理论）的前沿研究。

相对于第六章以考察新型风险为重点，第七章着重展示灾害社会学的最新研究及其成果。阪神·淡路大震灾以后，灾害社会学学者更自觉地服务于社会现实，展开更富有实践意义的研究。第一节所介绍的防灾福祉社区论，是一种在社会福利研究和防灾研究的交叉领域取得的研究成果。第二节以灾害性别论为议题，结合发展中国家以及日本自身的若干实例，在对历史资料进行再评价的基础上，从社会性别论的视角讨论受灾减灾问题。第三节把焦点对准灾害志愿者活动，首先对阪神·淡路大震灾中多达100万人参加的救灾志愿者活动在日本社会史上的地位予以评价，继而指出了平时防灾志愿者活动对于减灾的意义，再进而深入到主体性市民和公共性层次对灾害志愿者活动予以理论解析。第四节作为本章、也是本书的最后一节，其视线转向灾害社会学研究者自身，就受灾地调查主体的立场问题，从社会调查理论的经典命题"友好关系的构筑"和"调查成果的社会还原"两个方面，结合受灾地调查的情况进行了深刻反省。

如上所示，本书试图立足于21世纪初的当下，俯瞰并梳理古今内外有关灾害的社会学研究成果。为更深入更明了地说明各章主要观点，我们在各章末尾都设有专栏，分别介绍灾害个案、相关法律制度、作为研究及分析工具的概念以及相关文献。真切期望读者能浏览这些专栏。

顺便说明，我们计划以本书各章主题为选题，分别充实为专著，由此形成一套灾害社会学系列丛书："灾害与社会"。譬如，以本书第五章之主题"灾后生活与生活重建"为选题，形成专著《灾后社区重建导论》，作为本系列丛书的第2卷，与本书同时出版。以本书其余各章主题为选题的其他专著，也将陆续出版。另外，包括本书在内的本系列丛书各卷分别涉及不少个案，它们也将单独汇编成册，作为本系列丛书的单独一卷。也就是说，本书是这套灾害社会学系列丛书的第1卷，也犹如其母体。之后各卷，敬请期待。

最后，本书的出版计划和编辑都承蒙弘文堂编辑部的中村宪生先生的鼎力相助，在此向他致以诚挚的谢意。灾害不会等着我们执笔、脱稿。就在本书的写作过程中，2007年7月又发生了新潟县中越冲地震，我们为此对本书的章节构成做了相应调整。我们试图在展示近半个世纪社会学灾害研究成果的同时，把最新研究事例中的理论探求和实践摸索介绍给读者。而正是由于中村先生的理解和支持，我们的这一构想才得以融入出版计划。这里，我们在向中村先生表示敬意的同时，再次表示深切的感谢。

编者
2007年10月24日

第一部分 总论

第一章 灾害社会学系谱

第一节 灾害研究的成立和发展

第二节 日本灾害研究的系谱和领域

第三节 灾害社会学发展的两条路径：合理控制灾害应对与减少地区脆弱性

第一节　灾害研究的成立和发展

一、灾害社会学研究的起始和发展

灾害研究始于何时、作为出发点的标志是什么？对这个问题，学术界始终争论不休。追溯到久远的过去，可以找到不少古人留下的灾害记载，虽然只是零碎的片断，但从中也可窥见灾害过程或受灾状况之一斑。E. 佛瑞茨认为，灾害是一种"个人及社会集团发挥作用的社会脉络遭到根本性破坏，或急剧偏离通常可预见的模式"的社会状态（E. 佛瑞茨，1961）。如果根据这个灾害定义来确认作为现代灾害社会学研究起点的代表作，S. H. 普林斯在1920年出版的《灾害与社会变迁》可谓当之无愧吧。而就表现人们突然遭遇灾难时的心理反应和不适应行动方面而言，H. 堪特利（H. Cantril）的《来自火星的入侵者》

（该作品记录了由于1938年10月的广播节目而引起的恐慌）也堪称重要源流之一。另外，P. A. 索罗金在《灾害中的人与社会》一书中，根据自己在俄国革命中的亲身体验，指出在人类遭遇的各种灾祸中，战争、革命、饥饿和瘟疫这四者发生频率最高、破坏力最强，因而也最为恐怖。该书对灾害的社会影响所作的多方位细致考察，使它在灾害社会研究史上也占据一席之地。

而无论从资料积累的角度，还是从经验性调查的角度来说，灾害社会学研究是在二战结束之后才开始真正意义上的发展。对于战争灾害研究的社会需求，成为启动这一发展的原动力。关于这一战争灾害研究的展开过程（包括战争灾害复兴的研究），在本套系列丛书的第2卷《灾后社区重建导论》中有专门论述。

秋元律郎把战后至20世纪70年代的美国灾害研究划分为四个阶段（秋元律郎，1982a，pp. 222-226）。20世纪40年代至50年代初为第一阶段，以"美国战略轰炸调查"为中心，分析城市功能与应激状态下的行动模式。20世纪50年代中后期为第二阶段，以灾害发生时受灾者的心理反应和行动模式为核心课题，并开始理论层面的探索。20世纪60年代为第三阶段，研究对象从自然灾害扩大到人为灾害和技术灾害，着重围绕社区变化和组织应对等问题研究灾害的社会过程。20世纪70年代为第四阶段，在研究领域方面，进一步扩展到灾害预测和灾害警报的社会应对及经济影响，从而把前灾期也纳入到灾害的社会过程;在研究方法方面,明确了包括政策科学在内的跨学科多视角研究的重要性(参照专栏"战后美国灾害研究的发展")。

而之后的20世纪80年代,对灾害研究来说,是一个卓有成效的年代。在上述已有研究积累的基础上,围绕"灾害应对合理控制"的问题,从理论和实践两方面扩展和深化研究,其研究成果被有效地应用于政策体系和防灾系统的设计。在这一时期,通过实际的灾害调查活动,获得关于灾害以及应对行动的宽泛的认识,并将之理论化;同时,为强化对于灾害的组织应对能力,对灾害时的组织应对状况展开广泛的实证研究,并从理论上加以说明和诠释。

例如,20世纪60年代时,在关于人在灾害期间的行动问题上,E. L. 库朗特利关注人的理性层面,提出"合意型危机"概念,对灾害发生瞬间的恐慌现象进行理论分析,强调求生意志在遭遇突发危机时的作用;L. M. 奇利安(L. M. Killian)则关注人的组织层面,指出人所从属的多种组织在灾害发生的瞬间可能产生矛盾,他的这一研究尤其深化了关于灾害发生时组织应对的制约条件及其对成员行动的影响的认识。关于灾害期间的组织应对问题,R. R. 戴恩斯和E. L. 库朗特利等人提出的研究框架,有的侧重于灾害相关组织的分类及变化,有的偏重于相关组织之间的关系。20世纪80年代的灾害社会学研究多方位地继承和发展了上述成果,从灾害相关组织的信息传达、组织间协调、功能结构、组织活动等方面,深化了关于灾害期间人们行动的理解，扩充了作为灾害应对系统基础的知识体系。

20世纪80年代末90年代初，以地震、台风等自然灾害为对象的灾害社会学研究，在理论研究的基础上，还开始了关于灾害的行政应对等更具实践性的组织应对的研究。1993年以后，以这种灾害应对方式的验证和教训为背景，克林顿政府构建了包括从灾害预防到灾害发生时的紧急应对以及灾害发生后不久的紧急复旧的防灾系统，并设置了联邦紧急事务管理署（FEMA）。一般认为，是联邦紧急事务管理署的强化和改组，显著提高了台风防灾系统的功能。而其实，把上述灾害研究成果积极地运用于政策形成和防灾体系的建构，并以防灾教育为基础，构建灾害应对系统——这样的努力，才是台风防灾系统功能得以提升的真正背景。因为对于灾害应对系统来说，人——在灾害发生的瞬间，能够迅速收集并与相关者共享信息，还能够在正确理解和有效利用这些信息的基础上做出合理的判断和选择——这样的人，才是最宝贵的要素。

下面，拟对社会学灾害研究的重要理念及研究框架予以概略介绍，并对灾害社会学的发展轨迹加以描述。

二、灾害是什么

灾害是什么？这是灾害研究无法回避、并反复提出的问题。对这个问题的回答，既是一个给灾害现象下定义并确定灾害研究领域的作业，也是一个相关人员（包括各领域的灾害研究者、防灾相关机构的工作人员以及所有被卷入灾害或对灾害问题抱有兴趣的人）就灾害应对的立场和方向摸索共同认识的作业。对灾害研究的关心及其焦点随时代发展而变化，相关人员的立场也千差万别，而这些变化和差别必然反映到对灾害的理解，所以几乎不可能有一致认同的灾害定义。即使只局限于关于灾害的社会学研究成果，也同样难以寻找到普遍认同的灾害定义。如 E. L. 库朗特利所说，研究者们明确且严格地区分灾害发生的状况、灾害发生的原因以及灾害产生的结果，从而使之前对灾害难以有一致认识的状况有所改善（E. L. 库朗特利，2005，p. 333）。但是，在如何理解灾害现象这个根本问题上，由于研究范式的转换，社会科学研究者内部也存在视角不同的状况。

上述 E. 佛瑞茨对灾害的定义，可以说是传统灾害定义的经典。在灾害"是个人及社会集团发挥作用的社会脉络遭到根本性破坏，或急剧偏离通常可预见的模式"这一定义（1961年）中，提示了灾害的两个重要特性：一是"具有威胁性的实际冲击"；二是社会基本功能因这一冲击而遭到破坏。但是，实际的冲击在时间上强弱变化，所以依循这一定义，灾害研究的视角就难免局限在冲击发生瞬间的前后这一较短时间段。

与此相对，地理学者在传统上曾倾向于以"致灾因子"

（即导致灾害发生的原因）为焦点，认为"灾害是地震等灾害因子与社会系统的相互作用过程中发生的出轨事件"。而如第三节所述，进入20世纪80年代以后，B. 瓦茨奈等人提出了"脆弱性"概念，并以此为视角解释灾害。他们认为，更大范围的社会状况深刻地影响着局部的或社会成员个体的生活状况，由此而形成脆弱环节或脆弱部分，这些环节或部分由于灾害因子这一导火索，而显现为现实的受害状况。在这一图式中，所谓灾害，是极端的物理性事件触碰到社会的脆弱点（如脆弱的居民集团）而引发的事件。显而易见，这个灾害定义所强调的重点，已经从"致灾因子"转移到人口集团所具有的"脆弱性"（B. 瓦茨奈，2004，chap. 2）。

在"脆弱性"讨论的延长线上，E. L. 库朗特利开始尝试从更加偏重社会的侧面，给"脆弱性"和"灾害"下定义（E. L. 库朗特利，2000，pp. 682）。他认为，灾害是这样一种事态：a. 它是突然发生的；b. 社会集合体的常规秩序因此而陷于深刻的混乱；c. 为应对这种混乱，不得不采取非常规的适应手段；d. 社会空间和时间中未曾预期的生活体验；e. 于是，一切有价值的社会现象处于危机之中。W. G. 皮科克（W. G. Peacock）也主张用"脆弱性"概念说明灾害现象，并指出，灾害是一种植根于社会结构自身的社会现象（F. L. 贝茨［F. L. Bates］和W. G. 皮科克，1993）。A. O. 史密斯（A. O. Smith）也在承继上述 B. 瓦茨奈等人的灾害定义的同时，进一步强调灾害的社会性原因，认为灾害是一种由破坏性灾害因子（agent）与脆弱的人们相结合而产生的现象，它是对与生存相关的社会需求、社会秩序以及社会意义的破坏（A. O. 史密斯，1998）。

在传统的灾害认识中，灾害被看作是一种解剖社会、揭示社会本质的机会，但这并不只是指社会的弱点会在灾害的破坏过程中得以暴露。而随着时间的推移，尤其是近年以来，人们越来越明确地认识到，灾害是一种彻底打乱人们的生活、使人们无法在固有的社会时空继续固有的生活体验的社会性现象，而引发灾害的各种原因也潜藏于社会过程自身之中。

三、灾害的时间与空间

在描写灾害现象时，如何设定时空轴，如何依照时空轴记述？对于把握灾害现象来说，这一点至关重要。近年来很多研究成果指出，与灾害相关的时空认知未必和物理性时空表现相一致，而对于遭遇灾害的社会或社区而言，其内在的时间过程和空间分布更为重要。问题在于，为了理解和说明灾害现象，应该如何顺着灾害现象的展开过程，把握相关群体和个体在灾害过程中独自经历的时间过程和空间上的隔绝或扩展，并以此为根据记述灾害现象。可以说，要正确解读灾害现象，社会性时空意识具有决定意义，是不可或缺的。

20世纪50年代以来，在灾害期间的社会时空描述方面，社会学灾害研究持之以恒地进行了各种尝试。最初的代表，当推 A. F. C. 沃拉瑟（A. F. C. Wallase）的研究。在关于1953年马萨诸塞州韦斯特飓风灾害的研究中，A. F. C. 沃拉瑟设计了灾害症候群和反灾害症候群两个对照组，观察其在时空中相互对抗的状态，并对灾害期间的时间过程和空间分布进行了描述。他根据灾害期间人们的应对行动，把社会时间过程区分为以下8个阶段（A. F. C. 沃拉瑟，1956）。

阶段0：灾前状态（它在某种程度上决定着灾害冲击的结果以及对灾害冲击的反应）；

阶段1：警报（警戒活动）；

阶段2：威胁（逃生行为）；

阶段3：冲击（持续）；

阶段4：开始活动（诊断受灾状况，做出行动选择）；

阶段5：救援（自发的、地方性的、非组织性的搜救和最初的救援或预防措施）；

阶段6：复旧（有组织地展开的专业救助、医疗救护和预防性安全措施）；

阶段7：复兴（个体的复归和再适应、社区在财产和组织方面的重振、对今后灾害的预防措施）。

而关于灾害期间的社会空间分布，A. F. C. 沃拉瑟认为它表现为同心圆扩大的状态，并提出如下由内向外的五环图式：a. 整体遭到核心冲击的地区；b. 遭到边缘冲击的地区；c. 过滤地区；d.提供有组织的社区援助的地区；e.提供有组织的地区援助。在之后其他学者的研究中，这个图式经常被用于记述灾害时期社会过程中灾害症候群与反灾害症候群之间的互相对抗及其各种社会时空特征，据说N. J. 斯梅尔瑟（N. J. Smelser）等人关于灾害时期社会变动过程的分析也从中得到过有益的启示。

1969年，A. H. 邦顿在《灾害期间社区集合应激反应的社会学分析》中对先行研究进行了梳理和概括，其中特别关注社会结构，把构成社会的单位区分为四类，即个人、小集团（家庭、近邻集团）、正式组织、州/地区/国家。他还把灾害的时间过程划分为五个时期：前灾害期；探察威胁和传达警报的时期；应对反应较为直接、组织程度较差的时期；应对反应组织程度较强、形成社会行动的时期；社会系统整体复兴，并逐渐消化灾害留下的持续性影响的时期，即长期的灾后均衡期。

上述分析框架，已经比较接近现在记述灾害时期社会变动过程时通常采用的时间区分和社会单位。

不过，人们关于灾害的时间过程和空间分布的认识，因其被卷入灾害的方式以及社会地位的不同而不尽一致。那么，社会地位对人们的灾害体验究竟有怎样的影响？处在不同社会地位的组织、集团以及个人各自体验的灾害现象，在展开过程中形成了怎样的差异？应该用怎样的分析框架去记述和解释那些各具特征的时空体验（时间过程的阶段性以及空间上的隔绝或延续及扩展）？这些问题，是今后灾害社会学研究的重要课题。

四、灾害的长期化与时间循环

在灾害过程研究方面，随着灾害研究的发展，这一过程的时间轴逐渐延长。在灾害研究问世初期，灾害过程研究的重点在于冲击期和以紧急避难及紧急救援为主要内容的灾害冲击直接应对期，基本上只是为了通过冲击期的对比，从而更好地理解冲击期，才在研究中涉及灾害发生前夕和灾后紧急复旧阶段。从 A. F. C. 沃拉瑟的分析框架（1953 年）到 A. H. 邦顿的分析框架（1969 年）的发展，在很大程度上是由于研究者基于社区的灾害经验，越来越清楚地意识到不能只是停留于对直接反应的记述，而必须以更具体的形式描述各种紧急应对措施的组织过程、有组织的避难活动和紧急救援活动的展开过程以及从紧急复旧到以复兴为目的的重建活动的发展过程。

之后，进入到 20 世纪 70 年代，随着预见和警报的社会应对及经济影响成为灾害社会学研究的新课题，前灾害期被正式纳入灾害社会过程研究领域。20 世纪 80 年代，开始以预见和警报系统为基础构建灾害应对体制，在这一背景下，对于包括组织机制和政策过程的防灾体制的研究有了很大进展。但是可以说，这一时期的研究归根结底还是围绕冲击期展开，以致灾因子影响社会的过程为核心问题。即从地表或地质结构物的摇晃、河水泛滥或火山喷发及其引起的泥石流，追溯地震、洪水、火山喷发等致灾因子对社会的影响及其过程。这种方法主要从建筑物倒塌、室内家具倒落、火灾蔓延、城市基础设施瘫痪、通信设备故障造成人员伤亡、社会组织破坏等现象着手，研究灾害机制。在其延长线上，以社会组织及其成员的灾害应对行动为中介，在实际受灾状况尚未显现出来之前，就能够描述受灾状况。当预知和警报进入灾害的社会过程，受灾状况的变化就与灾害损失的大小直接相关，而这也就是这一阶段前灾害期研究主要关心的问题。

与此相反，如第三节所述，进入20世纪90年代以后，前灾害期社会文化结构的脆弱性问题逐渐成为灾害社会学的研究热点。而实际上，在灾害发生之后的应对过程中——无论是短时期的紧急应对过程，还是长时期的复兴过程中，都可能产生新的恒常存在的脆弱性。因而，随着对前灾害期脆弱性研究的深入，这一灾后脆弱性问题也渐次成为重要的研究对象。从生活层面，更深入地考察在灾后复原复兴过程中生活结构和社会结构是如何恢复的，揭示这种脆弱性和复元·恢复力的形成原因——这一研究与受灾地区减灾目标能否实现有着密切关系。

[参考文献]

秋元律郎編,1982a『現代のエスプリ181号 都市と災害』至文堂.

秋元律郎・浦野正樹他,1982b『災害の社会科学的研究 文献目録』早稲田大学文学部社会学・秋元研究室.

Barton, A. H., 1969, *Communities in Disasters: A Sociological Analysis of Collective Stress Situations*, Doubleday.

Bates, F. L. & Peacock, W. G., 1993, *Living Conditions, Disasters and Development*, University of Georgia Press.

Cantril, H., 1940. *The Invasion from Mars: A Study in the Psychology of Panic*, Princeton University Press.

Fritz, C. E., Disasters, in R. K. Merton and R. A. Nisbet, eds., 1961. *Contemporary Social Problems*, Harcourt, Brace and Wold, pp. 651-694.

Oliver-Smith, A., 1998. Global Challenges and the Definition of Disaster, in E. L. Quarantelli (ed.), *What is a Disaster: Perspectives on the Question*, Routledge, pp. 177-194.

Prince, S. H., 1920, *Catastrophe and Social Change: Based Upon a Sociological Study of the Halifax Disaster*, Columbia University Press.

Quarantelli, E. L., 2000, Disaster Research, in E. Borgatta, and R. Montgomery eds., *Encyclopedia of Sociology*. New York, Macmillan, pp. 682-688.

Quaranelli, E. L., 2005, A Social Science Agenda for the Disasters of the 21st century, in R. W. Perry and E. L. Quarantelli eds., 2005, *What is a disaster? New answers to old questions*, Philadelphia, Xlibris, pp. 325-396.

Wallace, A. F. C., 1956, *Tornado in Worcester: An Exploratory Study of Individual and Community Behavior in an Extreme Situation*. Disaster Study Number 3, National Academy of Sciences-National Research Council.

Wisner, B., Blaikie, P., Cannon, T. and Davis, I., 1994, *At Risk: Natural Hazards, People's Vulnerability and Disasters*, Routledge. Second edition 2004.

(浦野正树)

专栏
战后美国灾害研究的发展（秋元律郎的观点）

浦野正树

第一阶段（20世纪40—50年代初）：该阶段以"美国战略轰炸调查"为中心，有组织地对城市功能以及人在应激反应状态下的行动进行调查和分析。

【研究特点】

"美国战略轰炸调查"旨在测定二战时期轰炸德国和日本的效果。美国这一阶段的灾害研究，以该调查所获得的数据为基础资料。在美苏冷战格局及核威胁的背景下，联邦市民防卫机构和国立科学艺术研究协会等机构进行了一系列的调查研究，以斯坦福大学调查研究所为首的许多专业研究组织作为上述机构的后援力量，与这些调查研究相配合，进行了较为系统的灾害研究。

【主要业绩】

F. C. 易克雷（F. C. Ikle）关于被轰炸城市的结构、功能和人口的受害程度的测定以及长期复兴过程的分析、I. L. 杰尼斯（I. L. Janis）关于人在轰炸应激反应状态下的行动特征的分析、R. M. 契马斯（R. M. Titmuss）关于伦敦轰炸时的疏散状况和市民心理的研究等堪称这一阶段的主要研究成果。

第二阶段（20世纪50年代中后期）：该阶段的研究焦点是灾害期间人们的心理反应和行动方式。

【研究特点】

对受灾地进行实地调查,研究受灾者的心理反应和应对行动,其中在恐慌、领导能力、功能矛盾、集合行动以及心理不适应等问题方面,研究业绩卓著。除了个人层次的应对行动之外,灾害的组织应对也被纳入研究视野,并着手理论体系的结构。

【主要业绩】

这一阶段的主要研究成果有 A. F. C. 沃拉瑟的 1953 年马萨诸塞州韦斯特飓风灾害研究(提出基于时空坐标的分析框架)、以 W. H. 佛姆（W. H. Form）和 S. 诺索（S. Nosow）为代表的密歇根州立大学研究小组关于弗林特皮恰飓风灾害时的个人反应和组织适应的调查、L. M. 奇利安的以四个受灾社区调查为基础的功能矛盾分析、以 H. 摩勒（H. Moore）为代表的德克萨斯州立大学研究小组关于韦科地区和圣安吉洛地区的飓风灾害长期影响的调查、荷兰社会调查研究所的荷兰南部洪灾调查(主要研究从最初的灾害冲击到依靠紧急社会系统回归恢复期间地域社会的变化和人的应对行动的研究)、J. P. 斯庇凯（J. P. Spiegel）的英国洪灾调查(关于行政机构和组织结构的差异以及受其限制的灾害对应行动)等。

在理论研究方面,以下几项都是本阶段的重要成果:E. L. 库朗特利以芝加哥大学国立舆论研究中心的经验数据为基础,对逃生行动与恐慌行为进行区别,推进了关于灾害时恐慌想象的研究;L. M. 奇利安关于多重从属集团在灾害时的功能矛盾的分析;R. A. 库利弗德（R. A. Clifford）、E. S. 马科斯（E. S. Marks）和 E. 佛瑞茨关于紧急社会系统的领导功能的研究等。D. W. 查普曼（D. W. Chapman）1962 年出版的《灾害中的人和社会》,收集了这一阶段的主要研究成果。

第三阶段（20世纪60年代）：该阶段以灾害期间的组织应对和社区变化为核心课题。
【研究特点】
研究对象从单一的自然灾害扩展到包括自然灾害、人为灾害和技术灾害的全部灾害领域，关注焦点转移到受灾地组织应对和社区变化的过程。
【主要业绩】
俄亥俄州立大学灾害研究中心的建立，堪称该阶段最突出的研究成果。在这一阶段，该中心以灾害相关组织的分类和组织变化、组织间关系等为主要研究领域，其中，在关于灾害信息传达、组织间调整、功能结构以及组织活动等问题的研究方面取得较大进展。该中心还对20世纪60年代的灾害研究成果进行了系统梳理，其代表性成果首推A.H.邦顿在1969年出版的《灾害期间社区集合应激反应的社会学分析》。这一著作以对灾害期间的个人心理反应、大众行动、正式组织的行为以及组织间关系为轴线，对紧急社会系统中的组织和大众行动、恐慌、功能矛盾、避难行动、组织应对、志愿者团体的作用等方面的理论予以分门别类的整理和概括。

第四阶段（20世纪70年代）：该阶段在已有研究的基础上，进一步展开对灾害预见的可能性和政策应对的研究。
【研究特点】
前灾害期被纳入灾害过程，灾害预知、警报的社会应对及经济影响等问题成为重要的研究课题。而从研究方法的角度而言，这一时期的研究及其成果具有自觉运用跨学科、多学科的研究方法的特点。

【主要业绩】

1970年,科罗拉多大学行动科学研究所G. F. 霍华特(G. F. White)的研究团队开始着手与技术、环境以及人类相关的跨学科灾害研究。在1977年《地震危险减轻法》(Earthquake Hazards Reduction Act of 1977)颁布之后,学术界开始关注对于地震预知及警报的社会应对和经济影响以及利用灾害预见减轻危险的效果和相关法律问题,科罗拉多大学行动科学研究所的L. E. 哈斯(L. E. Haas)和D. S. 米勒蒂(Mileti)围绕地震预知信息对社会及经济的冲击进行了一系列的调查。

注:本专栏根据秋元律郎编著的《現代のエスプリ181号 都市と災害》(至文堂,1982年出版)第222—226页整理而成。

专栏

灾害研究中心(Disaster Research Center [University of Delaware])

浦野正树

1963年,由E. L. 库朗特利、R. R. 戴恩斯以及L. E. 哈斯倡导,在俄亥俄州立大学建立了灾害研究中心。该中心可以说是灾害社会学研究的第一个据点(1985年,灾害社会学研究的据点转移到特拉华大学),中心的研究人员在大量实地调查的基础上,从理论研究和实证研究两个方面推进了灾害社会学研究。另外,该中心内以E. L. 库朗特利命名的图书收藏所竭其所能收集全世界社会科学和行动科学领域的灾害研究的主要成果，所藏文献已达5万册。其中，有该研究中心相关研究人员的博士论文和其他论文，有美国和其他国家的灾害相关杂志的内部发行版、新闻通信、灾害相关的书籍和调查研究报告，还有记载有灾害信息的报刊杂志。校内外的很多学者都受益于这里收藏的文献资料，据说馆藏文献目录近期将在网上公开。

该研究中心在20世纪60年代的研究活动及其成果，主要有关于1963年10月31日印第安纳波利斯集市演技场爆炸事件、1964年3月27日阿拉斯加安克雷奇地震、1965年9月的新奥尔良台风和堪萨斯州飓风等灾害的实地调查及其研究报告。其中，在推进R. R. 戴恩斯和E. L. 库朗特利倡导的灾害相关组织分类和组织变化以及组织间关系的研究的同时，以警察、军队、医院、市民防卫组织、公益事业机构为具体对象进行了灾害相关组织分析，还在信息传达、组织间调整、功能结构、组织活动等方面展开研究。另外，还通过对美国以外地区的灾害组织应对状况的调查，进行国际比较研究，如对1964年6月16日发生的日本新潟地震的受灾地区进行过调查。

20世纪70年代以来，该研究中心在包括发展中国家在内的国内外的受灾地区，积极开展社区及防灾相关组织的灾害应对状况、防灾计划和防灾活动、政府及自治体的防灾组织体制及政策立案过程以及灾害脆弱性等问题的调查研究。在http://www. udel. edu/DRC可以了解到该研究中心近年研究动向的详细信息。

第二节 日本灾害研究的系谱和领域

一、灾害研究在日本的发展

灾害研究绝对是一门多学科、跨学科的学问。这是因为灾害研究以保护人们的生命财产和生活为根本目的，而为实现这一目的，就必须启动人类已有的全部知识。一般说来，灾害研究与理工学科的关联更多，但有必要注意的是，在建筑、城市规划等理工类专业人员所从事的灾害研究中，有相当的比例实际属于社会科学研究的范畴。另外，民间研究机构专家集团的灾害政策研究，也是灾害研究的重要组成部分。日本关于灾害的社会科学研究，其先驱可追溯到地震灾害预防调查会的调查研究和关于原子弹轰炸受害者的研究（大矢根淳，1989），而有组织地展开的灾害研究则起始于20世纪70年代。安倍北夫、秋元律郎、冈部庆三等人构成上述研究活动的中坚力量，他们也可以说是日本灾害社会学第一代学者的代表。安倍北夫是心理学家，他在对警视厅和东京消防厅等部门进行调查研究的基础上，提出现代城市在遭遇火灾或地震时决定生死的关键要素以及相关解决方案（安倍北夫，1982）。在研究方法上，他在恐慌研究中主要采取实验法；而在1972年的千日前大厦火灾研究和1976年的酒田火灾研究中，则都是以详细的实地调查为基础，对火灾刚发生时人们的行动进行系统分析。秋元律郎是社会学家，如第一节所述，他把美国灾害研究的基本文献介绍给日本学术界，并以美国灾害研究为基础，对既有的灾害研究理论进行整理（秋元律郎，1982）。与此同时，他还在田野调查中，培养了一批灾害研究的后继者。作为社会心理学家的冈部庆三以人际交往理论为视角，自20世纪70年代后期以来，在关于警报、避难指示及劝告的传达及接受过程，尤其是避难行动实际状态的研究方面，积累了大量研究成果（东京大学新闻研究所，1979、1986）。日本在1978年颁布了《大规模地震特别措施法》，并根据这一特别措施法的要求，发布了"东海地震警戒宣言"这一地震预知信息。尽可能准确地把握居民对警报等地震预知信息的反应是防灾减灾的关键环节之一，冈部庆三的研究正是适应了这一社会需求，他的"伊豆大岛近海地震时的余震信息恐慌研究"堪称代表性成果。

日本灾害社会学的第二代学者继承了第一代学者的问题意识和研究方法，同时由于日本新遭遇的灾害，一批其他领域的研究者也加入灾害研究行列，灾害研究的领域因此扩大。其契机，首先是1983年日本海中部地震。那次地震中，有100人被海啸夺去生命，这推进了海啸警报发布及传达的迅速化研究；海啸遇难者中有13名参加学校郊游活动的小学生，这使学校如何在灾害中保护学生生命的问题成为灾害研究的新课题；另外，关于这次地震海啸的研究还培育出一批在受灾地进行长期跟踪调查的研究人员（田中二郎、田中重好、林春男，1986），其后，经过云仙普贤火山喷发灾害研究（铃木广，1998）、北海道南西冲地震灾害研究（马越直子、中林一树，2002）、阪神·淡路大震灾研究以及2004年新潟县中越地震研究等研究活动，受灾地长期跟踪调查终于成为灾害研究的一个相对独立的重要领域。

在日本的灾害研究发展过程中，阪神·淡路大震灾是一个重要转折点。那场灾害造成大量受灾者，他们的长期避难生活把以前没有显现的或未被发现的问题暴露出来（浦野正树，1997）。面对避难生活中亟待解决的各种问题，众多专业背景不同的研究人员把它们作为自己的研究课题，从不同视角，展开多样化的研究。例如，关于NPO及志愿者活动及其理论的研究（渥美公秀，2001；干川刚史，1996）以及关于孕育灾害弱者的社会排除过程的研究（田中淳，2004）等，其课题都形成于研究者对受灾者的接近和体察，而其研究成果在以后的救灾活动中也都发挥了很大作用。另外，对在大震灾中暴露了局限性的防灾系统的具体分析以及提案，也作为一种实践探索进入一个新的阶段（吉井博明，1996）。

二、日本灾害研究的领域

如上所述，日本的灾害研究正是在一次又一次的灾害经历中，适应新的社会需求，开拓新的研究领域。当然，另一方面，日本灾害研究走过的道路，也依循着世界灾害研究的发展轨迹。

如第一节所述，从世界范围来看，灾害研究开始于美国的战略轰炸调查。实际上，虽然其研究团队的核心是社会学家，而不是心理学家，但一系列研究的主要课题——以"恐慌"为焦点的紧急状态下个人或基层地域社会的反应——属于社会心理学的范畴，所谓"恐慌"，指一种因人人争先恐后而导致集团规范崩溃的集体逃生行为，是集合行动理论所论及的一种行动模式。"恐慌"的构成要素，不是个体的惊慌失措或极度不安，而是集团规范的崩溃。在某种意义上说，慌忙避难是遭遇突发灾害时的适宜行动，甚至可以说是一种值得肯定的行动。

但是，很多灾害案例分析表明，恐慌行为在极为特殊的条件下才会出现，即使在灾害中，也并不是一种常见的行动。人们蜂拥而上或一个压一个地倒下这种现象，貌似是恐慌行为的结果，其实起因于物理环境。人们在紧急状态中的行动，往往不是利己主义的，它遵循以社会纽带为核心的既有规范，是一种利他主义行动。人们普遍倾向于无视或者轻视危险和威胁，就像所谓"正常化倾向"论所主张的那样，世界关心的重点已经转移到避难等适当行动所需要的条件。

在探索如何提供灾害信息，使人们在紧急状态下能够远离恐慌，采取避难等适当行动方面，R. H. 塔纳（R. H. Turner）等人关于"地震预知与公共政策"的研究具有划时代的意义（美国科学艺术院，1977）。R. H. 塔纳也是集合行动论的创发规范说的创始人。在日本，冈部庆三领导的东京大学新闻研究所"灾害与信息"研究小组，围绕如何提供地震预知等信息也进行了卓有成效的研究。田中淳把灾害研究的主要视角归纳为三个，社会信息论位居其首。社会信息论灾害研究的特点在于，把信息接受者作为合理性的适应主体，并以此为研究的基本前提。如果得到适当的信息，人们就会采取适当的行动——社会信息论灾害研究把这一假设作为研究的出发点，在关于能够促使人们及时采取避难行动的要素、警报等灾害预知信息的内容、表现形式、传达媒体和地区条件等方面，取得了很多研究成果（广井修，1986、1987），本书第四章有详细介绍。近年来，随着研究的深入以及警报的名称和内容等制度层面的调整,社会信息论灾害研究的对象领域不断扩大,气象警报、火山喷发信息、河水信息以及2007年10月开始普遍提供的紧急地震速报等,都是社会信息论灾害研究的重点对象。

再一方面,越来越多的研究者开始致力于防灾教育研究(矢守克也,2005)。这是因为人们认识到,要理解灾害信息,并在此基础上采取适当的应对行动,必须具备多方面的相关知识,而对每个个人来说,遭遇灾害是小概率事件,很难从自己的亲身体验中学习灾害知识,所以有必要在平时有意识地进行灾害教育。当然,为达到这一认识,人们付出了沉重的代价。如尽管有关方面发布了避难劝告,但居民还是无动于衷,不采取避难措施,结果遭遇本可躲避的灾难;又如有必要让居民了解,为了减少地震受害的严重程度,需要提高住宅的耐震性能。

田中淳归纳的灾害研究的第二个视角是组织理论。以E.L.库朗特利和R.R.戴恩斯领导的俄亥俄州立大学灾害研究中心(简称"DRC")为核心的研究团队,在相关研究的基础上,提出了关于灾害救援组织的结构和功能分类的分析框架。这个分析框架,一般被称为"DRC模型"。DRC模型后来由秋元律郎和山本康正等人引进日本,运用于灾害研究。灾害发生时,市町村自治体、生命保障相关组织以及志愿者等多种救援主体需要相互联系、相互配合,共同采取应急救援措施。在灾害发生后的第一时间,资源需求急剧增加,而各组织原有资源都十分有限，往往供不应求；同时，由于灾情状况和救援需求都瞬息即变，因而很多性命攸关的重要决策往往不得不在即刻间定夺。作为一种组织分析框架，DRC模型的特点在于，在组织结构和组织活动内容两根轴线上，根据灾害发生前后有无变化对组织进行分类，并对各类组织的特性和职能进行实证分析。在组织论视角的灾害研究方面，日本的研究者也进行了具有独创性的实证研究。关于行政组织间关系的研究，在长崎暴雨灾害调查研究（东京大学新闻研究所，1983）以及关于山体滑坡灾害调查研究（野田隆，1997）中取得了卓有成效的进展。在阪神·淡路大震灾的救灾过程中，涌现了大量志愿者，他们的活动起到了非常重要的作用，令人瞩目，1995年也因此被称为日本的"志愿者活动元年"。此后，在日本，NPO志愿者组织成为一种新的固定的防灾组织，而如前所述，关于"创发组织"的研究也随之急速发展起来。

按照田中淳的归纳，以基层地域社会为对象的研究构成灾害研究的第三个视角。我们曾在上述第一节指出，在世界灾害研究的谱系里，S. H. 普林斯和P. A. 索罗金分别堪称实证研究和理论研究的始祖，而两者都特别关注受灾地区灾后的长期社会变化。在日本，如上所述，在关于日本海中部地震、奥尻海啸、云仙普贤火山爆发、阪神·淡路大震灾等灾害的具体研究中，都有以灾害对基层地域社会的长期影响为课题的研究项目。灾害过程包括从灾害发生到灾后复兴，也就是说，灾害并不只是灾害因子引发的瞬间冲击，而是遭受灾害的基层地域社会每时每刻都在变化的整个过程（田中淳，2005）。在这个意义上，可以说以基层地域社会为对象的灾害研究才是真正意义上的，或者说是最出色的灾害社会学研究。而且由于日本面临一旦发生南海地震或首都圈直下型地震，灾后该如何顺利复兴的问题，因此对日本来说，这个领域的研究具有极为重要的现实意义。

灾害从哪些方面以及在怎样的程度上影响当地社会，这受制于该受灾地区的共有文化，也即所谓灾害亚文化。这种文化包括个人和组织的灾害体验定位，它影响着个人对灾害的心理及行动应对，也左右着灾害时组织功能的维持和适应力提高，因而直接关系到防灾减灾的可能性（广濑，1981）。在某种意义上，有怎样的灾害亚文化，当地的居民、组织以及行政就有怎样的灾前准备和灾时应对。因此，在灾害过程中，能够在多大程度上承受灾害冲击，会暴露出怎样的脆弱性，这是因地而异的。面对新的可能发生的灾害，必须进一步增强基层地域社会的防灾能力。防灾地域组织研究（即关于自主防灾组织的现状及培育方案的研究），正是适应这一社会需求而应运而生的。

三、构建灾害社会学的目标

如上所述，不局限于灾害刚发生时的受害状况，而是把整个灾后复兴过程都纳入研究对象领域，尤其注重从长期化视角努力把握灾害的社会影响，这已经成为日本灾害社会学的目标。特别是在阪神·淡路大震灾之后，日本的灾害社会学研究者进一步开拓了研究领域，并积累了大量宝贵资料。可是，依然留下很多空白，其中不乏重要的领域和课题。例如，社会性别视角的灾害研究还很不充分。首先，避难倾向、志愿者活动内容等方面存在着明显的性别差异，这已是众所周知的话题；其次，避难所集体生活的影响、复兴过程中决策参与程度等方面的性别差异，由于其往往与社会排斥相关，所以隐患更大，更值得关注；再次，既有研究已经发现灾后家庭关系恶化的现象，但对其根本原因的分析还过于表面化，似有必要更关注家庭功能的作用以及灾害对家庭关系的影响。另外，还有很多问题不仅是社会学的灾害研究领域，也是防灾研究整体中共通的课题，比如组织研究方面，几乎还没有涉及企业的灾害应对及其作用这一问题。

那么，是否可以说，正是在上述研究的展开过程中，灾害社会学的学问体系渐次构建起来了呢？其实，现状并不明晰（长田攻一，1999）。因为就既有的具体研究活动来说，大量的还是在某个理论指导下的田野调查或单纯的灾害记录。姑且不论是否有必要将关于灾害的社会学研究构建为一个新的社会学分支——灾害社会学，假定这是必要的，那么，要想使关于灾害的社会学研究成为灾害社会学，就必须设定其新的分析概念和研究课题。因为只有从一种研究范式孕育出新的分析概念和研究课题，并使之在一个视野下相互关联，才可能成为社会学学问总体系中的一个相对独立的研究领域，社会学的一个新的分支。

[引用文献]

秋元律郎，1982「災害期における緊急社会システムと組織対応」秋元律郎編『現代のエスプリ 181　都市と災害』至文堂．

渥美公秀，2001「ボランティアの知—実践としてのボランティア研究」大阪大学出版会．

安倍北夫，1982「災害心理学序説—生と死をわけるもの」サイエンス社．

アメリカ・科学アカデミー編，力武常次監修・井坂清訳，1977『地震予知と公共政策』講談社．

浦野正樹，1997「阪神・淡路大震災と災害研究—震災後の社会過程と社会問題の展開」『社会学年誌』早稲田社会学会 38 号．

大矢根淳，1989「明治前期の災害研究—『地震報告』をめぐって」川合隆男編『近代日本社会調査史 I』慶応通信．

長田攻一，1999「阪神・淡路大震災と社会学のパースペクティブ」岩崎信彦ほか編『阪神淡路大震災の社会学　第 3 巻　風向・防災まちづくりの社会学』昭和堂．

鈴木 広編，1998『災害都市の研究』九州大学出版会．

田中 淳，2003「災害研究」田中・土屋『集合行動の社会心理学』北樹出版．

田中 淳，2004「災害弱者と情報」廣井 脩編『災害情報の社会心理』北樹出版．

田中 淳, 2005「災害と社会」船津衛・山田真茂留・浅川達人編著『21世紀の社会学』放送大学教育振興会.
田中二郎・田中重好・林 春男, 1986『災害と人間行動』東海大学出版会.
東京大学新聞研究所編, 1979『地震予知と社会的反応』東京大学出版会.
東京大学新聞研究所編, 1986『災害と情報』東京大学出版会など.
東京大学新聞研究所,「災害と情報」研究班, 1983「1982 年 7 月長崎水害における組織の対応」東京大学新聞研究所.
野田 隆, 1997『災害と社会システム』恒星社厚生閣.
廣井 脩, 1986『災害と日本人』時事通信社.
廣井 脩, 1987『災害報道と社会心理』中央経済社.
広瀬弘忠, 1981『災害への社会科学的アプローチ』新曜社.
干川剛史, 1996「情報ボランティアと公共圏」現代社会理論研究 第 6 号.
馬越直子・中林一樹, 2002「復興期における被災者の生活状況と復興対策の評価構造の変化に関する研究」地域安全学会発表論文集.
山本康正, 1981「1970 年代後半のアメリカにおける災害研究」社会学評論, 31 巻, 第 4 号.
矢守克也, 2005『〈生活防災〉のすすめ』ナカニシヤ出版.
吉井博明, 1996『都市防災』講談社現代新書.

（田中淳）

第三节 灾害社会学发展的两条路径：合理控制灾害应对与减少地区脆弱性

一、美国灾害社会学的发展：合理控制灾害应对

进入20世纪90年代以后，美国的灾害研究有了突飞猛进的发展。如第一节所述，在那之前，美国灾害研究的重点在于如何理解灾害时的应对行动，包括如何提高医疗卫生机构等防灾相关机构的管理能力以及组织的应对能力等与实践密切相关的问题，绝大多数研究项目都属于这类课题。例如，在关于灾害时的应对行动的研究方面，E. L. 库朗特利对逃生行动和"恐慌"加以区别，推进了对灾害时的"恐慌"现象的理论分析。他的研究表明，当受灾者在状况的意义、行为规范、价值观、优先权等方面都与其他社会

成员意见一致，即发生所谓"合意型危机"时，一般很少会发生与掠夺、暴动相联系的"恐慌"行为，大多能与邻居相互协助，努力克服危机，保存生命。这一研究成果后来被运用于救灾实践，在有效遏制耸人听闻的灾害现场报道方面，至今依然具有重要意义。再譬如，L. M. 奇利安关于多个从属集团在灾害发生时容易发生功能矛盾的研究，对于理解灾害时组织应对的制约条件和组织成员的应对行动具有极为重要的启示。美国灾害研究的发展过程中，R. R. 戴恩斯和 E. L. 库朗特利的关于灾害相关组织的分类、变化以及组织间关系的研究，从灾害相关组织的信息传达、组织间调整、功能结构、组织活动等方面，多方位地提供了建构灾害应对体系基础的知识。

20 世纪 80 年代末 90 年代初，美国的灾害问题研究者在关于 1989 年旧金山地震灾害的研究和关于 1992 年佛罗里达飓风灾害的研究中，除了理论研究，还围绕组织的灾害应对方式这一更具实践意义的问题，着重对行政组织的灾害应对进行了研究。据说正是在检验上述灾害中的应对行动效果以及总结其经验教训的基础上，克林顿政权进一步加强了以联邦紧急事务管理署为核心的台风对策和防灾系统的建设。美国政府的一系列构建防灾系统的对策，在范围上涵盖了从灾前预防、灾时紧急应对到灾后紧急复旧的过程，其核心就在于当灾害发生时，应如何尽快收集信息，并使人们在有效地共有和利用这些信息的基础上做出合理的判断这一问题。20 世纪 90

年代中期，台风再次袭击佛罗里达州，据说当时气象观测仪确实捕捉到台风的走向，联邦紧急事务管理署在向各州紧急通报台风路径的同时，根据过去的避难行动以及相关数据计算了避难充分可能的时机和发出避难命令的最恰当的时间。郡自治体和警察拥有强制避难的权限，为防止避难过程中发生堵塞现象，在主要交通干道采取了能让避难车辆顺利运行的信号以及灵活使用相反车道等交通监视和管理措施。当地的旅游业经营者为避免重大损失，动用了飞机等交通工具疏散游客，并努力确保游客在避难地的住宿。最终，包括游客在内的几百万人都得以成功避难。后来，这被作为一种紧急避难模式，受到广泛关注。另外，由于灾害保险具有有效弥补灾害损失、有助于灾后恢复的功能，因此被作为一种利用市场原理克服灾害的实践模式广为接受。通过有效利用市场原理，充实保险功能以及推进以合理判断为基础的防灾对策，能够克服灾害。以联邦紧急事务管理署为核心的美国防灾系统，被认为是一个这样的象征。可以说，美国灾害社会学在这个时期的贡献在于，一方面努力构建跨学科横向结合的学科体制，另一方面为上述防灾系统提供实证的和理论的支撑。

二、"9·11"引发的课题：对人为灾害的危机管理及组织应对模式的摸索

2001年9月11日，恐怖分子的飞机撞毁了纽约世贸中

心大厦。有人认为，恐怖分子之所以能够成功制造"9·11"事件，正是由于美国上述防灾系统只注重抵御自然灾害，而在防御人为灾害方面留下空白，从而给恐怖分子以可乘之机。"9·11"事件之后，为适应与威胁国内安全的恐怖主义斗争的需求，美国开始着手建立与以前截然不同的防灾系统。2002年，布什政权发表题为"关于国土安全保障的国家战略"（The National Strategy for Homeland Security）的宣言，明确指出防卫恐怖主义攻击、减少恐怖主义攻击造成的损失是重建防灾体系的战略目标，而为此必须减少防卫恐怖主义攻击方面的脆弱性。2003年1月，美国新设国土安全局（DHS, Department of Homeland Security），并把联邦紧急事务管理署置于其管辖之下，实现一元化的危机管理。其目的在于，构建一个政府和民间齐心协力与恐怖主义斗争、共同保卫美国的防灾体制。这是美国防灾体制的重心向恐怖行动对策和对外军事政策转移的重要一步，为此把联邦紧急事务管理署自身的防灾体制减缩到之前的1/3左右。这个重心转移反映了美国政府在灾害危机认识上的变化：以往的合理主义灾害对策已在某种程度上克服了自然灾害，下一阶段要把焦点对准使美国国民陷于不安的恐怖行动，建立与军事系统相互联系的危机管理系统。这一转变对于灾害对策和灾害研究的影响，将在以后章节结合卡特里娜飓风灾害的受灾状况、紧急应对以及脆弱性问题展开论述。

另一方面,"9·11"事件还推动了灾害组织应对研究的发展。"9·11"事件的教训表明:组织应对如果只是实施原定计划中的作用或功能,就不可能顺利应对无法预期的灾害;根据灾害状况随机应变、敏捷应对,这种所谓"即兴性"(improvisation)以及使之成为现实的领导能力,才是实现有效的组织应对的关键。"9·11"事件时,组织应对最终表现为各种机构或集团各自突破固有的组织框架,即兴扩充和延伸组织功能,形成临时应急组织结构。事后关于应对举措的调查研究中,最受关注的就是在这种组织功能即兴扩充和延伸的基础上形成临时应急组织结构的过程及其背后的共有意识形成过程。"9·11"事件之后,这一研究动向一方面在既有组织应对研究基础上,沿着"合理控制灾害应对"这一思路,摸索更有效的组织应对模式;另一方面又进一步深化了关于灾害的组织应对的理解,推进了组织理论研究本身。

三、灾害研究的新视角:减少地区脆弱性

"9·11"事件之后,上述围绕合理控制灾害应对问题的研究,还在另一个完全不同的层次上唤起新的问题意识。如前所述,至20世纪90年代中期,美国已经建成以联邦紧急事务管理署为核心的防灾系统,增强了组织的紧急应对功能,提升了组织的防灾能力,但即使如此,防灾对策依然没能摆脱困境。因

为也正是在这个防灾功能得到极大完善的时期，在灾害易发的沿海地区，随着经济开发的进一步发展，耸立起大量高楼大厦，一旦遭遇灾害袭击，就难免发生重大经济损失。所以，在20世纪70—90年代，尽管美国的防灾系统的防灾性能得到前所未有的提高，台风灾害造成的经济损失的额度依然持续上升。

另一方面，在美国等发达国家以外的地区，灾害经验则提出了完全不同的问题，这里暂且以南美洲地区为例。20世纪70年代初到80年代中期间，南美洲接二连三地遭遇大地震，其中最严重的有1970年的秘鲁地震、1976年的危地马拉地震和1985年的墨西哥地震。那些地区在经历地震灾害的毁灭性打击后，社会整体都陷于极度困境，长期不能恢复元气。在关于这些灾害的调查研究中，人们越来越清晰地意识到，这些地区之所以在地震后会陷于社会整体毁灭，其原因并不只是作为灾害因的地震的强度以及防灾系统本身的薄弱，还在于当地社会结构、经济结构和文化结构的特殊性。具体地说，在大地震中，在长期殖民统治下形成的当地特有的社会、经济、文化的安全装置瞬间解体了，历经数百年构建起来的社会秩序顷刻间崩溃了，由此引发了社会整体的毁灭。这样的问题意识，在南美地震灾害研究中逐渐形成，最终把灾害研究推进到一个新的层次（A. O. 史密斯，1999）。

20世纪80年代以后，在灾害社会学研究领域，"灾害究竟是什么"这个问题一次次被提出来，这是修正传统灾害研究范式的尝试,同时也是用新范式重新研究灾害的探索。正是这种尝试和探索,孕育了灾害研究的新理念,开拓了灾害研究的新领域。这种新的灾害社会学研究的特点在于:不再只是从与致灾因子的关系来理解灾害,而更关注灾害如何以这种致灾因子为契机,与社会结构诸要素重合,从而使损害扩大为毁灭性破坏的机制。其最主要的研究视角在于:从研究受害扩大化机制着眼,追究和揭示植根于社会、经济、文化结构中的脆弱性。

自20世纪90年代开始,"脆弱性"研究成为灾害社会学研究领域的新热点。对"脆弱性"的关注,最初只是在对传统灾害研究的批判中展露出来的带有启蒙性的新视角,而随着研究的深入以及研究成果的积累,人们对它寄予越来越多的期待,无论是脆弱性实际程度测定方法方面,还是脆弱性纠正政策研究方面,都希望通过"脆弱性"研究获得一种富有成效的操作假说。

四、"脆弱性"与"复元·恢复力"

随着脆弱性研究的进展,"复元·恢复力"概念作为"脆弱性"概念的组合应运而生。

B. 瓦茨奈认为,"脆弱性"以下述形式,表现于具体的生活场景:一是根源性原因,包括贫困、对权力结构和资源的限定、意识形态、经济体系以及其他一般性或整体性要因；二是动态压力，包括当地缺乏各种公共设施、教育、训练、大小适宜的空间范围、投资环境、市场和报道自由等，以及受到人口增加、城市化、环境恶化等宏观要素的影响；三是危险的生活状况，包括缺乏牢固性、容易损坏的物理性环境（如危险的地理位置、危险的建筑物及城市基础设施等）、脆弱的地方经济（如濒临危机的生活状态、低收入等）。在 B. 瓦茨奈看来，上述脆弱性一旦和作为导火索的地震或暴风、洪水、火山爆发、滑坡、饥饿、化学灾害等相结合，就必然引发灾害。关于灾害的具体展开，B. 瓦茨奈描述了包括灾害应对行动在内的详细图式，其基本逻辑是：整体性要因在深刻影响具体生活状况的过程中形成各个脆弱点，这些脆弱点使致灾因子成为导火索，使灾害成为现实（B. 瓦茨奈，2004）。

可是，上述"脆弱性"概念容易把人们导向一个极端——生活贫困、社会排斥、资源、教育及训练的欠缺等日常存在的负面状况，控制着置身其中的人们，因此，受害是一种被动的宿命的存在。这一问题的严重性在于：它往往使研究者忽视那些不甘"宿命"的人们，他们尽管处于脆弱性状况之中，但依然拼死努力构建有益于减灾的社会关系，并身体力行地创造有效的灾害应对行动模式。

于是，就产生了这样的疑问：只是关注"脆弱性"的根本原因，是否能够减轻灾害的深刻影响，是否能够提供减灾对策的思路？其答案，显然是否定的。但正是在寻找答案的思索过程中，人们提出了"复元·恢复力"概念。

"复元·恢复力"概念，是一个帮助人们在把握宏观的环境和条件的同时，关注蓄积于当地社会内部的凝聚力、人际沟通力以及解决问题的能力等要素的逻辑装置。这个研究视角所关注的是，存在于受灾地区社会文化结构内部的、真正能够帮助受灾地从灾害中复元或恢复的原动力。在这个意义上，可以说"复元·恢复力"是一个与"社会资本"概念同类或者有缘的概念。而必须指出的是，"复元·恢复力"与"脆弱性"是一对概念，其功能在于促进和提高"脆弱性"概念的有效性和意义。

五、灾害研究的现状

20世纪90年代以后，灾害社会学研究主要在合理控制灾害应对这一研究领域取得长足进步。以美国为例，以"9·11"事件为契机，灾害社会学研究受到反恐等危机对策和灾害应对军事化的影响，开始思考并寻找今后的发展路径。在灾害应对管理方面，以联邦紧急事务管理署为核心的防灾体系在20世纪90年代中叶达到了一定水平。2001年以后，布什政权把恐怖主义作为主要危机，危机管理体系在一定程度上吸取了军事体系管理模式的要素，而这作为自然灾害对策，则不能不说是一个大倒退，事实上也确实引发了很多社会问题。2005年8月，飓风"卡特里娜"袭击美国，把这一问题暴露无遗。在那次飓风灾害中，飓风的破坏力与灾害应对的不完备"里应外合"，给受灾地居民带来重大损失。其中，无论受灾状况还是灾后复元状况，不同阶层、不同族群之间存在极大差异；而在紧急避难方式的选择、避难生活状态等方面，也能清晰地看到不同家庭（特别是家庭中有无高龄者以及家庭结构的状况）的差异。在如何合理控制灾害应对方面，这次飓风灾害提出了一个重大课题：必须建构一个更多关注脆弱人口的灾害应对管理系统。

灾害社会学研究的另一主流，是关于"脆弱性"和"复元·恢复力"的研究。种族、阶级、族群的不同与"脆弱性"的关系、影响"复元·恢复力"的主要因素以及"脆弱性"与"复元·恢复力"之间相互作用的机制等问题，构成这一研究领域的主要课题。研究这些问题的重要性，今后势必愈渐凸显。

随着对"脆弱性"和"复元·恢复力"的研究的深化，在灾害社会学研究理论方面，已经进入到拷问如何在大范围的时空中把握灾害现象、如何把握灾害超越时空限制的连锁反应和扩延等问题的阶段。A. O. 史密斯曾指出，灾害并非一次性事件，它既是漫长时间中累积而成的结果，也是影响今后社会变化的重要原因。世界上某些地区的政治、经济和文化结构，相对于灾害来说，非常脆弱；但这种脆弱性是在长达 500 年以上的殖民统治体制下形成的。只有在这样的时空观中，才可能理解灾害问题上的"脆弱性"和"复元·恢复力"问题。

[参考文献]

Oliver-Smith, A.& Hoffman, S. eds., 1999, *The Angry Earth: Disasters in Anthropological Perspective*, Routledge.

Wisner, B., Blaikie, P., Cannon, T. and Davis, I., 1994, *At Risk: Natural Hazards, People's Vulnerability and Disasters*, Routledge, Second edition 2004（first published in 1994）.

专栏
日本的灾害社会学研究（日文文献介绍）

浦野正树

[1] 安倍北夫、秋元律郎编：《都市災害の科学》（有斐阁，1982）。

该著作是20世纪80年代日本人文社会科学研究者关于灾害研究的代表性成果。

[2] 秋元律郎编：《現代のエスプリ181号，都市と災害》（至文堂，1982）。

该著作聚焦于现代城市灾害的特点，选择若干灾害研究经典著作，予以摘译或解说，并收录了从各个视角研究日本城市灾害的主要论文。

[3] Beck. Ulrich. 著，东廉、伊藤美登里译：《危険社会》（法政大学出版局，1998）。

原著出版于1986年。该著作认为，现代社会是一个生活世界被自然灾害、生态系统破坏、核威胁、有害物质、不治之症等人类无法逃脱的危险所笼罩的风险社会。

[4]岩崎信彦、浦野正树等编:《**阪神・淡路大震災と社会学**》(昭和堂,1999)。

该著作共有三卷。收录了社会学研究者在阪神及淡路地震现场进行调查研究的成果,刻画了从震灾发生到震后复旧复兴过程中展现的灾害社会过程。

[5]神户大学震灾研究会编:《阪神大震灾研究》(神户新闻综合出版中心,1995—1997)。

该系列著作是神户大学震灾研究会的阪神大地震研究成果汇编,包括《**大震災百日の軌跡**》《**苦闘の被災生活**》《**神戸の復興を求めて**》等五卷。神户大学震灾研究会的主要研究成员是神户大学的教师和研究人员。

[6]Raphoel. Beverley著,石丸正译:《**災害の襲うとき—カタストロフィの精神医学**》(みずず书房,1989)。

原著出版于1986年。该著作对遭到灾害冲击的社会状况进行全方位描述,其中重点关注灾害的精神冲击及其结果。

[7]P.A.索罗金著,大矢根淳译:《**災害における人と社会**》(文化书房博文房,1998)。

原著出版于1942年。该著作是灾害研究的经典,书中指出战争、革命、饥饿、瘟疫是四种最可怕的灾祸,对它们给予社会的影响进行了具体分析。

[8]浦野正树、大矢根淳、土屋淳二等编:《**阪神・淡路大震災と災害ボランティア活動**》(早稻田大学社会科学研究所,1996)。

该著作收录了若干关于灾害志愿者活动的理论研究和调查研究报告。

[9]早稻田大学都市灾害部会编:《**都市災害と地域社会の防災力**》(早稻田大学社会科学研究所,1990)。

该著作聚焦于基层地域社会的防灾能力,分析城市内部特性各异的基层地域社会在防灾领域面临的不同任务。

第二章　灾害和社会应对史

第一节　灾害社会学的回顾和展望

第二节　日本灾害社会（科）学的先行研究

第三节　灾害的社会应对史

第一节 灾害社会学的回顾和展望

一、灾害的社会连锁

一般来说，自然灾害会造成个人生命财产的损失，还会破坏公共建筑物和基础设施。灾害在加害于人和物的同时，还会破坏构成社会的组织。它使家庭崩溃、地域社会解体，还会摧毁企业、行政机关等社会组织或使其发生功能障碍。概而言之，灾害直接破坏人、物、组织，这种破坏给社会系统和社会活动造成深刻影响，而这种负面影响又会给受灾者带来生活和生存方面的困难。灾害造成的这种受害连锁如图 2-1 所示。

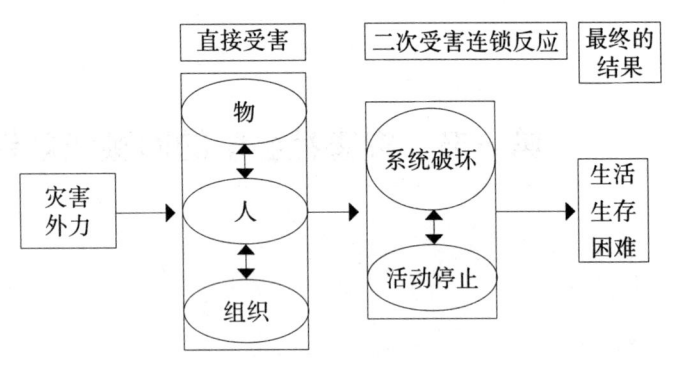

图 2-1：灾害的受害连锁

所谓"社会系统的破坏",大致包括系统不起作用、系统承受负担过重以及系统遭到破坏三种情况。

第一,由于人和物遭到破坏,社会系统不起作用;第二,由于负担过重,社会系统部分或全部瘫痪;第三,由于构成社会的组织遭到破坏,导致社会系统本身也遭到破坏。当然还可以设想第四种更极端的情况,如社会革命甚至可以摧毁原有社会系统原理本身。当然,像灾害这样的外力,是很少能够摧毁社会系统原理本身的。即使偶尔发生那样的情况,其中多数只是灾害成为导致社会系统原理变化的一种契机,也就是说,社会结构本身的矛盾和紧张状态在灾前就已经存在,灾害的发生只是使这种矛盾和紧张状态得以暴露。

下面,通过实例来说明上述几种情况。先来看人和物遭到破坏而导致社会系统停止运作的事例。1995年阪神·淡路大震灾发生后,一时间,灾区本地生产的食品没有了,店头陈列着的外地生产的食品也没有了。这时,市场机制不再起作用。为此,即使有再多的钱,也无法买到用以充饥的食品。再来看社会系统因为负担过重而部分或全部瘫痪的事例。在灾害发生后最初的几个小时里,往灾区的电话老是打不通,这是最近几年灾害过程中最常见的现象。还有,阪神·淡路大地震时,在长田区及其周围地区,同时有多处地点着火,同时发生的火灾数远远超过地区内的消防车数,而由于火灾超过了常备消防力量,消防系统就无法正常发挥作用了。第三种情况,即由于社会组织受到破坏而进一步导致社会系统本身遭到破坏这样的情况,在现实中不太多见,但也不是没有。2004年10月23日傍晚6点左右,新潟县中越冲发生了大地震。当时,在位于山区的山古志村,不仅村役所的办公楼房遭到很大破坏,村内交通道路、电话线路以及移动通信网络也都中断了。因此,村灾害对策总部直到第二天中午时分才把握到村内受灾情况。尽管这不是行政系统本身的问题,但是对于行政系统来说,至关要紧的信息系统一时瘫痪了。最后再看一个更深刻的事例。在2004年12月发生的苏门答腊岛地震中,班达亚齐市行政系统遭到严重破坏:市府大楼在海啸中严重浸水,市长被海啸夺去生命。

在这个意义上,"社会系统遭到破坏"这种情况,实际上大多是"社会系统不起作用",而很少有"社会系统自身遭到破坏"的。不过,在社会系统起作用的情况下,也可能发生

46 "误动作"这种故障。比如,在灾区,有时市场机制虽然还"活着",但"商品极少,而且价格贵得离谱"(如面包数百日元一个、医疗服务数万日元一次),这种行为不仅为道德和伦理所不容,而且是与紧急状态不相适应的。所以,在灾后初期,通常对食物等维持生存所必需的物品实行无偿分配的方法。

二、灾害与社会变动

在灾害发生后的第一时间,往往会发生很大的社会变动——大量建筑物倒塌、大量人员伤亡、大量家庭以及基层地域社会遭到破坏,等等。灾害破坏了受灾地的人口结构、空间结构、经济结构、阶层结构等社会结构的方方面面,给社会基础带来深刻的影响。在地震平息并经过紧急救援阶段之后,受灾地就将进入社会恢复阶段,而这个恢复过程与通常的社会变动相比,是一种急剧的社会变动。

从社会侧面考察灾害,这与自然科学的灾害研究有很多相异之处,其最突出的特点就在于,即使灾害这一外力的作用相同,但是受灾状况却因社会(或基层地域社会)而异。首先,灾害带给物、人、社会组织的影响,会由于灾害之前的社会状态(社会结构、社会系统)而有不同的表现形态。其次,灾害对通常的社会系统以及社会活动造成的障碍、受灾者生存及生活方面的困难程度,这些也都会受到受灾地区灾前社会状态的影响。再次，灾害发生时或遇到紧急情况时的社会应对也因受灾地的具体社会状况而不同。最后，受灾地的社会状况还影响着灾后恢复过程，因而灾后恢复过程因社会而异。正是各具体社会之间的差异性，增加了社会学灾害研究的复杂性。社会学的灾害研究有必要弄清楚各具体社会的特性，但同时也必须揭示所有社会在紧急应对、复旧复兴阶段的共性。

三、灾害的社会应对

下面介绍灾害社会学关于灾害的社会应对的一般模式。

一般而言，灾害会破坏常态社会系统，使之不能正常运行（图2-2）。例如，在灾害发生不久的一段时间里，即使有再多的钱，也没法买到饮用水和食物，那是因为维持社会运行的市场机制和公共给水系统都停止运行了。因此，灾害发生后，需要启动以紧急医疗设施、避难所、紧急粮食援助为首的紧急系统来取代通常系统。而这一紧急系统必须适应受灾地居民的实际需要。当然，紧急系统不可能满足受灾地居民的所有需求。一般来说，灾害越严重，通常系统遭受破坏的程度也越严重。灾后不久，作为通常系统受损部分的替补，紧急系统起着不可或缺的作用；但在之后的复旧复兴的过程中，随着通常系统的逐渐复元，紧急系统将渐次退出舞台。不过，复兴后的通常系统与灾前的通常系统相比，往往有所不同。如图 2-3 所示，两者即使原理相同，但在规模和资源拥有量上，则可能有所扩大或缩小。

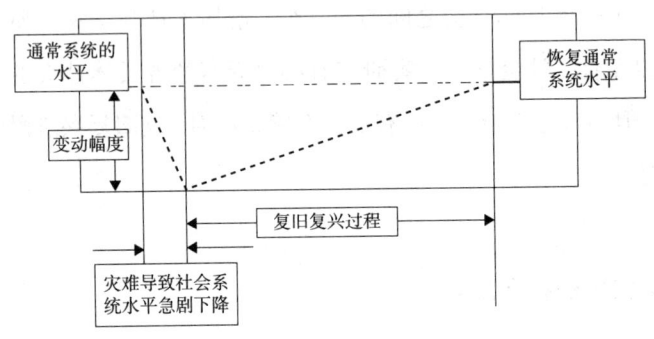

图 2-2：通常系统作用水平

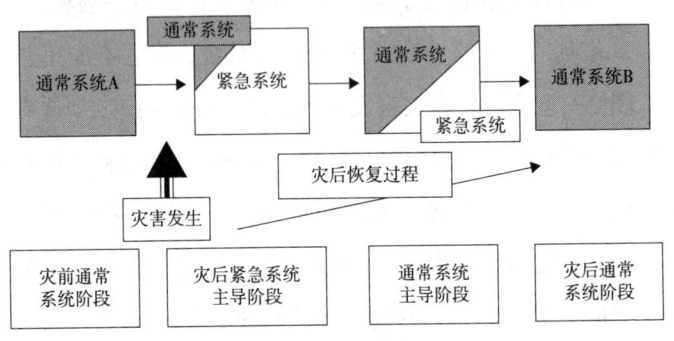

图 2-3：通常系统与紧急系统的交替过程

如果把灾害破坏过程看作社会变动过程，那也就是说，灾害使社会在瞬间经历了激烈的断裂式变动；其后，社会又在混乱中快速恢复，而这个恢复过程也是一个社会急剧变化的过程。

有研究者曾用这个模式来分析 2004 年 12 月印度尼西亚

苏门答腊岛地震后，当地班达亚齐市的社会应对过程（木股文昭等，2006）。首先，苏门答腊岛地震引发的海啸一直冲到班达亚齐市中心，给当地造成重大损失。由于社会运作的通常系统受到严重破坏，需要很长时间才能恢复，因此基于紧急系统的社会运作经历了相当长的一段时期。其次，社会系统之所以遭到如此严重的破坏，自然与巨大海啸有直接关系，但也不能忽视在苏门答腊岛地震之前，内战给当地社会及其行政机构带来的影响。由于内战，在灾害发生之前，班达亚齐市所属的亚齐特州就处在社会重新整合的混乱之中，以致遭遇灾害时，当地社会自身无力应对，不得不以海外团体和NGO为中心构建紧急系统。虽说灾害发生后，印尼中央政府就在当地设置了规划和管理灾后复兴事业的机构——恢复与重建委员会（BRR），但它在一年后才真正开始运作，也就是说，在灾后第一年中，尽管它已经存在，但在紧急系统中发挥重要作用的，仍然是海外团体。再次，亚齐特州曾经历过长期的独立战争，以苏门答腊岛地震为契机，当地与中央政府达成和平协议，从而扩大了自治权。所以，以苏门答腊岛地震为界，复兴后的社会运作通常系统与灾前的社会运作通常系统相比，有着质的区别。

四、灾害应对的兵站服务（logistics）过程

尽管受灾地的空间范围因灾害大小而不尽相同，但灾害

总是一种区域性现象。也就是说，无论灾害有多严重，其受灾区域总是能与周围没有受灾的地区区别开来。

如图2-4所示，从后勤的角度来看，灾害应对表现为没有受灾的地区调动物资、服务、信息、人力资源等受灾地区所需要的资源，给予受灾地区居民以生命救助和生活援助的过程。因此，通常要求在正确把握受灾地区受害状况以及灾民需求的基础上，进行各种资源的调动和分配。在调动资源这一点上，灾害应对类似于兵站服务。所谓兵站服务，就是战争时期从战地以外的区域往战地输送人员、兵器、食物的活动。

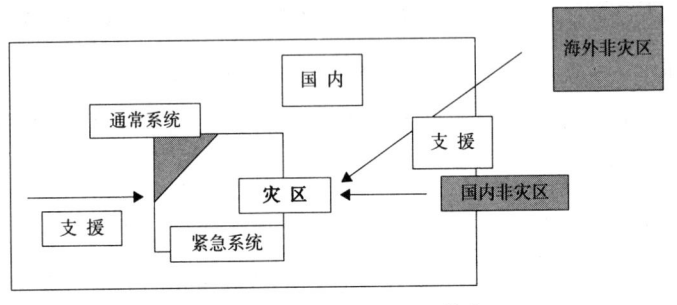

图2-4：救灾"兵站服务"模式

灾害发生后的第一时间，是灾害应对的紧急阶段，其主要活动是为散布在受灾地各个角落的受灾者提供及时的救援，包括搜救受灾者，治疗受伤者，提供食物、衣被和帐篷等生存和生活的必需品。为了保证受灾地区社会运行紧急系统的启动和运作，最重要的是要从国内外没有受灾的地区调拨资源和服务并送到灾区。经过这种紧急阶段后,还必须提供清理建筑物废墟、建造住宅、恢复水电煤气等基础设施和其他基本公共设施所需要的资金、材料、技术和人力。

对救灾过程中的兵站服务来说,以下两项是最重要的课题:一是如何确保在没有受灾的地区调拨到受灾地区所需要的物资和服务等资源;二是如何确保把这些资源迅速地公平地送交给最急需它们的人们和地区。一般来说,灾后最初阶段,在分配食物、饮用水等最低限度的生存必需品方面,不会发生问题。因为在这个阶段,人们的需求是同质的而且有限的。但是经过一段时间,人们"在过去那段时间被压抑的多种需求"就会冒出来,从而使救援物资和资金的分配变得困难起来,必须要确定需求的优先顺序以及保证分配的公正性。

五、紧急社会系统与行为主体

紧急社会系统这个概念意味着什么?对此,可以从灾害期间各种行为体的相互关联来加以理解。在紧急系统中,各种行为主体采取不同于通常状态的行动方式,并发挥着与平时不同的作用。

第一行为主体是个人、家庭和亲属。在社会运作的通常系统中,人们的生活问题通常由自己以及家庭、亲属解决,即所谓社会建立在"个人生活自己治理"的基础之上。平时,当不能实现个人生活自己治理时，社会福利就会伸出"援助之手"。可是，在灾害期间，这种基于个人及其家庭和亲属的"生活自己治理"能力以及自助能力都可能大幅度减退，因此无论紧急应对还是灾后复兴，都不能仅仅依赖于以个人及其家庭和亲属为核心的"紧急应对能力"或"灾后复兴能力"。

第二行为主体是社区，即居民共同体。一般而言，在农村地区或第三世界，居民共同体在社会系统中的作用更大，而这种作用在灾害期间尤为重要。

第三行为主体是行政。一般说来，越是发达的国家，其行政的灾害应对能力越强；而第三世界国家相对于发达国家来说，行政服务水平较低，其作用也较小，可即使如此，行政在灾害应对紧急系统中依然是重要的，不可或缺的。

第四行为主体是国内外的NGO。近年以来，志愿者活动在灾害期间的重要性越来越凸显。而随着经济全球化的进展，国际性救灾援助的重要性也已得到公认。苏门答腊岛地震灾害期间，在帮助受灾者生活复兴方面，来自海外的NGO发挥了最重要的作用。

论及第五行为主体，外国政府或准政府以及国际组织的作用也不容忽视。不过，即使同为国际援助，也有必要对行政部门承担的援助与非行政部门承担的援助加以严格区别。

对于紧急系统的运作来说，诸行为主体之间的相互联系和相互合作至关重要。各行为主体之间如果不能建立良好的关系，受灾地整体的复兴事业就不能顺利开展。为此，有必要特别关注紧急系统内部各行为体之间的协调机制。

如果从另一角度来讨论上述行为主体之间的关系，就构成灾害中的"自助、公助、共助"理论。在日本，在关于东海地震对策的讨论中，特别是在阪神·淡路大震灾以后，各界都越来越强调自主防灾组织和近邻相互扶助的重要性。另外，有识之士也开始对行政中心的灾害对策进行反思，认为它会导致居民的行政依赖症。对灾害应对的思考和探索与时俱进，已经进入重新认识自助、公助和共助这三者的关系及责任分担的阶段。

[参考文献]

木股文昭・田中重好・木村玲欧，2006『超巨大地震がやってきた』時事通信社．
田中重好，2001「阪神・淡路大震災から都市研究へ」金子勇・森岡清志編著『都市化とコミュニティの社会学』ミネルヴァ書房．
田中重好，2007『共同性の地域社会学』ハーベスト社．

（田中重好）

第二节 日本灾害社会（科）学的先行研究

我们在本书第一章第一节已经提到，灾害社会学研究是在二战之后，以战争灾害研究为契机发展起来的。在《社会学百科事典》（Encyclopedia of Sociology）中，"灾害"（Disaster）条目也有这样的叙述，可以说这是个为世界普遍认可的事实吧。

可是，日本在明治维新以后就开始运用社会科学的理论和方法研究灾害现象，并积累了许多研究业绩，这也是有资料为证的。当然，那些研究并不像二战后美国的战争灾害研究那样，在特定社会科学框架下，有组织地、持续地、制度性地进行的，也没有那样丰富而系统的蓄积。所以，即使能够列举几个灾害研究个案，并不能断言日本关于灾害的社会（科）学研究比欧美具有更悠久的历史。不过，近年来，在日本的灾害社会学研究领域，确实有一些学者要求重新评价明治时期、大正时期以及昭和前期进行的灾害调查研究的学术价值，赋予它们作为灾害研究先行者的学术地位；不少研究者还在自己的研究中援引和吸取其中的视角、方法和观点。这股学术倾向，在日本的灾害研究领域似有走强的趋势。这里，介绍几例早期研究的案例。

一、浓尾地震与《震灾预防调查会报告》

明治24年（1891年）年10月，浓尾地区发生地震，据推断，其震级达到里氏8级。这是当时日本内陆有记载可查的震级最高的一次地震。在那次地震中，有7273人死亡、14万栋房屋全毁、8万栋房屋半毁。

地震发生后一个半月，即1891年12月，由贵族院议员菊池大麓（东京帝国大学教授）发起，向贵族院提交了设置震灾预防调查会的建议案。这一建议案获得通过，于是成立了震灾预防调查会。震灾预防调查会的调查研究活动具有明确的目的：一是收集地震事实；二是进行地震学的各种测定、观测和调查；三是研究建筑物的抗震性能；四是公开观测和调查的结果。作为国家的灾害对策研究机构，震灾预防调查会在日本的灾害对策研究史上曾发挥了核心作用。大正12年（1923

年），以关东大地震为契机，震灾预防调查会迁入东京帝国大学校园，并改编为大学附属地震研究所。

在日本历史上，还有一个比震灾预防调查会更早的地震研究机构，它就是日本地震学会。从两者的关系来说，日本地震学会相当于震灾预防调查会的前身。明治13年（1880年）4月，以横滨为中心的地区发生了大地震，外国人居住区里也出现了不少伤亡和货仓倒塌事故，损失严重。一些外籍教师在震惊之余，联合相关日本人士，发起成立世界上最早的地震研究组织——日本地震学会。在这一意义上，可以说地震学是一门在日本诞生的科学。日本地震学会不仅研究地震现象，还探索地震的原因和社会影响，该学会的杂志《日本地震学会报告》上，刊登有"新案地震计"、"人造地震实验"、"地震时人的心理和感觉"等论文。另外，日本地震学会还通过学会同仁会构建了遍布日本全国的地震观测网络系统：全国600多个郡区役所、灯站和观测点一旦感觉到摇晃，就在学会设计的地震报告专用纸上记载相关信息，邮寄到日本内务省地理局（大矢根淳，1989）。

就这样，社会共同应对地震这一自然现象，在日本成为举国上下的行动。日本地震学会、震灾预防调查会积累了日本当时的地震研究和防灾研究的成果，并且使这些研究成果回归于社会。《震灾预防调查会报告》记载了当时学术界（学会）和社会上是怎样理解地震等自然现象、怎样与地震这种自然

第二章 灾害和社会应对史

灾害抗争的历史。无论从社会史还是文化史的角度，这些记载都是值得一读的。而《震灾预防调查会报告》中随处可见的各种记述，无疑具有一级资料的价值。期望能够把它们影印出版，以利于对它们进行重新研究。

近年来，在灾害社会学研究领域，一批学者开拓了国内外灾害研究历史的研究领域，并已取得丰硕成果。其中不少研究成果正是通过对当时记载的研读，从中发现值得重新讨论的事例和观点。以灾害志愿者活动为例，众所周知，因阪神·淡路大震灾中活跃的志愿者活动，平成7年（1995年）被称为日本的"志愿者活动元年"。而从上述研究资料以及各地乡土资料可以清楚地看到，实际上从明治时期以来，"志愿者活动"一直绵延不绝，蓄积了不少在今天看来依然非常有用的经验。比如，上述浓尾地震时，净土真宗本愿寺自上而下对散布在全国各地的各个寺庙发布参加救灾援助的指示，位于受灾地岐阜的西别院寺庙把其他地区的本愿寺送来的大米分发给受灾居民。又比如，基督教会在岐阜的圣公会、日本基督教会、卫理公教会共同组织救济会，作为外地基督教徒救灾援助活动的一个窗口开展活动（这大概可以称为"志愿者活动协调"的先驱吧）。除了宗教界，居住在横滨、神户的其他外国人也开展了积极的救灾援助活动。比如，横滨的《使者》(《ヘラルド新聞》)报社从募集救灾捐款，到作为居住在横滨的外国人总代表，和横滨工商会议所秘书长一行一起，把捐款、毛毯、衣物等救灾物资送到灾区，交给灾民（中央防灾会议，2006）。

近年来，随着社会（科）学灾害研究的扩展和深化，很多历史上的灾害研究个案被发掘出来，它们在灾害研究史的意义和地位也得以重新肯定和确立。

二、关东大震灾与"震灾调查报告"

生活重建和复兴事业是当今灾害社会（科）学研究的一个重要领域，下面来看一下历史上关于这些问题的调查研究个案。

大正12年（1923年）的关东大地震，受灾地以东京和神奈川地区为中心，死亡或失踪者多达10万余人。地震发生后，根据敕令，马上成立了临时震灾救护事业局，作为震灾复兴事业的各省厅联络协调机构开展工作。在不久之后的机构改编中，临时震灾救护事业局被整编进内务省社会局，在11月15日实施了"震灾调查"。这次震灾调查照搬了1920年日本第1次国情调查的组织结构和方法，工作人员也是国情调查的原班人马，从调查到数据统计，前后历经一个月的时间。

实施这次震灾调查的地区，没有局限在"遭遇震灾的一府六县"，而是遍及日本全国。据说这是为了把握这次震灾造成的人口移动（从灾区疏散或移居）状况，以利于制定复兴住宅政策。调查问卷中有"今后住处"的提问，据此推知"今后要离开"某地区的人数以及"今后会回归"某地区的人数。根据这种趋势预测，推断在震灾调查之后约有22万人会回归东京市区，从而了解到要确保这么多人能"居有定所"的迫切性和艰巨性。于是，政府用募集来的捐款设立同润会，建造具有抗震耐火性能的钢筋水泥结构的复兴公租房。

"震灾调查（报告）"并不只是震灾受害情况的调查，同时也是灾害复兴及生活重建调查。它以帝国首都复兴的"大都市计划"的框架为背景，把握受灾者在"就业"和"住房"等方面的生活重建意向，为同润会制定和实施住宅建设等政策提供依据。在日本的灾害研究史上，这一"震灾调查（报告）"是一项非常宝贵的先行业绩。值得特别注意的是，这项调查的实施，反映了当时政府对于自己责任的自觉意识——通过调查，他们直接把握每个受灾者的生活重建意向，并把这种意向与公共住宅供应直接结合起来。阪神·淡路大震灾后的政府与此形成鲜明对照：阪神·淡路大震灾后，有很多受灾者疏散到外地避难，政府在完全不了解他们的生活重建意向的情况下，就制定了都市复兴计划，从而引起受灾者极大不满。不过，需要指出的是，震灾调查结果在具体转化为实践结果的过程中也发生了问题，即最终入住同润会复兴住宅的，并不是最需要这些住宅的受灾者，而主要是"普通工薪阶级"，为此那些只能继续长期居住在临时住宅的受灾者自发组成反对组织，围绕"居住生活"重建问题，与政府进行了持续的长期的交涉（大矢根淳，1998）。

三、昭和三陆地震海啸灾害与海啸民俗

再看一例昭和前期的社会（科）学灾害研究个案。

明治以后，日本各受灾地区都曾实施形式不一的集团性迁居，具体情况大多被记载了下来。例如，三陆地区属于里亚斯型海岸地形，多次遭遇海啸灾害，在明治大海啸（1889年）、昭和三陆地震海啸（1933年）和智利地震海啸（1960年）时，都有计划地组织居民迁居高地。一般，海啸灾害过后，受灾的渔村会在海啸达到的最高点立碑，上书警示："不要在比这里更低的地方盖房居住！"可是随着时间的流逝，越来越多的人为了方便出海打鱼，又会回到警戒线之下的地方盖房居住，于是在下一次的海啸中再度受害，如此周而复始。在灾害文化研究领域，这些问题受到很多研究者的关注，被认为是一种特有的文化风气（山下文夫，1985）。山口弥一郎曾对从明治时期到昭和时期重复经历海啸灾害的渔村进行过多次实地考察（这在社会学领域称为"田野调查"，在地理学领域称为"巡检"）。即使今天重读他留下的研究论著，也可从中获取许多深刻、精辟的社会学见识。山口弥一郎认为，那种周而复始的现

像是多种因素交织作用的结果，其中最主要的有三项：一是"家意识"或"村意识"的作用——村民重回警戒线之下，在海边重建家园，是为了复兴并繁荣家业；二是当地产业和权力结构的作用——渔业协会等当地权力中枢提出"生活，即是方便渔业"的主张，这在客观上促使人们返回低地居住；三是防灾事业和地方开发等行政政策本身存在的问题——在行政体系中，组织居民迁居高地、在海岸部建筑海啸防灾工程、修建沿海岸公路等公共事业，被分割为单个项目，分别予以推进；另外，迁居高地这一项目也没有考虑到给移民一些实惠，这也促使居民复归早已住惯了的沿海低地（山口弥一郎，1973）。

另外，山口弥一郎虽是从地理学的角度研究渔村居民的"迁居高地"问题，但在研究方法上，他采用柳田国男的民俗学调查方法，历经8年，背着行囊踏遍三陆地区的每个村落，探查从明治大海啸到昭和地震海啸这近四十年间"海啸灾害—复兴—再度受害"的实际状况。在昭和8年（1933年）进行灾后调查时，他就已经对明治大海啸的受灾情况进行了详细的深入访谈调查，在一手数据的基础上，从户数、面积、区域等方面分析归纳出迁居类型。他运用民俗学的理论和方法解释家系和生业的复兴，并用地理学的方法整理迁居高地后居民共同体重建的实证数据（用现代语言来说，是居民聚落移动 GIS 数据），在这一意义上，可以说山口弥一郎的研究成果是我国特有的灾害研究成果。

四、挖掘先行研究

我国是个灾害多发之邦,历史上一定留下许多关于灾害事象或受灾状况的文字记载,上述三例,仅是沧海一粟。无论是为充实现今灾害社会学各领域的理论和方法,还是为对历史经验进行批判性研究,都有必要挖掘和发现国内外历史上的灾害记载。这是因为今天的受灾状况,其实是以往的灾害应对所持续蓄积的结果。

[参考文献]

秋元律郎編,1982『現代のエスプリ都市と災害』至文堂.
中央防災会議(災害教訓の継承に関する専門調査会),2006『1891濃尾地震報告書』内閣府.
大矢根淳,1989「明治前期の災害研究」川合隆男編『近代日本社会調査史Ⅰ』慶應通信.
大矢根淳,1998「『生活再建』概念の内省的再考」『情報と社会』No.8.
山口弥一郎,1973「津波と村」『山口弥一郎選集』第6巻.
山下文夫,1985『津波の心得』青磁社.

（大矢根淳）

第三节 灾害的社会应对史

在平时，人们不太能感觉到社会系统的存在；可一旦灾害降临，遭遇自家住宅倒塌、水电煤气供应中止等生活乃至生存困难，就会清楚地意识到自己的生活是靠社会系统支撑着的。换句话说，社会系统因灾害而可视化，成为人们"看得见"、"感觉得到"的存在。灾害相关法令是行政机关实施灾害对策——即所谓"公助"的相关法律规定。它所涉及到的，是最重要的、却往往被人们所忽视的社会系统。那么，灾害相关法令经过了怎样的过程，才达到今天这样相对完善的程度的呢？

第二次世界大战结束以后，日本的灾害相关法令逐渐完善，这个过程大致可以分为四个阶段。第一阶段以1947年制定的《灾害救助法》为标志，基本形成受灾者救助的基本框架。第二阶段，大灾害频频发生，为此制定了不少"特别措置法"（特例法），而以1959年伊势湾台风灾害为契机，在之前制定的多项特例法的基础上，形成了《灾害对策基本法》。此后一段时间，天公作美，灾害减少；防灾对策进展，受灾减轻。第三阶段，人们在感受到东海地震逼近的威胁的同时，寄希望于地震前夕预知的可能性，制定了《大规模地震特别措施法》，形成"远期预知——受害地区预测——锁定大地震可能发生的地区，细化地震防灾对策"这一框架。第四阶段的特征在于，以阪神·淡路大震灾为契机，形成全国范围的地震防灾对策模式，并制定了《受灾者生活重建援助法》。至于现阶段，日本应该更全面地做好应对必然会降临的大灾害的准备。

一、《灾害救助法》的制定过程

关于行政方面应该为受灾者提供怎样的救助的规定，构成灾害相关法令的核心。在江户时代之前，日本就已经有丰年备荒的制度，在各地设置国库和义仓，丰年贮备大米、小麦等粮食，以备凶年救助灾民；另外，还有凶年减免地租的灾民救助对策。明治政府在成立后不久，把这些政策整合为"贫民临时救助规则"和"凶年租税延期缴纳规则"，至明治13年（1880年），又把这些规则整合为《备荒贮蓄法》。《备荒贮蓄法》实施了近二十年后，因财政困难被废止，但其主要内容为明治32

年（1899年）制定的《受灾救助基金法》所继承。《受灾救助基金法》规定：各府县必须设置受灾救助基金，国家必须对各府县的受灾救助基金给予补助；当年救助支出费用超过府县的受害救助基金时，国家追加补助超出部分的三分之一。关于补助范围，这一法律列举了避难所经费、食物费、衣被费等十项。可见，《受灾救助基金法》所规定的，与其说是灾害救助内容本身，不如说是国家给予各府县灾害救助经费补助的范围，而相关资金的主管部门也是大藏省（北山敬之辅，1949）。

1946年12月发生南海地震，并引发巨大海啸，四国、纪伊半岛一带大范围地区受灾严重。那时正处于战后混乱时期，因此救灾活动存在很多问题。譬如，救助费用的单价各县差额很大，以被子补助费为例，三重县每户15日元，而高知县每户500日元，差额高达33倍以上（国土厅，1984）。除了这种救助标准上的严重不一之外，还存在各部门救助活动协调不足、物质调配各环节脱节、救助活动迟缓等问题。另外，由于当时战后恶性通货膨胀还在持续，受灾救助基金几乎无法满足救助支出的需求。为了从根本上杜绝这些问题，于是废除了《受灾救助基金法》，制定了《灾害救助法》（国会制定法审议要录，1947）。这个《灾害救助法》的最大特征在于，之前以各都道府县为主体实施的灾害救助活动，自它开始作为国家的职责，由国家统一实施。当然，国家本身不可能直接实施实际的救助活动，而是把救助事务委托给相关都道府县执行,明确具体的救助内容和标准,把救助物资的征用以及医疗、土木建筑工程、运输调配等强力权限一并委交给都道府县的知事。

二、从"特别措置法"到《灾害对策基本法》

南海地震以后,又有多次重大灾害袭击战后日本荒芜的国土。1947年,凯瑟琳台风灾害导致利根河决堤,河水汹涌而下一直冲到东京,造成1930人死亡或失踪和重大经济损失,据说日本这年公共事业费中有35%用于灾害相关经费(雨森常夫,1949)。翌年,即1948年,爱澳台风与福井地震相伴而来,那年自然灾害造成近5000人死亡或失踪。1949年,台风灾害造成重大损失;1950—1951年台风依然频频光临,毫无撒手之意。二战结束后的十来年里,日本在进入战后复兴轨道之前,接二连三地遭遇重大自然灾害,前一次灾害的复旧复兴尚未正式启动,后一次灾害又带来新的重大损失,这种悲惨状况反复重演(杉浦明平,1955)。其中,最惨重的是1953年从近畿到九州大范围的集中暴雨造成的损失,那次灾害被称作"昭和28年之灾",死亡和失踪者3212人,经济损失达到当年国民收入的10%(据说阪神·淡路大震灾造成的直接经济损失为当年国民收入的2%)。

面对频频发生的重大灾害,政府在1949年为确立水灾预防制度，强化水灾预防体制，制定了《水防法》。继而在1950年，政府基于"灾害无法预知，一旦遭遇重大灾害，地方财政就会出现破绽"的认识，制定了"对于一定规模以上的灾害，其救助由国家全额支付"的"特例法"。在这一特例法中，公共设施的管理主体与复旧经费承担者不相一致，容易导致行政责任不明的弊病，所以在一年之后就被废止了（国土厅，1984）。取而代之的，是1951年制定的《公共土木设施灾害复旧事业费国库负担法》，该法规定了根据复原原则和符合地方公共团体的财政力量的负担率。可是，在之后的每次重大灾害中，该《国库负担法》规定的救助制度都会发生救助不完善、不充足的问题，所以几乎每年都要另外制定特别措置法。其中，最严重的是昭和28年（1953年），那年制定的特别措置法多达25项。而让人感叹不已的是，这25项特别措置法中，竟有24项是议员立法，国会内设有水害地区紧急对策特别委员会，他们就承担起有关救助法的适当扩大、对受害农林渔业人员等的融资等特别措置法的讨论和制定。

1959年9月26日，伊势湾台风袭击了名古屋市及其周围地区，而这个地区此前几乎没有遭遇过严重的风灾水害。在前一年，狩野川台风经过伊豆半岛，而气象厅没能做出正确预报。但是这一次，气象厅正确地预报了台风走势。而包括名古屋市在内的伊势湾沿岸地区的大部分居民相信台风已经登陆,并且认为,即使台风来袭,因为有坚实的堤防,也不会有问题,所以都没考虑避难。大多数市町村和消防部门都没有呼吁居民赶快避难,个别市町村决定要向居民发布避难劝告,但因为风雨过大和停电,也未能及时把台风信息传递给居民。于是,风助水势,海潮冲毁了堤防,冲走了木材厂的林木,以海拔0米地区的居民为首,有5098人死亡或失踪。这次台风的受害地区范围极广,以东海地区为中心,从西部到北海道,都在这次台风灾害中遭受严重损失。伊势湾台风灾害震惊了日本国民,灾害对策受到举国上下的关注,被作为最重要的国政课题提上了议事日程。在这个过程中,人们意识到,这次台风之所以能造成如此惨重的伤害,其中重要原因在于:过去遭遇灾害时提出的很多问题都未得到解决,而这些问题在这次台风灾害中起到推波助澜的作用,使受害更为扩大。总结这次台风灾害中应急对策的主要问题,指出以下四点:第一,尽管气象厅及时而准确地发出了台风警报,但绝大多数地方都未对危险地区居民发出避难劝告;第二,名古屋市在灾害发生后,未能及时向自卫队发出援助要求;第三,通信联络手段不够完备;第四,对于高海潮和出水严重的危险地区,事先没有调查清楚,更没有公布。而在灾害救助方面,以"昭和28年(1953年)之灾"时制定的特别措置法为基础,就公共土木设施灾害复旧事业中的国库负担、租税减免、失业保险给付等问题制定了26项特别措置法。但是,围绕重灾区的确定,各地区都陈述本地区的困难，要求被认定为对象地区，争论非常激烈，致使大量精力都耗费在复旧之外的活动上。

于是，有识之士们强调指出，有必要从根本上解决上述问题，并同时整合之前各次灾害中国会审议通过的诸特别措置法（据说相关法令多达250项），形成体系化综合化的法律制度。这就推动了《灾害对策基本法》的制定。事实上，伊势湾台风灾害之前，日本学术会议和全国知事会都已经从不同角度向政府提出制定《灾害对策基本法》的建议，并就内容本身展开讨论。1960年2月，时任总理大臣的岸介信向内阁审议会发布指示，《灾害对策基本法》的起草工作就此正式启动。之后，该基本法草案在自民党灾害对策小委员会的讨论中，因其没有对各省厅相关权限做出明确规定，过于温和，内容也很不完备，而被退回。根据讨论意见，要求其在修改时增加以下内容：1.给予当地知事以强力权限；2.复原预算措置的自动化（即能够不必等待国会审议通过而自动实施）；3.明确征用和调拨救灾人员和救灾物资的组织结构；4.扩大警察、消防和自卫队在救灾中的职责范围，并将之置于救灾本部部长的统一指挥之下。此后，由于日美安保条约修正事件引发社会混乱，《灾害对策基本法》的讨论就暂时被搁置了下来，直到第二年即1961年的第36届临时国会上才重被提起。那次临时国会也被称为"灾害国会"，会议集中审议《灾害对策基本法》草案，围绕谁是防灾责任主体（如是否有必要设置防灾厅，作为防灾专管机构等)、市町村第一领导在避难劝告及指示等应急对策上的权限、对受灾者个人的灾害补偿、复原费用上国家和地方的承担比例、改良型复原的合理性以及完善防灾对策等问题展开激烈争论。其中，关于在发布灾害紧急状态布告的同时，赋予总理大臣以包括限制物价等权力的强力权限这一条款，遭到在野党的强烈反对，他们认为这一条款会让人联想起二战前的戒严令布告。除了这一条款，其他内容都在同年10月正式通过立法，而关于灾害紧急状态布告相关措置的条款在翌年（1962年）也获得通过（吉井博明，1990）。

与《灾害对策基本法》同时通过的，还有两个重要法案：一个是对重大灾害后复原费用上国家和地方的承担比例做出规定的《重大灾害法》；另一个是推进水灾预防对策的《治山治水紧急措施法》。《灾害对策基本法》对灾害对策的基本方略和应急对策分别做了规定，《重大灾害法》就公共设施复原问题做了规定，《治山治水紧急措施法》对风灾水灾预防做了规定，也就是说，通过这三项法案，日本综合防灾对策体系初步构成。

那之后，连续三十来年，日本很少发生大的台风和地震，灾害受害明显减少。如图2-5所示，从1959年伊势湾台风灾害之后至1995年阪神·淡路大震灾之前，日本每年因自然灾害死亡或失踪者不超过1000人（图2-5）。正是在这样的背景下，日本社会经济顺利地进入快速而稳定的发展时期。

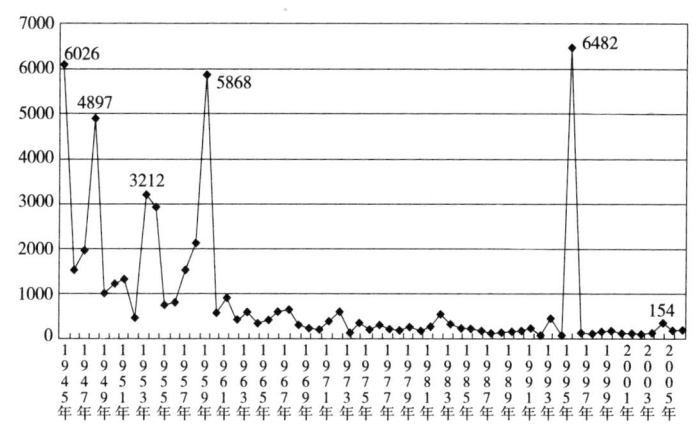

图 2-5：自然灾害中死亡或失踪的人数（1945—2005 年）
资料来源：《平成 19 年版防災白書》

三、东海地震说与新的防灾法令

在风灾水灾对策问题告一段落后，人们把关注的重点移向地震灾害对策。作为其背景，有两个社会影响重大的事件。一是发生在 1964 年东京奥林匹克运动会前夕的新潟地震，它引起液状化和联合企业大火灾，震动了日本举国上下。再是东京大学地震研究所的河角所长提出"关东地区地震 69 年周期说"，各媒体竞相大力宣传，对社会造成巨大冲击。可是，地方自治体要组织地震对策，无论在制度上还是财政上，都有很大的局限性，因此国家立法就成为当务之急。于是，由首都圈地区的地方自治体牵头，针对制定地震防灾特别立法问题，向国家递交了提案。可国家方面却迟迟不做反应，这个提案最终被无休止地搁置了下来。

1976年，东京大学地震研究所研究人员石桥克彦发表了"骏河湾地震说"（后改称"东海地震说"），在学界内外引起极大反响。石桥对关于东海地震以及昭和东南海地震震源区域的既有研究进行了认真梳理，在此基础上明确指出，"大概在两三年内，可能发生以骏河湾为震源区域的里氏8级以上巨大地震"。一时间，引起报纸、电视等媒体的强烈反应，以"即使明天发生（这样的地震），也不足为奇"这种轰动性大标题，连续多日对它进行长篇报道。媒体的这一攻势，迫使行政方面不得不像地震刚发生后那样紧急行动起来，其中静冈县行政方面更是被推到了风口浪尖之上。新上任不久的山本敬三郎知事，对"两三年内会发生的巨大地震"不知如何应对才好，但是经历过伊豆暴雨灾害的他，把这看成是"上天的启示"，毅然拍板决定着手制定东海地震对策，并把它作为静冈县的中心任务。那个时候，地震预知是最受关注的地震对策研究课题。在日本地震研究领域，地震预知研究计划已实施十年，研究成果也开始零星出现，昭和东南海地震时曾有先兆现象的情况也得到证实。而且，从中国也传来地震预知获得成功的消息。在这样的背景下，人们对于东海地震的预知自然抱有极大的期待——应该能够对应该会发生的东海地震做出预知吧。地震对策需要庞大的财政预算和人力资源的保证，基于对这一事实的认识，山本知事认为，只有举国家之力，东海地震对策才可能成功。为此，他多管齐下，致力于促进东海地震对策特别立法化的实现。他一方面在静冈县自治体内设置特别项目组，着手特别法案的起草；另一方面通过全国知事会、当地自民党议员、参议员议员时代建立起来的与自民党高层（原首相田中角荣）的关系以及借助媒体的舆论造势等四条路径，强有力地推动特别立法的制定。最终，在1978年1月发生的伊豆大岛近海地震这一"最后推动力"的推动下，以东海地震为目标的《大规模地震特别措施法》（简称《大震法》）终于出台。两年之后，又制定了有关地震对策费用的《财政特例法》，使国家的高额特别补助成为可能。《大震法》以大规模地震的远期预知为前提，强调以下二点：1.把预测可能在未来地震中遭受重大灾害的地区指定为"强化地区"（指预测可能发生里氏6级及以上地震的地区），有计划地强化该地区的地震防灾对策，并完善地震先兆现象观测网络建设；2.一旦发现震前先兆现象，在发出预知信息的同时，由总理大臣发布警戒令，要求各界紧急行动，力求把地震灾害控制在最小限度之内。上述第二点，因以震前预知为前提，所以很难适用于东海地震以外的场合；而第一点的内容，后来在海沟型地震远期发生概率调查结果的基础上，被纳入《东南海·南海地震特别措置法》（2002年制定）和《日本海沟及千岛海沟周边海沟型地震特别措置法》（2004年制定），只是"强化地区"被改称为"推进地区"。

四、阪神·淡路大震灾与《受灾者生活重建援助法》

当东海地震对策讨论尘埃落定之后，首都圈地震的假说又成为社会关注的主要话题。在关东地区，"69年周期说"几乎家喻户晓。该做好怎样的准备，迎接大正12年（1923年）地震的再次光临，成为人们所面临的最大课题。围绕这个问题，国土厅牵头进行了"首都圈地震受害预设调查"。可是有人担心，调查结果的公布会妨碍当时正紧锣密鼓进行中的海湾开发事业，所以这一调查结果搁置了很长时间，直到后来配合地震防灾对策才一起公布。不过，事实上，在地震学界，大多数研究者并不认为关东大地震近期就会卷土重来（一般认为，至少要相隔100年）。他们的研究成果显示，近期极有可能发生里氏7级的直下型地震。于是，首都圈地震对策讨论的重心又具体化为首都圈直下型地震对策。而正当以国土厅为核心，展开应对大都市里氏7级直下型地震的讨论时，发生了阪神·淡路大震灾。

关西可能发生大地震，对此，尽管很多地震学者一直敲着警钟，可是不仅普通居民，连一些地方自治体防灾事务负责人都不以为然，总认为"关西地区不会发生大地震"，所以几乎没有做任何应对地震灾害的准备。于是，阪神·淡路大震灾酿成了大灾害，包括关联死亡者，这次震灾造成的死

第二章　灾害和社会应对史

亡人数实际达到6400人以上。当然，日本也确实从这次大震灾中得到许多教训。要减少地震中的死亡人数，最重要的措施就是提高住宅的抗震性能和行政的危机管理能力。这次大震灾也向国家提出了要求：不仅要进行困难的地震预知研究，还要认真调查究竟哪些地区容易发生直下型地震、震级大概会达到多少，并且要让每个国民都知道并理解这个调查结果。顺应这一社会需求，国家地震预知推进总部改编为地震调查研究推进总部。但是，当时更迫切的任务还在于帮助阪神·淡路大震灾的受灾者，特别是生活困难的受灾者尽快重建生活。在阪神·淡路大震灾中，有45万户居民受灾，其中10万户居民失去住宅、5万户居民不得不住在临时简易房。如果只是根据《灾害救助法》等已有法律对他们提供援助，他们中的很多人就都没有能力重建生活，尤其是不可能重新拥有自己的住宅。临时简易房入住者调查结果显示，约有70%的家庭年收入不满300万日元。怎么帮助这些人重建生活，这是一个非常严峻的问题。虽然募集到了1800亿日元的义援金，但是平均每户受灾家庭只能分到40万日元；而云仙普贤火山喷发以及奥尻岛海啸时，平均每户受灾家庭分到了1000万日元的义援金。相比之下，差额之大，天壤之别。为此，兵库县向国家递交报告，要求能够灵活使用阪神·淡路大震灾复兴基金。"不对自然灾害造成的受害给予个人补偿"，这是国家从来的方针。按照这一方针，灾害复兴基金是不能支付给任何个人的。而兵库县强调这"不是给受灾者个人给予灾害损失补偿，而是对受灾者个人给予生活重建的公助"，要求国家追加复兴基金额度。兵库县努力的结果，不仅得到3000亿日元的追加基金，并且促进了"生活重建援助金"制度和"中老年自立援助金"制度的建立（广井修，2005）。兵库县知事还进一步向全国知事会递交了新的提案，要求用国家和都道府县共同设置的基金的运营收益，建立"生活重建基金制度"。全国知事会接受了这一提案，同意兵库县用3000亿日元的基金，向受灾者支付"购买生活重建所必要的最低限度的生活必需品的经费"（标准家庭，每户100万日元）。

另外，市民团体等组织也提议制定受灾者生活重建法案。执政党和在野党各自提出了相关法案，各法案草案在援助金的金额、个人所得限制、国家和地方的费用分担比例等问题上有很大差异；但在"小生大养"这一共同认识的基础上，执政党与在野党达成一致。于是，经议员立法，《受灾者生活重建援助法》于1998年5月正式出台。上述过程中，有许多故事（何久克明，2004；每日新闻报社大阪总社震灾取材组，1998），特别是原兵库县知事的领导以及在他的领导下和久理事的到处奔走所起的作用，无可替代，功不可没。

五、灾害相关法令的完善及其社会动力

以上，对"二战"以来诸灾害相关法令的制定过程进行

了回顾。下面,对其中的共同点,试作如下归纳。

第一,促使制定或修改灾害相关法令的契机,不是发生了大灾害,就是科学研究结果显示大灾害的发生正在逼近。而在平时,要修改灾害相关法令,或新制定灾害相关法令,是极其困难的。

第二,发生了大灾害或者大灾害正在逼近这类信息,只有通过各种媒体疾风骤雨式的集中报道,才会引起全体国民对灾害的关心以及对受灾者的同情(诸如"受灾者好可怜"、"说不定明天就会轮到我"这样的认识),并促使全体国民思考:应该为受灾者提供怎样的援助。

第三,防灾研究者以及相关领域的专家、学者等有识之士围绕受害为何会扩大、怎样才能减少受害、应该如何援助受灾者等问题发表的见解,通过各种媒体的报道,传到千家万户。这些报道使国民逐渐懂得:自然灾害其实不是"天灾",而是"人祸",其责任在政治和行政。所以可以说,"二战"后媒体及其新闻自由的发展,不仅促进了灾害新闻报道和发展,而且推进了灾害研究的发展,从而改变了人们的"灾害观"。但是,另一方面,在这种的灾害报道的作用下,灾害问题上的"自我责任论"几乎永远不可能成为舆论的主流。还有,灾害新闻报道不具有长久性,一旦有新的重大事件发生(例如阪神·淡路大震灾发生两个月后,发生了地铁沙林事件),或者对灾害报道腻味了,关于灾害的报道量就会减少,灾害问题就转变为优先程度较低的社会问题。

第四，受灾地区的议员和行政首长几乎都会依循市町村→都道府县→国家这样的顺序，要求增加对受灾者的救济和援助。他们之所以这样做，虽有凡对受灾者冷漠的议员和行政首长大多在下一届选举中落选这一因素使然，但也出于他们作为政治家的使命感。而没有受灾的地区的议员和行政首长则出于"没准明天我们地区会发生灾害"的考虑，多数都会积极声援受灾地区的议员或行政首长，有些人即使不声援，也不会阻扰。

但是，防灾事务相关的国家各省厅之间则会有意见分歧，并由于相关部门太多，致使法案的调整需耗费很长时间。为此，在灾害相关法令中，议员立法的比例相当高；不过近年来，受灾或可能受灾地区的行政首长（都道府县的知事）的领导才能对相关立法具有决定意义这样的事例也不少见。

上述各方面相互作用，构成灾害对策相关法令完善化的社会动力，推动着灾害对策中的国家责任的持续增大。各方面的关系如图 2-6 所示。

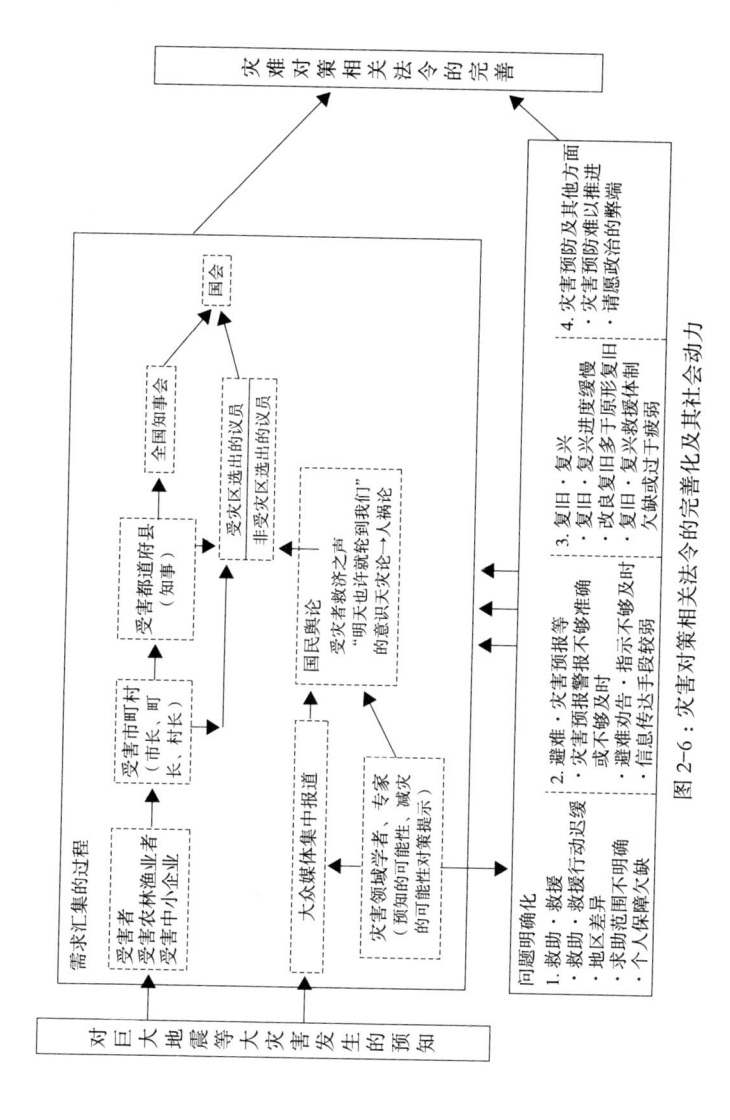

```
对               需求汇集的过程
巨
大                 受害者                               受灾市町村      受灾都道府县              全国知事会
地         →     受害农林渔业者         →           （市长、村长）  →   （知事）    →
震                受害中小企业                                                                   受灾灾区选出的议员  →  国会
等                                                                                              非受灾区选出的议员
大                                                   ↓         ↑
灾                                                  国民舆论
害                                              受灾者救济之声
发               大众媒体集中报道                 "明天也许就轮到我们"
生                                                  的意识→天灾论→人祸论
的                                    ↑
预               灾害领域学者、专家
知               （预知的可能性、减灾
                 的可能性对策提示）
```

问题明确化
1. 救助・救援
   ・救援行动迟缓
   ・地区差异
   ・求助范围不明确
   ・个人保障大欠缺

2. 避难・灾害预报等
   ・灾害预报警报不够准确
   或不够及时
   ・避难劝告、指示不够及时
   ・信息传达手段较弱

3. 复旧・复兴
   ・复兴进度比较缓慢
   ・改良复旧多于原状复旧
   ・复旧・救援体制
   ・复兴或过于被动

4. 灾害预防及其他方面
   ・灾害预防难以推进
   ・请愿政治的弊端

→ 灾难对策相关法令的完善

图 2-6：灾害对策相关法令的完善化及其社会动力

[参考及引用文献]

北山敬之輔, 1949「災害救助制度の沿革とその将来について」『自治時報』第2巻12号, pp.21-25.

国土庁編, 1984『国土庁十年史』pp.345-346.

国会制定法審議要録, 1947, pp.131-140.

雨森常夫, 1949「災害と予算」『経済安定資料』第6集, p17.

杉浦明平, 1955「台風13号始末記」岩波書店.

吉井博明, 1990「防災関係法令の制定過程と防災力向上のメカニズム」水野欽司「社会組織の防災力」pp.49-62.

吉井博明, 1996『都市防災』講談社.

廣井脩, 2005「総合的国民安心システム創設のための取り組み」『阪神・淡路大震災復興10年 検証・提言報告』pp.260-308.

和久克明, 2004『風穴をあけろ—「被災者生活再建支援法」成立の軌跡』兵庫ジャーナル社.

毎日新聞大阪本社震災取材班, 1998『法律を「つくった」記者たち—「被災者生活再建支援法」成立まで』六甲出版.

注：平成19年（2007年）11月9日，国会通过《受灾者生活重建援助法》修正案。对住宅本身的援助和借贷曾被排除于灾害援助范围之外，而根据这个修正案，它们被纳入了援助范围；并且有关年收入和年龄的限制也被取消了，从而极大地有助于受灾者的生活重建。

（吉井博明）

专栏

灾害观的变迁：从天灾论到人祸论、再到共生论

吉井博明

二战结束后不久，重大灾害接二连三地袭击疲惫的日本。俗话说，"灾害在人们忘了它的时候又突然出现"，可为什么它年年都来日本呢？对此，人们抱着强烈的疑惑。战后，科学主义的思维方式（指对战前的精神主义进行反省，在科学地研究事物，了解其原因的基础上思考对策的思维方式）在日本逐渐确立。在这一过程中，人们不再像以往那样把灾害看作是"天灾"，而是接受专家学者以及媒体的观点，认为那实际是"人祸"，从而强烈要求政治和行政采取防灾对策。之后，随着河流治理、水坝建设以及绿化对策等的迅速发展，灾害大幅度减少，使人们相信：人类的力量不是可以成功地把灾害封闭起来吗？

但是，之后的事实又清晰地表明：灾害是不能完全克服的。洪水、海啸、地震、火山喷发可以在顷刻之间摧毁庞大而坚固的建筑物——当通过电视荧屏亲眼目睹诸如此类的灾害景象，人们不得不感叹大自然的威猛。其结果，人们又逐渐明白了一个道理，这就是不能把灾害简单地归结为"人祸"。而越来越多的人接受了一种新的观点：既然不能彻底杜绝灾害，那就只能在某种程度上接纳它、与它共生共存。就这样，人们的灾害观又实现了从"人祸论"到"共生论"的质的飞跃。

灾害共生论的出发点，在于对硬件承受力的有限性的明确认识。降雨量、大地摇晃程度一旦超过硬件的承受力，灾害就会发生。在承认这一

客观事实的基础上,思考如何把受害控制在最小程度——这就是灾害共生论的核心。以2000年有珠山火山喷发为例,火山喷发之前,周围的市町都制作了灾害预测图,分发到每家每户;还在地区公民馆组织各种市民活动,对市民进行火山喷发灾害预防教育和防灾训练。火山喷发前夕,当地大学的火山观测所和气象台严密观测火山活动,及时发现喷火前兆,相关市町及时先后发出火山喷发紧急通告、避难劝告和避难指示。火山喷发之时,居民都已经安全避难,所以没有造成人员伤害。火山喷发沉寂以后,积极展开以"与火山共生共存"为目标的地域重建事业。上述一系列的做法,正是基于灾害共生论的实践。

灾害共生论的另一特点,在于强调灾害对策方面的居民个人和具体单位的自我责任,这也是灾害共生论的逻辑归结点。发生超越硬件承受力的自然现象时,要想把受害控制在最小程度,其责任最终只能落实在居民个人和具体单位。在灾害共生论的基础上,重新构建防灾对策体系,这将成为今后防灾的首要任务。

第二部分 分论

第三章 灾害中的生命和心理

第一节 灾害与生死

第二节 灾时医疗救护

第三节 灾时相关组织

第四节 救援者心理援助

第一节 灾害与生死

一、灾害死亡的推移

我国因自然灾害死亡或失踪的人数，在昭和20—30年代（20世纪40—50年代），每年都在1000人以上，而自昭和34年（1959年）伊势湾台风灾害（那次死亡或失踪者达到5098人）之后，有了明显减少。这是重大自然灾害本身的减少，我国治理山水、修筑海岸堤坝等国土保全事业的发展，《灾害对策基本法》等防灾相关制度及防灾体系的完善，气象观测设备的充实，预报技术水平的提高，以及灾害信息传递手段的发展和普及等多种因素综合作用的结果（《平成19版防災白書》）。

可是，在平成7年（1995年）阪神・淡路大震灾中，死亡和失踪者上升为6437人。及至近年，平成16年（2004年）发生了新潟县中越地震和多达 10 次的台风登陆（台风观测史上年台风次数最多），在平成 16（2004 年）、17 年（2005 年）和平成 17（2005 年）、18 年（2006 年）之交之际发生了雪灾，在这些由气候变化导致的自然灾害中，都出现了人员死亡。自然灾害造成的死亡人口中，高龄者占很高比例，这是社会变化的结果。

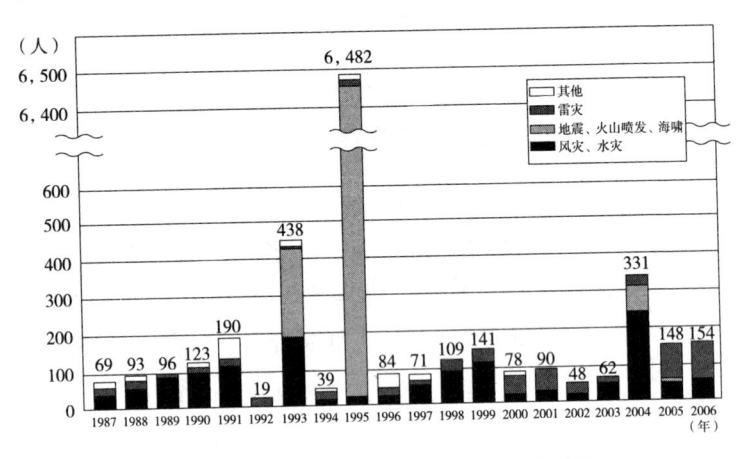

图 3-1：不同种类自然灾害中死亡及失踪者的人数
资料来源：《平成 19 年版防災白書》

火山喷发灾害方面，在平成 3 年（1991 年）的云仙火山喷发灾害中，包括火山研究者、新闻报道人员和消防人员在内，共有 43 人死亡或失踪；而平成 12 年（2000 年）3 月开始的有珠山火山喷发灾害和同年 6 月开始的三宅岛火山喷发灾害中，由于采取了警报及事前避难等应对措施，都没有发生人员损伤。另一方面，台风、暴雨等灾害中，虽然也有气象预报，但是依然有人员死亡发生。

二、灾时行动模式与生死

灾害引起的死亡依然存在，这与灾害自身的特征有关，也与人们的行动特性及社会特性有关。图 3-2 分别从认知、情感、社会和物质等各个层面表现了人在灾害时的行动过程，从中可以看到，回避灾害导致的死亡这一过程，与许多因素相关。

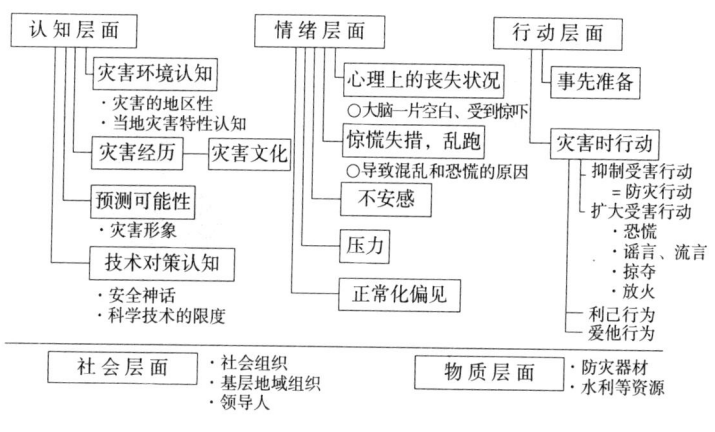

```
认知层面                    情绪层面              行动层面
 ├─灾害环境认知              ├─心理上的丧失状况     ├─事先准备
 │  ·灾害的地区性            │  ○大脑一片空白、受到惊吓
 │  ·当地灾害特性认知        ├─惊慌失措，乱跑       ├─灾时行动
 ├─灾害经历  灾害文化        │  ○导致混乱和恐慌的原因 │  ├─抑制受害行动
 ├─预测可能性                ├─不安感              │  │ =防灾行动
 │  ·灾害形象                ├─压力                │  ├─扩大受害行动
 ├─技术对策认知              └─正常化偏见           │  │  ·恐慌
    ·安全神话                                      │  │  ·谣言、流言
    ·科学技术的限度                                 │  │  ·掠夺
                                                  │  │  ·放火
                                                  │  ├─利己行为
                                                  │  └─爱他行为

社会层面  ·社会组织             物质层面  ·防灾器材
          ·基层地域组织                   ·水利等资源
          ·领导人
```

图 3-2：人的灾时行动模式

三、风灾水害与死亡

风灾和水灾中的死亡问题，其主要原因好像在于认知方面。例如，平成 16 年（2004 年），台风 10 次在日本登陆，新潟暴雨、福岛暴雨、福井暴雨接踵而至，有 206 人因灾害死亡，

其比例高于泥沙灾害造成的人员死亡。而具体分析这206人死亡时的状况，其中，"淹死、溺死"者最多，达91人；除去31名外国籍船员丧生于"海难事故"，余下主要有"滚落、跌倒"、"巡视"、"移动中"等。而从年龄和性别看，死亡者的61.2%为65周岁及以上老年人，65%为男性。50—59岁的男性，主要遇难于"冒雨去避难所途中"、"警报发出后，去看农地、河流

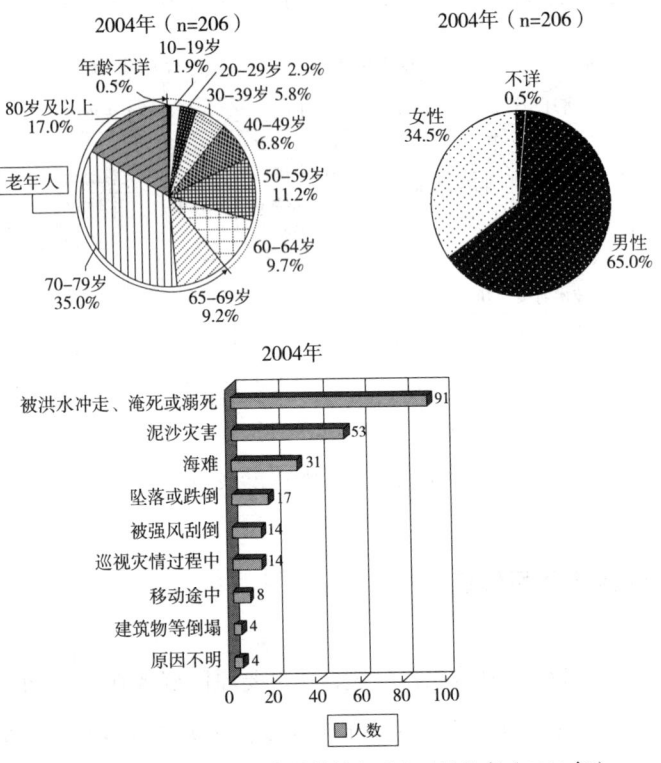

图3-3：风灾水灾死亡者的特性和死亡时的状态（2004年）
注：数据来自日本总务省消防厅的灾害通报。

状况"、"修理屋顶时滚落或跌倒"。与女性相比,他们大多似乎对自己的体力很有自信,得到灾害警报等灾害信息后却做出错误的状况判断。

四、震灾与死亡

说到地震灾害中的死亡问题,首先令人想起福井地震和阪神·淡路大震灾中为数众多的遇难者。而近年,在平成16年(2004年)的新潟县中越地震、平成19年(2007年)的能登半岛地震和新潟县中越冲地震中,都有人员死亡。地震灾害造成的人员死亡的特征在于,女性和高龄者所占比例较高。

1. 地震发生时人们的紧急应对行动

下面,我们着重从受害扩大抑制机制的角度来看人们在地震时的行动模式。阪神·淡路大震灾之后,日本火灾学会以"地震时的应对行动"为主题,以强震地区居民为对象,进行了自述式调查,其统计结果如图3-4所示(日本火灾学会,1996)。实施该调查的地区为神户市长田区、兵库区等遭遇6级以上地震、发生蔓延性火灾的地区。调查结果显示,近60%受访者自家住宅毁坏(其中,全毁40%,半毁18.7%),受到火灾损坏的达到77.7%。根据调查结果,当时受灾者的应对行动有以下特征。

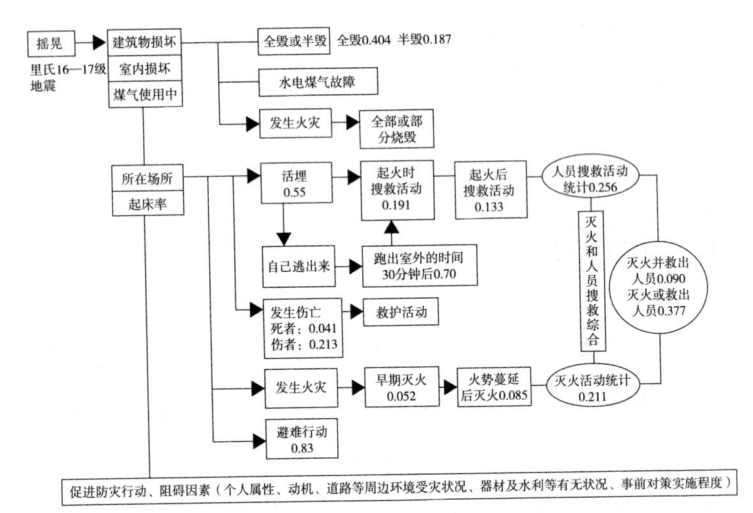

图 3-4：阪神·淡路大震灾中强震地市区低层住宅居民的应对行动

注：在阪神·淡路大震灾之后，日本火灾学会进行了三项"关于地震时市民行动与火灾的问卷调查"，本图表的数据来自其中的"关于地震时市街地区及低层住宅居民的行动与火灾的问卷调查"。该调查对神户市的长田区、须磨区、兵库区、中央区、滩区、东滩区、西宫市、尼崎市等 46 个地区 8286 名居民邮寄了调查问卷，回收问卷 2879 份（回收率：34.7%）。
资料来源：《1995 年兵库县南部地震における火灾に关する调查报告书》，日本火灾学会，1996 年 11 月，第 159—258 页。

第一，没能及时适应突如其来的紧急事态。地震发生时，90% 以上的居民正在睡觉，对剧烈的摇晃未能马上做出"是地震"的判断，其中很多人在第一瞬间就被物品砸伤，以致连即刻自我保护都没能做到。10% 以上顿时陷入头脑一片空白的失控状态，没法采取下一步行动。4% 失去家人，21% 自己和家人受伤。

第二，在受灾现场，居民自发的"爱他行动"形成了"灾

第三章 灾害中的生命和心理

时乌托邦"。调查结果表明，有55%曾被掩埋在自家住宅之下，41%自己挣脱了出来（70%在地震发生后30分钟左右时，从自家住宅跑出来）。19%在火灾刚发生时已开始搜救家人和近邻，13%在火灾开始大范围蔓延时开始搜救活动，总计有25.6%参加了被掩埋人员的搜救活动。之后，以男性居民为主，组成特别救助队，开展搜救活动。受访者普遍认为，在最初的搜救活动中，日常生活中结成的近邻关系、各种地区居民活动中培育起来的人际关系以及参加搜救活动的木匠、工程公司的技术人员发挥了重要作用。

第三，没有能够及时采取最适当的行动。灾害时采取怎样的行动往往决定生死，但那往往是训练中没有经历过的。而且，为了保护生命和财产，有很多行动都是应该采取的，灾害应对可以说是一种矛盾的行动选择。以救火行动为例，从调查结果来看，凌晨用火的人很少，最初阶段参加救火的只有5%，而包括火灾蔓延后参加救火的总共21.1%，这一比例略低于搜救活动。究其原因，一方面是因为平时救火都是由专门的消防机构承担的，因此人们对灾害时的责任认识不足；另一方面，由于"关西地区不会发生地震"这种观念以及对地震伴发火灾的危险性缺乏认识等灾害下位文化的作用，结果延误了早期灭火，致使受害扩大。从数据来看，人员搜救和灭火两种活动都参加的有9%，参加其中一种的有37.7%。

调查结果还显示，在神户市，发现火灾后，有人径直去了避难所等避难场所，也有人又折回去确认过火灾情况，但可能是由于水源不足，很多人没采取任何救火行动。

另外，对有家人在这次大震灾中死伤的受访者，日本火灾学会还进行了第二次调查①（邮寄问卷540户，回收问卷430份，其中有效问卷406份，日本火灾学会对这406份问卷进行了统计分析）。结果表明，伤者的66%曾被埋在倒塌的建筑物或大件家具之下，其中35%是自己挣脱出来的，32%被家人救出，28%被朋友或邻居救出，靠这种"自助"或"共助"获救的总计达98%。②可是，这次调查全体受访者遇难家属总计111人，除当场死亡的之外，"没能及时获救"被认为是最主要的原因；而被烧死的有23人（21%），该比例也高于其他地区。另外，地震发生当天约95%受伤，在地震最剧烈摇晃平静后，有人身负重伤依然参加人员搜救和救火活动，但尽管如此，在现场参加紧急救护的人比受伤者还是少将近一半，这大概是因为现场不仅缺乏应急救护用品，而且缺少具有应急救护技能的人。

如上所述，调查结果表明，在强震之中，人们尽管被各种心理矛盾纠结，但还是采取了抑制灾害扩大的行动，但由于缺乏必要器材、技术以及组织能力，一部分本可避免的死亡最终未能避免。

---

① 参见《1995年兵庫県南部地震における火災に関する調査報告書》（日本火灾学会，1996年11月）。
② 在不同地区、不同调查中，"自助"和"共助"的比例有所不同。

2. 获救者生存曲线

阪神·淡路大震灾时，兵库县在因地震的剧烈摇晃而倒塌的自家住宅中窒息或压死的有3979人、因外伤性休克而死亡的有425人，占外因死亡总数5483人的80%（根据平成17年（2005年）12月22日公布的"阪神·淡路大震灾死亡者确认报表"）。

人被埋在倒塌的建筑物之下，一般能生存多久？从图3-5的生存曲线来看，阪神·淡路大震灾时神户的生存获救者多在第1—2天，该比例低于中国唐山地震（1976年）和意大利南部地震（1980年），由此也可见阪神·淡路大震灾时建筑物严重毁坏的程度。另外，图3-5的生存曲线也显示了越早获救，生存率越高这一事实。因而图3-5的生存曲线还表明，为了提高生存救出率，受灾现场的人们尽早进行人员搜救活动的必要性。而这一点，在之后的新潟县中越地震和能登半岛地震中也得到了证明。

被掩埋在建筑物废墟之下的人们，大多很难及时获救，这是因为那种搜救工作需要高度的搜救技术，不是邻居们所能胜任的。而据日本火灾学会调查，在强震地区，被掩埋在建筑物废墟下的人中，由专业搜救队救出的只有1.7%，由此可见专业搜救队的数量不足以及到达受灾地的不够及时。

另外，诸如昭和58年（1983年）的日本海中部地震和平成5年（1993年）北海道西南冲地震等震灾中，很多人被海啸夺去生命。但是，在平成15年（2003年）十胜冲地震、平成16年（2004年）纪伊半岛冲地震、三陆冲地震时，海啸危险区域的居民不去避难或避难行动拖沓的现象依旧明显存在。

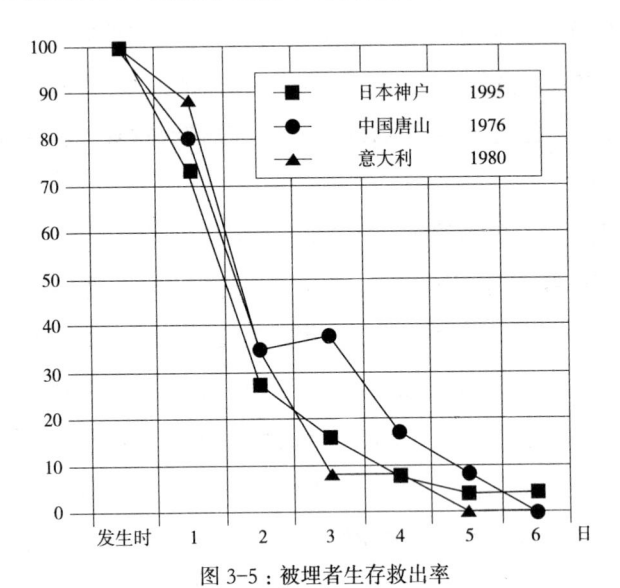

图3-5：被埋者生存救出率

资料来源：鵜飼卓：《阪神・淡路大震災の経験から新たな災害医療システムの構築へ》，《救急医療ジャーナル》第14期，1995年。

3. 灾害关联死亡

阪神・淡路大震灾之后，"灾害关联死亡"成为一大社会热门话题。在6434名地震遇难者中，有一部分人地震当时并没受到直接的人身伤害，但因地震引起健康状况恶化，在地震当日或之后死亡。这样的死者，在兵库县就达919人，其中以高龄老人居多。[①] 而被认定为"灾害关联死亡"的死者

---

① 根据总务省消防厅及兵库县平成17年（2005年）12月22日公布的数据。

中，并不局限于大震灾发生后不久就死亡的，还包括在复旧期死亡的。

据说，"灾害关联死亡"能够得到承认，主要是因为日本有关于"灾害丧葬慰问费"及其支付规定的法律制度（"災害弔慰金の支給等に関する法律"，昭和48年（1973年）第82号法律）。所谓"灾害丧葬慰问费"，是指根据法律，支付给符合《灾害救助法》规定的"灾害死亡者"的遗属的丧葬慰问费。在阪神·淡路大震灾的受灾地，居民中受灾者超过半数，于是，"除了震灾导致的外因性死亡，对在震灾发生当日及以后的内因性死亡者的遗属，是否也要支付灾害丧葬慰问费"这个问题，被提上了议事日程。经过地方自治体设置的由医生和辩护律师等相关专业人士组成的审查委员会的讨论，以既有法律所规定的与灾害的直接因果关系为基础，最终形成决议，把"灾害关联死亡"也纳入"灾害死亡"的范畴。

另外，神户市还原则上同意，对于在震灾中失去财产和家人而受到精神性伤害（trauma），因此而发生失眠、不安、抑郁等精神性问题，最终导致死亡的，只要经医学鉴定，被认定其死亡与震灾之间确实存在相当大的因果关系，其遗属也有权获得灾害丧葬慰问费。具体地说，就是把被诊断为创伤后应激障碍（PTSD）引起的疾病，经过专业医生持续的心理疏导和精神治疗仍不见效而最终死亡的，也认定为灾害丧葬慰问费的支付对象。① 当然，要对灾害引起的内因性死亡或精神性外伤引起的灾害关联死亡做出准确鉴定，是极其困难的。

在平成16年（2004年）的新潟县中越地震中，"灾害关联死亡"也得到了认可，68名灾害死亡者中，有51人是由于在地震中受到惊吓或遭遇交通事故、在避难生活中罹患内因性疾病而导致死亡的。② 同样，在那次地震后，也成立了审查委员会，专门审查、认定灾害死亡。

但是，在平成19年（2007年）的能登半岛地震中，"灾害关联死亡"没有得到承认。另外，至今为止，在所有自然灾害中，只有地震中的关联死亡得到过承认，而在其他灾害中还没有先例，这也可以说是"灾害关联死亡"的一个特征。

五、受灾者心理援助

从阪神·淡路大震灾、新潟县中越地震等灾害来看，受灾者受到精神性伤害，是因为受到很多冲击性刺激的结果。根据对受灾患者的观察和推测，我们认为以下几点可能是最重要

---

① 兵库县公布的阪神·淡路大震灾死亡者，不包括自杀死亡者。创伤后应激障碍的鉴定虽然极为困难，但当时神户市关于灾害死亡的认定标准里已经包含PTSD。据《朝日新闻》（2005年12月22日）报道，"至去年年底，震灾死亡者中有910人为'灾害关联死亡'，但其中17名自杀死亡者被排除于兵库县五市独自认定的灾害丧葬慰问费支付对象之外"。
② 根据总务省消防厅的《平成16年（2004年）新潟县中越地震（第74报）》。

第三章 灾害中的生命和心理

的：首先是地震和余震的剧烈摇晃引起的恐怖感；其次是地震留下的触目惊心的惨烈景象；再次是对紧急事态的不适应、社会角色的矛盾以及行动选择的矛盾纠结在一起，形成精神性伤害；最后是经历亲人、近邻、朋友、熟人的死亡等丧失体验，所有这些构成精神上的严重伤害。

了解到受灾者面临如此复杂多样的精神性问题，就要在灾后开展精神保健活动，预防精神疾病的发生；通过对高风险者的早期发现和介入，预防发病或阻止发展为重症。在日本，受灾者心理援助发端于平成5年（1993年）的北海道西南冲地震，那时主要是针对儿童受灾者的心理问题；在阪神·淡路大震灾时，普遍开展了受灾者心理援助，进行了多种多样实践和研究活动；到新潟县中越地震时，这些研究成果得到了广泛应用。新潟县平成16年（2004年）新潟暴雨灾害时的经验教训，设置了"灾时心理援助对策会议"和"灾害专用咨询电话"，并向灾区派遣了精神科医疗小组和心理援助小组，开展多样化的心理援助活动。2004年10月26日至2005年1月22日期间，总共进行了6434次心理诊疗和心理咨询。另外，日本红十字会在有珠山火山喷发灾害的救灾活动中也导入了心理援助，并从平成15年（2003年）开始正式把心理援助作为灾害救护活动的一个相对独立的组成部分，与医疗救护活动分开进行，在对新潟县中越地震的救援中积极展开了心理援助活动。

在日本，近年来，随着灾害接二连三地发生，灾害精神健康援助逐渐完善，并逐渐成为灾害援助活动体系中的稳定部分。而它与行政的相互关系、精神保健及精神医疗专业人才的短缺、在受灾地构建心理援助活动体制等问题，都是今后亟待解决的重大课题。

[参考文献]

日本災害学会「1995 年兵庫県南部地震における火災に関する調査報告書」1996 年 11 月.
内閣府編「防災白書（平成 19 年版）」平成 19 年 6 月.
総務省消防庁「災害情報」http://www.fdma.go.jp.
中島聡美, 2006「特集　新潟県中越地震　特集によせて」「トラウマティック・ストレス」第 4 巻第 2 号. 平成 13 年度厚生科学研究費補助金（厚生科学特別研究事業）「災害時地域精神保健医療活動ガイドライン」主任研究者：国立精神・神経センター精神保健研究所成人精神保健部部長　金吉晴.
平成 16 年度厚生労働科学研究費補助金特別研究事業「新潟県中越地震を踏まえた保健医療における対応・体制に関する調査研究」「自然災害発生時における医療支援活動マニュアル　第 5 部　精神保健医療活動マニュアル」国立精神・神経センター精神保健研究所成人精神保健部部長　金吉晴.

（高梨成子）

第二节 灾时医疗救护

一旦大量人员几乎同时受伤或者在极短时间内集中受伤,对医疗救护的需求就会急剧增加,这时,市民就不可能像平时那样方便地接受医疗救护服务。另外,在遭遇诸如地震、洪水这样的自然灾害时,医疗救护设施本身也往往会受到损坏,再加上水、电、煤气中断,专业人员不足等因素,医疗救护机构自身的功能也大幅度下降。而市民难以光顾医疗机关,因此经过一段时间持续后,常会导致慢性病患者病情恶化,甚至使在平时医疗服务体系中能够获救的患者在灾害时的混乱中丧失生命。正是由于灾害会打破医疗供需平衡,所以如何把这种不平衡控制在最小范围,就成为灾害时医疗救护的另一重要课题。首先,选择有可能获救的重伤员,快速对其实施急救护理后,及时把他(她)送往没有受灾地区的医疗机构；其次，为了不无谓地浪费灾害时尤其宝贵的医疗资源，果断停止对即使在平时都很难救活的重伤员的抢救；再次，迅速组织救助队和医疗小组，并让他们尽快投入救援活动，这几件是灾害医疗中最重要的工作。在灾后最初阶段的急救之后，还要预防健康者患病和患者病情恶化（预防"灾害关联死亡"），以及注意精神健康保护，所有这些都极其重要，不可掉以轻心。

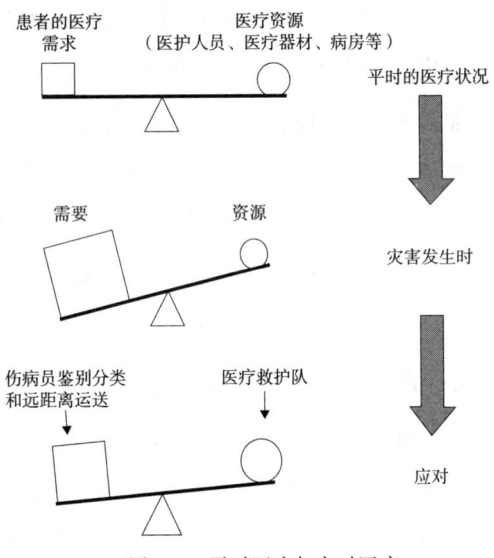

图 3-6：平时医疗与灾时医疗

注：灾害时，医疗供需平衡被打破，其结果，平时能够获救的患者，可能无法获救。因此，一方面，通过伤病员鉴别分类和远距离运送，减少或分散受灾地的医疗需求；另一方面，通过派遣"灾害派遣医疗队"（DMAT, Disaster Medical Assistance Team）等医疗救护小组，临时增加受灾地的医疗资源，从而缩小医疗供需不平衡。

第三章　灾害中的生命和心理

一、伤病员的诊断和治疗

当重大灾害发生时，急救要求蜂拥而至，打爆急救指挥中心的电话，但救护车却完全满足不了需求。这时，不管伤员伤势的轻重、伤情的缓急，家人或邻居大多会用自家车或其他交通工具，把伤员送到最近的医疗机构。因此，灾害发生后不久，受灾地区的医疗机构就会人满为患，陷入混乱。

二、灾时院前急救

1. 现场伤病员鉴别分类和院前急救

把大量的伤病员迅速地按照伤病的严重程度和紧急程度分类，决定急救运送和处理、手术的优先顺序，这项工作的专业名称是"伤病员鉴别分类"。[①] "伤病员鉴别分类"，是灾害时为了"使最大多数得到最善处理"所不可或缺的工作环节。

---

① 这个词源于法语，据说本义为"咖啡豆选别"。它后来被运用于战争中，指为了使负伤的战士尽早复归战场，也为了不给前方的战士增加麻烦，而迅速对要送往后方的伤员进行选择；现在指灾害时根据伤情的严重程度和紧急性对伤病员进行鉴别分类，从而决定治疗和转运的优先顺序。根据鉴别分类的结果，给伤病员贴上不同颜色标签：紧急群，即生命垂危，需紧急抢救者（红色）；准紧急群，即可以再过几个小时进行抢救者（黄色）；轻症群，即可以不送往医疗机构者（绿色）；不运送群，即明显已经死亡，或者在平时也没法救活者（黑色）。另外，在鉴别方法方面，在灾害现场，根据呼吸、循环系统和意识状态进行鉴别的START（Simple Triage and Rapid Treatment）法，以及首先把能够步行的人作为轻症者筛选出来的方法很受认可。

如果受灾地只是局部地区,可以在距离受灾地较近、安全状况较好、便于救护车进出的场所设置伤病员鉴别分类站,由急救队队长或已到达受灾地的医疗小组进行伤病员鉴别分类工作。可是,像地震灾害这样的场合,到处都是倒塌的房屋,而且伤员又分散在各处,这种情况下,很难设置现场伤病员鉴别分类站,只能由伤病员最初到达的医疗机关担当起伤病员鉴别分类的职责。

院前急救是为防止伤病员的伤病情恶化而采取的必要的最小限度的紧急处理,一般只进行气管确保、脊柱保护、应急止血、骨折部位固定、输液管道确保、静脉点滴和输氧等措施。这些院前急救措施大多是救急救命士或急救队普通队员都能实施的,不过输液管道确保和静脉点滴这两项,根据现行救急救命士法,他们只能对心跳呼吸停止的病例才能实施。

1995年阪神·淡路大震灾时,既没有进行现场伤病员鉴别分类,也没有进行院前急救处理,而在2005年JR福知山线脱轨事故急救中,急救队员和赶到现场的医疗小组在第一时间进行了伤病员鉴别分类和急救处理。大约事发7小时后,在严重破损的第一车厢发现了幸存者,可是急救人员很难进到车厢去,只能在非常狭窄的空间,通宵达旦地进行抢救,同时,医生也对他们实施特殊应急处理(Confined Space Medicine),最终,三人都被活着救出,其中两人后来幸运地活了下来。近年来，救急救命士的技术水平有了较大提高，同时，能在第一时间赶到受灾地开展医疗活动的医疗小组也有所增加。这虽然还仅局限在部分地区，但是由于他们的工作，院前急救水平取得长足进步。

2.急救运送

阪神·淡路大震灾时，由于电话线路、交换机等的故障，很多地区都打不通119急救电话。而在能打通119急救电话的地区，由于消防人员不足，道路、桥梁损坏和交通阻塞引起的急救车辆运行障碍等原因，据说至多只有十分之一的救护车紧急出动请求得到满足。

2007年新潟县中越冲地震时，尽管受害地相对集中，但在最初一段时间内，急救运送请求还是超过了消防机构的应对能力。在JR福知山线脱轨事故中，尽管尼崎市消防局调拨了全部救护车，邻近地区的消防总部也迅速派来救护车增援，但救护车仍一时供不应求，很多伤员只能用民间卡车或警车等交通工具运送到医院。

灾害造成大量人员受伤，超过了平时的急救运送能力，所以即使周围地区及时提供了积极援助，还是难免发生救护车一时供不应求的情况。因此最好的措施就是，在现场实施伤病员鉴别分类，确定运送的优先顺序，保证最有效地使用救护车，而让伤病情不太紧急的轻症者集中乘坐巴士等大型车辆撤离受灾地，把他们运送到没有受灾的地区的医疗机构。

如果大量重症伤员在短时间内被送到一家医院，那就可能使原本可获救的生命变得无法挽救。因此，要尽可能避免把患者集中送到一家医院，而应该根据伤病员的伤病情况，分送到多家医院，这一点是十分重要的。

发生大地震这样的灾害时，当地医疗机构也难免受损，所以最好用直升飞机等交通工具把重伤员送到离受灾地较远的具有正常医疗功能的医疗机构。

三、灾时医疗机构

1. 医疗机构受灾

当发生严重的地震、洪水等自然灾害时，医疗机构自身也往往直接受害，遭遇诸如建筑物、设备、仪器损坏，水、电、煤气中断，电话不通等状况。先进的医疗在很大程度上离不开影像诊断检查和生物化学检查，而 MRI、CT 等精密诊断设备不能没有电，抗震性能也特别弱，所以在灾害时往往无法使用。另外，也常常发生氧气泵、空气压缩机等设备破损的状况。因此，发生灾害时，现代医疗机构可能在瞬间丧失作为医疗机构的功能。

2. 伤病员集中

把受灾患者送到最近的医疗机构，这是人们最自然的行动。而如上所述，这些医疗机构自身也往往因为灾害而部分甚

图 3-7：伊朗巴姆市在地震中倒塌的医院

至全部丧失医疗服务功能；伤病员的大量集中到来，更会加剧混乱，耽误重症患者的治疗。因此，如何防止伤病员的大量集中和如何把他们及时疏散到合适的医疗机构，就成为灾害急救中的一个重要问题。为了使尽可能多的患者得以获救，其关键在于，一方面尽快对已来到医院的伤病员进行鉴别分类，决定急救的优先顺序；另一方面把伤病员安全地转送到医疗功能正常的医疗机构。

3. 人手不足

在城市地区，大多数医务人员的家不在医院附近，从家到医院，平时就需要一个小时左右的时间这种情况十分普遍。

而一旦突发灾害,由于交通工具受损和道路阻塞,医务人员很可能没法顺利赶到医院。而且,灾害很可能发生在假期或正常工作时间以外的时候,即医院里工作人员最少的时候。

4. 信息传递

为此,对于灾害医疗应对来说,在灾害发生的第一时间,全面了解诸如究竟发生了怎样的灾害、给医疗机构造成了怎样的影响、受灾地附近医院受害状况如何等信息是极其重要的。可是,在灾害发生的第一时间,这些信息却很难传递到各医疗现场。

5. 指挥命令与调整及训练

大致说来,日本的医院,如果看护部出现障碍,整个医院的指挥系统就会十分脆弱,发生灾害时各科的专业医生往往容易按照自己的想法各行其是。这种情况,在灾害时也不例外。再加上对于灾害应对中的职责分工,医院的工作人员大多不太明确,因此更容易发生混乱。为此,平时就要考虑到灾害可能发生在正常工作时间以外的时候,以此为前提制定实战灾害应对计划,并对全体员工进行教育和训练。

四、阪神·淡路大震灾之后的灾害医疗体制建设

1. 广域灾害急救医疗信息系统(wdsemis)

厚生省总结阪神·淡路大震灾时信息沟通不足的经验教

训，要求各都道府县都必须利用因特网构建广域灾害急救医疗信息系统。近年来，在日本已经形成联结全国各都道府县的保健行政部局、灾害据点医院、二次急救医院、消防、保健所、健康福祉事务所等相关机构的急救医疗信息系统网络。通过这一网络，可以在灾害时快速了解到各医疗机构的状况，如能容纳多少以及哪种类型的重症患者、灾害救援医疗小组的准备情况如何等信息。

2. 灾害据点医院

吸取阪神·淡路大震灾的经验教训，日本政府还在全国指定 600 家医院为灾害据点医院。灾害时，先把患者集中到受灾地区内的据点医院，再从那里把患者分类转运到没有受灾的地区的灾害据点医院。每个二级医疗圈里至少有 1 个地区灾害据点医院，各都道府县有 1—2 个基干灾害据点医院。灾害据点医院在平时就必须实行 24 小时重症患者抢救制度，配备能够接纳大量患者的空间、医疗设备和人员，具备广域患者转运的能力。基干灾害据点医院还要承担对区域内各医院的医护人员进行灾害医疗培训的责任。

3. 灾害医疗救援小组

在厚生劳动省的组织和领导下，先是派遣专家去美国参观、学习灾害医疗应对组织，之后在 2005 年开始组建日本的灾害医疗救援小组。灾害医疗救援小组与以往由红十字会组织的医疗救护小组不同，它的救护活动主要是在灾害发生后

48个小时以内，其人员构成是同一医院的医生、护士和后勤人员，它主要被派遣到受灾地的据点医院和受灾地附近的机场等远距离转运据点，进行伤病员鉴别分类和院前急救的灾害医疗急救组织。要具备灾害医疗救援小组成员的资格，一般必须先接受3—4天的专门训练，然后接受考试，考试合格者由厚生劳动省统一登记在册。一个灾害医疗救援小组，原则上由2名医生、2名护士和1名后勤人员组成。2007年新潟县中越冲地震发生后几个小时内，就有好几个灾害医疗救援小组陆续到达当地的灾害据点医院——刈羽综合医院，充实该医院的急救力量。

4. 消防紧急援助队

发生大规模灾害时，光靠当地消防组织的力量，一般很难应对紧急状况。同样，接受阪神·淡路大震灾的教训，日本建立了重大灾害时，受灾地周边地区立即向受灾地派遣消防紧急援助队的体制。2005年JR福知山线脱轨事故发生后，在第一时间，不仅兵库县内各市都派来了消防紧急援助队，而且大阪、京都等地也都派来了消防紧急援助队，共同进行搜救、转运等急救工作。大规模灾害刚发生时，当地的消防机构往往忙于应付现场急救，连向外申请紧急援助的时间都没有。为此，日本建立了消防系统互援体制，即各地的消防机构之间缔结相互援助协定，受灾地周边地区的消防组织一旦从电视等媒体得到信息，即使没有得到受灾地消防机构的求援请求，也有义务主动向受灾地派遣援助小组。警察系统方面，也建立了相应的相互援助体制。

5. 直升飞机急救运送

为了在灾害时能及时从受灾地上空观测灾情，并紧急转运伤病员，日本还建立了各地消防防灾直升飞机互援体制，保证平时一直在医院处于待机状态的直升飞机，在灾害发生时能够马上到灾区现场投入急救工作。阪神·淡路大震灾时，地震当天只有1名伤员由直升飞机转运出去，而2005年JR福知山线脱轨事故时有10名伤员、2007年新潟县中越冲地震时也有多名伤员由直升飞机转运出去。至2007年，日本全国已有11个地方把直升飞机用于灾害急救。

6. 心理援助

遭遇了大灾害，人们难免有恐惧感和不安感。日本在阪神·淡路大震灾之后，对于这种精神性外伤，逐渐形成了早期介入援助体制。同时，专注于对失去家人的受灾者进行特别心理援助的专家也越来越多。

（鹈饲卓）

第三节 灾时相关组织

一、"自助"、"共助"、"公助"

　　灾害时,消防、急救、救助方面的行政服务需求必然急剧上升。但是,即使充分考虑到灾害应对的需求,行政服务的体制还是以满足日常需求水平为基础的。因此,在灾害时,消防、急救、救助方面的行政服务不可能满足所有需求。尤其在城市型灾害中,灾害规模越大,行政服务供不应求的情况就越严重,这一情况,在阪神·淡路大震灾中已得到清晰的反映和明确的证实。因此,自那以后,日本各界开始强调,只依靠"公助"的灾害对策具有不可克服的局限性,所以"自助"和"共助"也是极为重要、不可或缺的。在此基础上,人们开始形成一种共识,即为了把灾害中的受害程度控制在最小范围内,"自助"、

"共助"和"公助"必须协同一致,各自发挥作用。这样,在防灾领域,"自助"、"共助"和"公助"概念的出现频率就越来越高,最终成为常用术语。在灾害应对体系中,"自助"、"共助"和"公助"居于不同层次,通常被作如下区分:

所谓"自助",指依靠本人及家人的力量来保障生命财产安全;

所谓"共助",指依靠邻居互助以及借助民间组织、志愿者团体等的力量,互相帮助,共同进行救助救援活动;

所谓"公助",指由国家、都道府县、市町村、行政相关组织等公共机构进行的救助救援活动。

以下,从社会学组织理论的视角,对灾害相关组织及其彼此关系做一分析。

二、灾害相关组织分类

在灾害时进行救援活动的各种组织或团体,因各自的组织结构(包括价值观、行动规范以及决策过程等)和所拥有的资源(包括人力、物力、信息以及诸如与其他机构的关系等社会资本等)不同,其救援活动及其实施过程会有许多差异。美国社会学曾以组织的"功能—结构"变化为框架,对灾害相关组织进行过分类(参见本章专栏"美国社会学关于灾害相关组织分类的研究")。而在这里,我们尝试从组织活动的地域范围和功能扩张性把灾害相关组织区分为六类(表3–1)。

表 3-1：灾害相关组织的六种类型

		工作的专门性和功能扩张性（高←→低）		
		高度专业性防灾组织	功能扩张防灾组织	一般防灾组织
活动覆盖的地区范围	广域地区	类型Ⅰ（广域高度专业性组织）紧急消防援助队、广域紧急援助队、自卫队、日本灾害医疗救援小组、海上保安队	类型Ⅲ（广域功能扩张组织）国家灾害对策总部、特定行政机构、水、电、煤气等企业、日本红十字会救护组、运输公司、都道府县或市町村外派人员、应急危险程度鉴定人员等	类型Ⅴ（广域一般组织）全国社会福祉协议会、志愿者团体、跨地区民营企业
	地区内	类型Ⅱ（地区内高度专业性组织）消防总部（署）、警察总部（署）、都县灾害医疗救援小组	类型Ⅳ（地区内功能扩张组织）地方自治体灾害对策总部、消防团、日本红十字会、土木建设相关协定企业、医院、医生等、物资供应及运输协定企业	类型Ⅵ（地区内一般组织）自主防灾组织（町内会、居民自治会）、福祉组织、日本红十字会服务团、企业自卫消防队、志愿者组织

1.高度专业性防灾组织

高度专业性防灾组织是从事高难度搜救、灭火、直升飞机运送等需要高度专业技能的组织，主要在警戒阶段和紧急阶段开展活动。按照其活动区域范围，又分为以下两类。

一是广域高度专业性防灾组织。这是跨地区活动的、专业技能要求最高的防灾组织，如紧急消防援助队、广域紧急援助队、自卫队、日本灾害医疗救援小组、海上保安队等都属于这类组织。它们在阪神·淡路大震灾以后，经过组织建设和技能研修，组织结构更为合理，技能水平进一步提高，在近年频频发生的灾害中，灾害时派遣申请手续变得更为简洁、迅速，做出了很大贡献。但另一方面，依然面临许多亟须改善的问题，如向受灾地派遣以及在受灾地救灾活动中出现的、同一组织内部和不同组织之间的分工合作等问题。

二是地区内高度专业性防灾组织。地区内高度专业性组织是指在地方自治体所管辖的地区范围内从事防灾活动的专业机构，如消防机构、警察机构等。就专业水平而言，稍逊色于广域高度专业性组织。在灾害发生后的紧急阶段，紧急任务数量庞大且多样化，而专业人员有限，所以不得不在"紧急要务"中再区分轻重缓急，如与救助相比，灭火更优先。但是，这种轻重缓急的再区分，在实际中会遇到许多矛盾，如以上述以"灭火"优先于"救助"为例，就可能引发当地居民的救助要求与灭火活动之间的矛盾。[88]

2. 功能扩张防灾组织

所谓功能扩张防灾组织,是指通过调整组织结构、扩大平时的业务功能,从而进行防灾救灾活动的组织,行政机关的灾害对策总部就是这类组织的典型之一。不过,这类组织在资源调配和活动调整等方面,往往有勉为其难之处。如下所述,按照活动区域范围,功能扩张防灾组织也可分为两类。

其一,广域功能扩张防灾组织。平成13年(2001年)的省厅机构改革决定,由内阁府负责相关省厅灾害应对事务的协调,并设置了防灾大臣。灾害发生时,由国家设置非常灾害对策总部或紧急灾害对策总部(至今为止,都是设置非常灾害对策总部)。近年来,国家在灾害初期的组织应对方面,及时性和迅速性有很大提高。如在第一时间派遣防灾大臣赴受灾地,或总理大臣亲自前往受灾地慰问灾民,在灾区设置现地灾害对策总部或联络站等,这些举措都显示了国家作用的增强。另外,灾后一定时期,根据实际需要,主要业务可能由非常灾害对策总部转移到复兴总部。

作为特定公共机构的日本红十字会,水、电、煤气、通信、广播等基础生命线相关企业,道路及铁路交通相关企业也属于这一类型。另外,还包括接受派遣,充实受灾地区的物资供给、应急给水、上下水道工程、受灾证明办理、避难所援助等急救工作的都道府县及市町村的工作人员。还有,在所在地都道府县登记过,必要时要参加跨地区救灾工作的应急危险度鉴定师和宅地危险度鉴定师也包含在广域功能扩张防灾组织范畴内。其中多数组织主要参加从紧急阶段到复旧阶段的救援活动,而根据灾害规模,道路及铁路交通相关企业的救援活动有时一直要延续到复兴阶段。

其二,地区内功能扩张防灾组织。一般而言,灾害期间,受灾地内各都道府县及市町村都会设置本地的灾害对策总部,但为了协调和统一整个受灾地的灾害对策和方针,在一定时候,也要召开协调会议。至于都道府县方面,从近年来的灾害实例来看,大多派遣指定的救灾援助工作人员和志愿救灾工作人员到受灾的市町村予以救灾业务援助。在救灾第一线从事救灾活动的地区内功能扩张防灾组织,除了准公务员编制的消防团,还有当地日本红十字会支部以及土木工程相关协定企业、医院、物资供应及运输协定企业等民间机构。近年来,为提高救援实施的确实性,地方自治体普遍采取与民间机构缔结协定的方式。

3. 一般防灾组织

一般防灾组织在专业性这点上不能与其他两类防灾组织相提并论,它们主要是借助平时的网络开展活动。同样,一般防灾组织也可以根据活动的地区范围区分为两类。

一是广域一般防灾组织,这包括全国社会福祉协议会、志愿者团体和跨地区民营企业。前两者面临的主要问题在于,如何提高动员及组织人员的能力和增强协调功能。而跨地区民营企业，在灾害后普遍面临如何恢复企业活动等问题，它们大多通过在复旧活动中的相互援助来积极应对灾害。

二是地区内一般防灾组织。在每次的灾害现场，都可以看到以当地居民为主体展开的紧急且临时性的救助救援活动，在那种场合，地区领袖发挥着重要作用。可是，即使是平时凝聚力很强的地区，随着受灾居民由避难所向临时简易住宅或复兴住宅的搬迁，町内会、自治会等基层地域团体的统合力往往难以为继。而从搜救、救助到灾后复旧及复兴，这一切靠受灾地居民自己的话，都是有限的。日本红十字奉仕团主要从事做饭做菜等方面的援助活动，其成员大多和町内会或居民自治会重合。

随着人口老龄化的进展和"要援助者"的增加，福祉相关团体、志愿者团体等基层地域组织的作用越来越大。但是，基层地域志愿者团体的力量是有限的，福祉相关团体的人力资源也只有民生及儿童委员、福祉护理员等，因此，这些团体需要在与基层地域的社会协作中展开活动。

三、灾时相关组织的内外因

对于组织来说，灾害是一种在不确定且不清晰的事态所导致的组织自律性低下状态中，不得不处理的紧急状态。关于组织在灾害时所直接面对的问题，E.L. 库朗特利和 R.R. 戴恩斯概括为以下五个方面：不确定性增加；紧急性上升；一致性（emergency consensus）临时达成；自律性低下；民众参加及组织动员的协调基础改变（山本康正，1981）。

对灾害时进行各种救援活动的组织进行分析，可以容易地提炼出以上因素。为此，近年来，为了减少上述组织活动的障碍，在灾害发生之前就开始以这些问题为重点，做好各种相关准备。也就是说，为了提高组织在灾害时的活动能力，事先制定组织活动的防灾计划和具体的防灾活动指南，实施相关的训练和研修，总结以往灾害经验教训等。比如，众所周知，警察、消防等高度专业性防灾组织具有较高的组织价值观和规范意识，而且灾害时的集合性参加率也相当高，但是他们依然坚持研修和训练，通过平时的刻苦钻研，提高每一成员的技能和整个组织的力量，发扬光大组织的精神。另外，从日本红十字会的工作人员、消防团成员在灾害时能迅速自发组织起来，开展救灾活动的情况来看，这些组织虽然不属于"高度专业性防灾组织"，但是平时也进行着各种专业训练。而很多民营企业在遭遇灾害时，能迅速扩大和延伸业务范围，这也反映了该组织及其成员具有能较快适应紧急事态的能力。

但是问题在于，在灾害发生后，即使组织本身能够及时根据救灾需要，改变组织的结构和功能，但是由于缺少有灾害经验的个人和防灾专家，组织的活动往往缺乏持续性。市町村行政机构在组织的控制以及组织间的协调方面，往往不能充分地发挥作用。近年来，各个组织在个别领域的专业性有所提高，形成所谓纵向结构，提高了组织间的相互依存程度；但另一方面，由于市町村的合并，其组织自律性则有进一步弱化的危险。因此，为了提高组织在灾害时的动员能力，保证包括救灾活动领袖在内的人力资源，有必要在平时就注重对组织成员进行灾时救援任务以及责任分担的教育和训练。

从社会学的角度来看，对灾害相关组织的分析，不能只局限于灾害发生时这个阶段，而要关注灾害过程的各个阶段（从灾前阶段，到灾后初期阶段以及复旧复兴阶段）；并且，不仅要分析组织内部的结构和要素，还要分析各种组织之间的分工协作关系。

说明：

①《灾害对策基本法》是日本灾害对策的根本性纲领，它明确规定，国家、地方自治体、设施管理者以及居民个人在灾前的防灾、灾后的防止受害扩大以及复旧事业等方面负有责任。关于防灾相关组织的责任，《灾害对策基本法》第11—33条有明文规定。关于居民个人的责任，《灾害对策基本法》第7条指出："每个国民都应该自己做好灾害发生的准备，并参加自发性防灾活动，为有助于防灾而努力。"

②紧急消防援助队：在总结阪神·淡路大震灾的经验教训的基础上，于平成7年（1995年）创立，平成15年（2003年）6月实现法制化，平成16年（2004年）4月改制重建。在多次暴雨灾害以及平成16年（2004年）的新潟县中越地震、JR西日本福知山线列车事故、平成19年（2007年）的能登半岛地震和新潟县中越冲地震等灾害的救援活动中，紧急消

防援助队发挥了重要作用。紧急消防援助队的数量规模的目标：平成20年（2008年），注册登记的消防队达到4000支。总务省消防厅相关资料表明，至平成19年（2007年）4月1日，在780个消防总部（占全国消防总部的97%），总共已有3751支消防队（除去重复登记者）、44000名消防队员注册登记。

③广域紧急援助队：日本国内发生重大灾害或面临重大灾害发生的危机时，根据灾区或预设灾区的都道府县公安委员会的援助申请，派遣广域紧急援助队到指定地区，其任务是在该公安委员会的管理之下，从事受灾及交通等信息的搜集及传递、搜救、死者检视及遗体处置、紧急交通路畅通保障及紧急通行车辆引导等其他活动。

基于平成16年（2004年）新潟县中越地震中的经验教训，日本警视厅于平成17年（2005年）4月1日在北海道、宫城、警视厅、埼玉、神奈川、静冈、爱知、大阪、兵库、广岛、香川、福冈等十二个都道府县的警察广域紧急援助队设置了具有极高搜救、救援能力的救助组。之后，在JR西日本福知山线列车事故（2005年4月）、JR东日本羽越线（特急）列车事故（2005年12月）、2005年第14号台风登陆引起的宫崎县泥石流灾害的救援活动中，特别救助组承担了搜救及紧急援助的任务。平成18年（2005年）3月，日本警视厅又在各都道府县的警察广域紧急援助队设置了刑事部队，完善了对遗体迅速而准确的检视及移交遗属、安否信息提供方面的体制（根据警视厅资料）。

④日本灾害派遣医疗队：灾害派遣医疗队是在灾害急性期（大概为灾害发生后48小时以内）从事救护活动的医疗救护组织。平成16年（2004年），参照美国灾害医疗救援小组，东京成立了东京灾害医疗救援小组，当年即被派遣到新潟县中越地震灾区进行医疗救护活动。翌年3月成立了日本灾害派遣医疗队，在JR西日本福知山线列车事故、能登半岛地震和新潟县中越冲地震的救援活动中，都做出了积极贡献。

（高梨成子）

专栏
美国社会学关于灾害相关组织分类的研究

高梨成子

美国社会学关于灾害相关组织的研究开始于20世纪60年代后半期。R.R.戴恩斯和E.L.库朗特利根据组织结构和功能在灾害发生前后有无变化,将灾害相关组织区分为四类。

表3-2:灾时相关组织的四种类型

		组织功能	
		无变化(Regular)	有变化(Non-Regular)
组织结构	无变化(Old)	类型Ⅰ(Established)定置型组织	类型Ⅲ(Extending)转置型组织
	有变化(New)	类型Ⅱ(Expanding)扩大型组织	类型Ⅳ(Emergent)创发型组织

类型Ⅰ(Established):即所谓"定置型组织"或"既成型组织"。这是一种结构和功能在灾害发生前后都没有变化的专业性防灾组织。这类组织具有权威型结构和沟通渠道,同时由于业务内容具有极强专业性,故具有排他性,组织外人员参加的余地极其有限。警察、消防、医院、地方自治体以及水、电、煤气等基础生命线企业组织都属于这一类。

类型Ⅱ(Expanding):即所谓"扩大型组织"。这类组织有特定的职能和业务内容,平时人们对这类组织的期望值就很高。一旦面临灾害危机,该类组织通过扩大自身结构,进行大量平时固有职能和业务范围以外的活动，因而它们在灾害时承受的压力最大。红十字会、救世军等组织就属于这一类。

类型Ⅲ（Extending）：即所谓"转置型组织"或"伸展型组织"。这类组织在灾害时从事什么活动并无特别规定，只是通过与类型Ⅰ（Established）组织携手合作，进行补充性活动。如建筑公司、百货商店、童子军等。

类型Ⅳ（Emergent）：即所谓"创发型组织"或"急中生智型组织"。这是一种在危机状态下形成的临时性组织。大多出现在灾害发生后的第一时间，如在受灾现场临时组织起来的搜救小组，还比如为了协调统一行动，由各主要组织的代表临时组成的委员会型的协调组织。

巴德对上述组织模型进行了修改，他着眼于组织计划在非常时期的体制性转变，把组织功能和结构区分为以下三类：①平时和灾害时都是同样的（显性的）；②根据事先考虑到的特定条件而有计划地改变的（潜在性的）；③事先完全没有想到的、全新的变化（创发性的）。并且，为了把这种组织分析模型运用于灾害全过程，他还把灾害过程划分为四个阶段：即"前灾害期"、"警戒期"、"非组织应对期"和"长期均衡期"。关于巴德这一研究成果的功绩，学术界普遍认为，它使人们能够在时间序列上对灾害相关组织的灾害应对进行整理，从而使关于灾害相关组织的组织变动分析成为可能。

[参考文献]

山本康正, 1981『災害への社会科学的アプローチ』第2章災害と組織, 新曜社.
野田 隆, 1997『災害と社会システム』第3章災害と組織, 恒星社厚生閣.

第四节　救援者心理援助

一、惨事应激反应（Critical Incident Stress, CIS）

当发生广域灾害或重大事故时，人们往往会关注受害状况尤其是受害者的惨状。近年来，在震惊于建筑物受损之严重和丧生者人数之多的同时，还会注意到受灾者或受害者的应激反应以及对他们的心理援助。可是，那些在受灾地从事搜救或援助工作的人们，他们也置身于灾害之中，时时刻刻耳闻目睹惨烈的灾害景象，也会发生应激反应，因此也需要心理援助。而这样的客观事实，至今还很少有人去关心。

在灾害或事故第一线从事职业救援工作的人，被称为"（职业）灾害救援者"（disaster worker）。说到灾害救援者，人们往往首先想到自卫队员、消防人员、警察、海上保安队员；但是，

第三章 灾害中的生命和心理

在救灾现场，从事受灾者医疗的医生和护士、对受灾者实施心理援助的心理医生和心理学教师等人员，他们也是"灾害救援者"。灾害救援者在重大灾害或重大事故的环境里工作，亲眼目睹惨景，由此产生应激反应，即所谓"惨事应激反应"。在日语中，这也常被翻译为"非常事态应激反应"（非常事態ストレス）或"临界期应激反应"（臨界期ストレス）。另外，亲临灾害现场的人员，即使不是职业灾害救援者，也有可能发生"惨事应激反应"，具体地说，如消防团员、志愿者等非职业救援者以及记者等职业与灾害相关的人，他们都是比较容易发生"惨事应激反应"的人群（松井丰，2007）。

二、惨事应激反应的主要症状

惨事应激反应以灾害或事故等惨事为应激反应的原因（应激物，stressor），而从其结果来看，惨事应激反应表现为心身症状、急性应激反应（Acute Stress Reaetion, ASR）、急性应激障碍（Acute Stress Disorder, ASD）、外伤后应激障碍、反应性忧郁症等。在图3-8中，可以看到消防员发生惨事应激反应的主要症状。

惨事应激反应急性期最显著的症状，是表现为身体症状的心身症状。图3-8中的第4项"强烈抽搐"、第8项"胃部不适"、第9项"在现场想呕吐"等，就属于这种心身症状。另

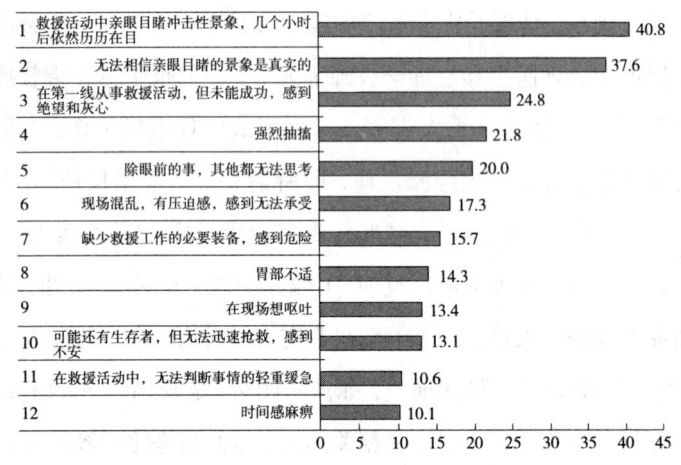

序号	症状	百分比
1	救援活动中亲眼目睹冲击性景象，几个小时后依然历历在目	40.8
2	无法相信亲眼目睹的景象是真实的	37.6
3	在第一线从事救援活动，但未能成功，感到绝望和灰心	24.8
4	强烈抽搐	21.8
5	除眼前的事，其他都无法思考	20.0
6	现场混乱，有压迫感，感到无法承受	17.3
7	缺少救援工作的必要装备，感到危险	15.7
8	胃部不适	14.3
9	在现场想呕吐	13.4
10	可能还有生存者，但无法迅速抢救，感到不安	13.1
11	在救援活动中，无法判断事情的轻重缓急	10.6
12	时间感麻痹	10.1

注：以日本全国参加过救灾工作的消防员为对象，随机抽取出880名，以问卷调查的方式，了解他们在救灾活动中及救灾活动后出现的症状。本图所显示的，是那次调查结果的前12项。

图3-8：消防员在冲击性现场的主要症状
（根据地方公务员安全卫生协会2003年数据制作）

外，出虚汗、浑身发冷以及睡眠差、做噩梦、容易惊醒、早醒等睡眠障碍也是惨事应激反应急性期的常见症状。

在急性期，也会出现特有的精神症状。在遭遇严重外伤性事件之后一个月以内出现的精神症状被称为"急性应激反应"。比如，会出现认为灾害景象是不真实的这种现实感消失、麻痹感以及孤独感、麻木呆滞、一时性失忆等症状。这些症状被称为"分离症状"。分离症状是急性应激反应的典型症状。图3-8中的第2项（无法相信亲眼目睹的景象是真实的）和第12项（时间感麻痹）就属于分离症状。

急性应激反应的第二种主要症状，是突然再现灾害或事故现场记忆的再体验症状。遇到与灾害或事故现场类似的景象；或者事实上什么也没遇到，但在一瞬之间，会闪现出灾害或事故现场的景象。这种症状被称为"幻觉重现"。还有，无论怎样努力摆脱那种记忆，都无法从那种记忆中解脱出来，这种记忆始终反复出现的症状，被称为"侵入"。"幻觉重现"和"侵入"都属于"再体验"症状。

急性应激反应的第三种主要症状，是为了躲避上述"再体验"，而对可能勾起惨事记忆的刺激的无意识回避。表现出回避症状的人，会拒绝回忆经历过的灾害或事故，或者会避开一切有关灾害或事故的话题；不愿意去现场工作，或者一旦接到去类似现场出勤的命令，就会产生强烈的不安和忌讳感。

急性应激反应的第四种主要症状，是不安和觉醒亢进。高度不安，陷入兴奋状态；持续兴奋，从而出现失眠；对微小刺激也会过于敏感、烦躁、工作不能集中精神等症状。经历过地震灾害的人，会对地面摇晃特别敏感；遭遇过空袭的人，即使复归和平生活，仍然一听到警报声或飞机轰鸣声就会强烈不安。图3—8中的第5项（难以集中精神）、第7项（威压感）和第11项（判断困难）等都是不安和觉醒亢进的症状。

"不会休息"，这是灾害救援者所特有的觉醒亢进表现。在救援活动中，即使得到休息或撤离现场的指令，都会充耳不闻，无视指令，继续救援活动。这种现象在很多救援现场都能见到，它在不懂应激反应的人的眼里，可能只是不休息地连续工作的英雄吧。可实际上,那个"英雄"已经出现急性应激反应的症状了。

上述急性应激反应的四种症状(分离、再体验、回避和觉醒亢进)持续两天以上、痛苦剧烈、对职业生活及对人关系构成严重功能障碍的情况,可诊断为"急性应激障碍"。急性应激障碍的症状如果持续一个月以上,或在灾害或事故之后隔了一段时间才出现,就是所谓"外伤后应激障碍"。阪神·淡路大震灾之后,"PTSD"成为表示"心理创伤"的普通名词,被广泛使用。但是,作为诊断术语的"PTSD",则必须在符合严格基准的条件下,才能下此诊断。

灾害救援者的性格,大多认真、责任心强。他们中有不少人即使不出现外伤后应激障碍症状,也会以忧郁症的形式表现出应激反应。惨事应激反应伴随忧郁症的情况较多,成为灾害救援者离职甚至自杀的潜在要素。

三、惨事应激反应的治疗和心理援助

关于惨事应激反应的治疗和心理援助的主要方法,经梳理,可归纳为表3-3。

首先,灾害救援者自身在平时就应该注意自我心理疏导,其主要方法可分为自我消解法和社会消解法两类。

自我消解法,是自己一个人独自进行的自我心理疏导,包

第三章 灾害中的生命和心理

括加强体育运动、适当节制饮食、保证充足睡眠、自我放松、培养兴趣等多种方法。在职业灾害救援者中,很多人为了保证健康的体魄,平时经常参加体育活动或进行各种运动训练,专家认为,这确实能够有助于消除心理紧张。只是,有的灾害救援者在经历了重大灾害或事故的现场救助活动之后,会突然加剧运动强度,这种行动往往是急性应激反应的"回避"症状的表现,所以有必要注意观察和诊断。

在自我放松方法中,人们比较熟悉的有呼吸法和自律训练法。日常生活中的泡澡,其实也是颇为有效的自我放松法之一。另外,不少职业灾害救援者抱有诸如"作为消防员,是不应该休息的"、"内心软弱之处是不应该向人诉说的"等观念,要求自己"不应该……"或"必须……"。而作为心理援助的重要方法之一,就是要鼓励这些人以其他理念来稍稍缓解一下这种貌似坚强的"非合理信念"。

所谓社会消解法,是在人和人的相互关系中消解心理紧张的方法。受人援助(社会援助)在消除心理紧张方面的重要性,已经为很多研究所证实(松井丰、浦光博,1998)。

惨事应激反应,包括急性应激反应、创伤后应激障碍和忧郁症,医学领域的心理治疗和心理援助主要以对创伤后应激障碍和忧郁症的治疗为中心。其中,医生采用的治疗方法一般是药物治疗(前田正治,2005),而在临床心理学领域,主要实施心理咨询、认知行动疗法、EMDR法(Eye Movement

Desensitization and Reprocessing)、呈现法（exposure）等方法。就日本国内来说，在灾害救援者惨事应激反应治疗领域，具有比较丰富的专业知识和治疗经验的精神科医生和心理咨询师都还比较少。

对于灾害救援者惨事应激反应的治疗和心理援助来说，救援组织的组织性对策是十分重要的。相关心理教育，这是关于灾害救援者惨事应激反应的组织性对策的必要环节，近年来已在一定程度上得到普及。在相关心理教育中，要提供信息，让灾害救援者了解惨事应激反应的症状，掌握心理紧张消解法，知道怎样寻求心理咨询和心理援助。向灾害救援者发放惨事应激反应知识宣传小册子和诊断标准，组织讲座和研修会。作为创伤后应激障碍的自我诊断标准，目前被广泛使用的有 D. S. 维斯（D. S. Weiss）和 C. R. 玛默（C. R. Marmer）于 1997 年制定的"事件影响量表-修订版"（Impact Event Scale-Revised，IES-R）。关于消防员惨事应激反应的诊断，畑中美穂等人在 2007 年以日本全国消防员意识调查所获得的数据为基础，制定了检测量表。

作为心理咨询窗口服务，一般由专门委托的医生、企业医生以及心理咨询师设置相应的窗口，也有些采用电话咨询的方法。不过，从实际情况来看，来访者大多是为忧郁症困扰或为退休后再就业犯愁的员工，来咨询惨事应激反应的案例非常少。在新西兰的消防组织中，采用电话咨询方法，并聘请高资历的员工为咨询师的做法相当普及，但是在日本，使用电话咨询的人还相当少（松井丰，2006）。

灾害或事故发生后，为防止和减少救援者惨事应激反应，救援组织及时开展对救援人员的危机介入。这种危机介入有多种技法，其中，交接支援（demobilization）是一种在长期救灾活动中救援工作小组交接班时采用的技法。在接受交接班报告时，如果得到"下一个小组好像有应激反应症状"的信息，就要立即请专家对相关小组的成员进行应激反应检查，根据检查结果，判断是否让他们继续参加救助活动（E.米切尔，2002）。

小组讨论法一般区分为两种：灾害或事故发生后不久就实施的，称为"1次小组讨论"（defusing）；灾害或事故发生后过了一段时间才实施的，称为"2次小组讨论"（debriefing）（松井丰，2005）。"1次小组讨论"在救援活动开始后12个小时以内进行，由救援小组的组长主持，其主要目的有二，一是共同承受残酷景象的冲击，以减少每个人的心理压力；二是确认各个成员的应激反应状况。东京消防厅曾对消防员惨事应激反应"1次小组讨论"的效果进行过测定，从用IES-R测定的创伤后应激障碍程度来看，这种小组讨论法对于减少或减轻惨事应激反应确实有一定效果（东京消防厅活动安全科等，2007）。

"2次小组讨论"是在参加救援活动两天至两周左右后实

施的，由接受过专门训练的同事或应激反应专家主持。其内容因进行"2次小组讨论"的组织而不同，东京消防厅的"2次小组讨论"，分"进入"、"事实确认"、"自我放松"、"思考和感情表达"、"应激反应症状的显示"、"终结"等阶段进行。作为危机介入方法，"2次小组讨论"已在世界范围得到普及，但是关于其效果的评价则众说纷纭，尚未达到比较一致的见解（参见专栏"灾后小组讨论法的有效性"）。

日本国内的组织，如东京消防厅把综合运用"1次小组讨论"、"2次小组讨论"以及个别心理咨询等方法，作为消防员惨事应激反应对策。日本的消防总部中，在2005年，对约有10%有惨事应激反应症状的员工实施心理援助，该比例此后一直持续上升（地方公务员安全卫生推进协会，2006）。陆上自卫队在自杀事件之后或在海外派遣前后，一般都要以"2次小组讨论"和个别心理咨询为中心，进行危机介入。海上保安厅以2001年朝鲜工作船事件为背景，从2003年度开始，逐渐形成应激反应对策系统，由精神科医生和心理咨询师对官兵进行心理教育和面谈等心理援助。

随着惨事应激反应对策向各灾害救援组织的渗透，以灾害救援者为对象的心理援助逐渐为人们所熟悉，并越来越受到重视。

第三章　灾害中的生命和心理

表 3-3：惨事应激反应的治疗和心理援助的主要方法

日常性援助	心理紧张自我消解法（适当运动、节制饮食、保证睡眠、自我放松、培养兴趣、转换观念等）
	心理紧张社会消解法
组织性对策	心理教育（发放惨事应激反应知识宣传小册子、组织讲座和研修、组织自我心理测验等）
	心理咨询（电话咨询等）
	危机介入（小组讨论等）
	专家个别介入（精神科医生、心理咨询师）
精神医学和临床心理学的治疗和援助	药物疗法（精神类药物）
	心理疗法（心理咨询、认知行动疗法、EMDR、呈现法等）

[引用文献]

ミッチェルエヴァリー，2002『緊急事態ストレス・PTSDマニュアル』金剛出版.

畑中美穂・松井 豊・丸山 晋・小西聖子・高塚雄介，2007「消防職員のためのPTSD予防チェックリスト作成の試み」立正大学心理学部研究紀要，5，pp.23-30.

前田正治，2005「外傷性ストレス障害の臨床」松井　豊編著『惨事ストレスへのケア』ブレーン出版，pp.81-106.

松井 豊編著，2005『惨事ストレスへのケア』ブレーン出版.

松井 豊研究代表，2006「災害救援者に対する惨事ストレスマネージメントシステムのあり方に関する調査」平成17年度科学研究費補助金（基盤研究（B））研究成果報告書.

松井 豊研究代表，2007「ジャーナリストの惨事ストレスケアに関する心理学的研究」報道人ストレス研究会.

松井 豊・浦光 博編著, 1998『人を支える心の科学』誠信書房.
東京消防庁活動安全課・松井 豊・畑中美穂, 2007「惨事ストレスに関する調査検証 火災」286, pp.18-24.
Weiss, D.S. & Marmen, C.R., 1997, The Impact of Event Scale-Revised. In Wilson, J.P. & Keane, T.M. eds., *Assessing psychological trauma and PTSD*. The Guilford Press, New York, pp.399-411.
財団法人地方公務員安全衛生推進協会編, 2003「消防職員活動に関わるストレス対策研究会報告書」.
財団法人地方公務員安全衛生推進協会, 2006「消防職員の現場活動に関わるストレス対策フォローアップ研究会報告書」.

[参考文献]

松井 豊編, 2005『惨事ストレスへのケア』ブレーン出版.
金吉 晴編, 2001『心的トラウマの理解とケア』じほう.

(松井丰)

专栏
灾后小组讨论法的有效性

畑中美穂

近年来，人们开始认识到消防员、警察、专业营救队队员等职业灾害救援者在惨事体验方面具有高度的危险性，并开始关注他们的创伤性应激反应问题，也开发出各种应激反应治疗技法。在这些技法中，"2次小组讨论"受到消防等灾害救援组织的特别重视，得到较为广泛的应用。"2次小组讨论"最早是由E.米切尔作为消防人员应激反应治疗方法研发出来的，这种方法试图通过让一起在悲剧现场进行救援活动的消防员们共同承担残酷景象的冲击，宣泄沉重的情感，以减轻应激反应，达到预防创伤后应激障碍的目的。可是，当这种方法的有效性还在被检测、分析、论证的时候，其适用对象已经被扩大，不再只是局限于灾害救援者，灾害或事故的一次受害者、癌症患者、流产妇女都成为了这种方法的应用对象。而与此同时，"2次小组讨论"的有效性也开始受到质疑，围绕其有效性的争议至今未见分晓（松井丰等，2003）。

关于"2次小组讨论"的效果，有的研究者注重其所具有的事件言语化、情感宣泄、信息共有等积极作用，也有的研究者注重它可能带来的恐惧感、二次性创伤以及少数成员控制小组讨论等负面影响（Dyregrov，1999）；还有研究发现，"2次小组讨论"的效果与它的应用对象有关。关于"2次小组讨论"能够取得积极效果的条件，有研究者认为，"2次小组讨论"实施对象的群体特性对"2次小组讨论"的效果具有决定性意义，如果是职业灾害救援者，他们精神健康水平本来就比较高，集团内部也有相互帮助的风气，在这种群体中实施"2次小组讨论"，取得积极效果的概率就比较高；另外，也有研究者认为，"2次小组讨论"主持者的经验和能力也会在很大程度上影响"2次小组讨论"的效果。

在志愿者组织中实施"2次小组讨论"的时候，必须充分考虑该小组成员之间是否已经形成互相帮助的风气，每个成员是否能够承受其他成员的情感宣泄等因素。

[引用文献]

松井 豊・烟中美穂, 2003「災害救援者の惨事ストレスに対するデブリーフィングの有効性に関する研究展望1」筑波大学心理学研究, 25, pp.95-103.

Dyregrov, A., 1999, Helpful and hurtful aspects of psychological debriefing groups, *International Journal of Emergency Mental Health*, 1, pp.175-181.

第四章　灾害与信息

第一节　灾害信息与行动

第二节　灾害信息与媒体

第三节　灾害信息的发布过程

第四节　灾害文化与防灾教育

第一节 灾害信息与行动

一、灾害信息研究的地位

在社会学的灾害研究中，灾害信息研究占有很大比例。其原因有许多，这里只举主要四点。

首先，无论建筑设施如何牢固，也不可能保证人类的生命和财产在任何一次灾害中都不遭受任何损失，所以避难就成为人类保护生命和财产的最终手段，而这就决定了灾害警报、避难劝告、避难指示的重要性。无可否认，曾经一片废墟的日本国土，在战后几十年里，建筑设施确实有了长足进步，从而使灾害死亡人口大幅度减少。可是，至今还没有办法防止火山喷发，对火山喷发引起的泥石流也还是束手无策。另外，在技术上，虽然已经能够防止山体滑坡，但却不可能对所有可能发生山体滑坡的山岭都加以滑坡防止设备。

再有，近年来，降雨量刷新历史记录的暴雨在世界各地都时有发生，地球温暖化的影响也足以令人畏惧。而关于洪水造成的死亡人数将会持续大幅度上升的危险性，实际上也早已有人提出警告（IPCC，2007）。

其次，提高住宅抗震性能等防灾对策中，依靠居民防灾意识的比重正逐渐提高。为了减少地震灾害的损失，需要随着技术的进步不断提高住宅的抗震性能。另外，为了减少海啸的受害规模，需要大规模地完善水坝和海堤等防灾设施，但确保这些防灾设施的场地却变得越来越困难，尤其在大城市圈地区；而且，这些设施的建设本身也需要得到居民的同意。上述方面，都需要通过对话和沟通来提高居民的防灾意识。在防灾教育的场合，也需要借助于相关知识的不断更新，把防灾意识一直维持在较高水平。

再次，灾害会引起环境变化，而要适应变化了的环境，信息也是必要前提之一。以灾害发生后第一时间的避难为例，一方面，只有通过信息，才能了解当下发生的异常现象；另一方面，避难毕竟是低频率的事情，对应对行动本身也不熟悉，所以这些也需要信息。再以灾害发生后较长期的避难生活为例，避难生活实际意味着生活环境的重大变化，为了能在避难生活环境中采取适当的行动，就必须了解相关的信息。避难所的集体生活及其新的生活规范、临时简易住宅区中的新的人际关系、各种临时设施、地方自治体的临时办事处、各种复兴相关手续等，所有这些都是在新环境中生活所必须知晓的。为了了解新的生活环境，以决定恰当的行动，就不能不寻找和了解这些信息。

最后，发达的IT技术给灾害信息的生产、表达以及传递带来了全方位的可能性。仅就怎样利用各种不同特性的媒体来传递灾害信息这一问题而言，如第二节所述，就有很多相关研究。

经过众多学者的长年研究，社会信息论已经比较完善。本节就以它为视角，梳理避难行动及其知识启蒙方面的既有研究成果。

二、避难行动

在灾害信息研究领域，有很多关于警报期及灾害发生后第一时间的信息与避难行动的关系的研究成果，以"庞大"喻之，也不为过。这是因为灾害研究的最大目的在于救命，而灾害信息研究成果有利于促进人们对地震预知信息采取适当的应对行动。而且，现实中发生的海啸、火山喷发、河川泛滥、泥石流等任何一次灾害，都反映了避难行动的重要性和困难性，并都就避难行动提示了若干问题。

在这些问题中，有不少反映了关于避难的一般印象与实际避难行动之间的背离。譬如，在一般印象中，一旦发生地震，人们会马上从建筑物里"飞跑出去",但以宫城县地震时的情况为例,在电视荧屏上的景象中,可以看到有从大楼往外跑的人,也有急着用手机打电话的人;实际调查数据也显示,地震发生时在家里的人,只有6%跑到屋外去。这个数据在2001年芸予地震时为9.2%,2003年十胜冲地震时为9.1%,最近的2007年能登半岛地震中为13.8%,可见比例都非常低。唯一的例外是2004年新潟县中越地震时,50%的人跑出室外。据有关方面分析,是否马上跑到屋外去,这与当时地面摇晃程度以及居住形态有关。上述关于2004年新潟县中越地震时避难行动的调查,只是以临时简易住宅的居民为对象,这恐怕也是影响数据的一个主要原因。总的来说,不管怎样,地震发生时人们的行动都不是传说中的"恐慌"或者"大混乱",相反,绝大多数居民的反应都相当淡定而冷静。

围绕避难行动的问题中,"人为什么不避难"这个问题,大概可以说是最值得讨论的吧。实证研究表明,在世界范围内,人们在"大难临头"时,马上做出避难反应的比率一般都比较低。在很长时期内,这一倾向一直被放在"正常化偏见"的范畴里讨论。也就是说,很多研究者都把"大难临头时也不避难"这一现象的原因,归结为人们没有觉察到自己这个行为是异常的,或者说人们压根儿就没去想要认可避难这种行动。不能否认,"大难临头时也不避难"这种现象确实在一定程度上反映了这样一种认知倾向,但仅用这种认知倾向来解释

"大难临头时也不避难"现象,似乎也不够全面。因为不可否认,对于灾害严重程度的低估也是原因之一。还有,那些貌似淡定、没有马上跑出去避难的人,其内心很可能还是不安的,而不是真的很镇静。另外,不跑出屋外避难,也不意味着没有采取其他应对行动。

在把"大难临头时也不避难"的原因归结为"正常化偏见"之前,有必要细致分析抑制避难行动的要素。田中淳曾对日本2004年三次水灾中的避难信息和避难行动进行过比较研究(田中淳,2005),他指出:"避难劝告和避难指示的知晓率,取决于防灾行政无线设备的状况、距离决堤的时间长短、避难劝告或避难指示的发布方式、新闻媒体的传播等要素"。他的研究表明:①在没有防灾行政无线广播的情况下,避难劝告经过2个小时,其知晓率只有全体居民的20%;②即使有防灾行政无线广播,而如果1小时以内就要决堤,就只有30%的居民能得到避难劝告。而另有研究表明,从知晓避难劝告到做出避难决定,其间需要相当长的时间;而决定避难之后到实际采取避难行动,还需要一定的时间:30分钟以内能够付诸行动的只有23%,至少得60分钟以后才能开始行动的多达40%(中村功,2005)。由上述研究成果,可以归纳出三个抑制避难行动的主要因素:其一,避难劝告的传送需要较长时间;其二,为尽快传送避难劝告,需要完备的通信媒体;其三,决定采取避难行动之后到实际开始避难行动,还需要相当长的时间。

但是，在有珠山火山喷发和三宅岛火山喷发时，当地居民全部外出避难。这两个事例成为上述研究成果的反证。在其他灾害事例中，一般都是按先后顺序分片进行避难劝告、督促避难实施；而在这两个事例中，行政方面提前花了两天的时间进行避难的劝导和说服，再加上这两次火山喷发距离当地之前最近一次火山喷发灾害只有二十来年，居民中很多人经历过上一次火山喷发灾害，对火山喷发灾害发生的可能性以及先兆现象特别敏感，而作为先兆现象的多发地震，已使居民整日惶恐不安。也就是说，在促成这两次居民全体实施避难的背景中，有两个非常重要的因素：①居民之前的灾害体验还记忆犹新这个时间要素；②非常确定的先兆现象。换句话说，居民基于自己的灾害经历很快理解了所面临的灾害，所以迅速采取了避难行动。

还有一个问题，就是关于警报、避难劝告及避难指示所预测的灾害未如期发生、即"放空炮"对避难行动的影响。对于灾害的发生和进展趋势的预测，目前还受到技术的极大制约。因此，无论在信息预测还是信息发表的方式和表述上，都有待进一步完善。这些问题将在第三节做详细论证，这里只论及其对避难行动的影响。就结果而言，实证研究否定了"'狼来了'少年效果"。有数据表明，放一次"空炮"，居民还是能够接受的。以1985年意大利发布的卢卡和摩德纳两地地震警报（未来工学研究所，1985）和1989年日本发布的三陆海啸警报为例，两者以及相应的避难劝告最终都放了"空炮"（未来工学研究所，1985；田崎笃郎，1990），但居民对避难劝告的发布还是持肯定态度。只是，连续几次都是"空炮"这种情况会对人们产生怎样的影响，对此至今还没有实证数据。不过有这么一个研究案例：2006年末和2007年初，连续两次发布千岛列岛冲地震及海啸警报以及相应的避难劝告及避难指示，但两次最终都是"空炮"。中村功等人在2007年对这连续两次"空炮"的效应做过一次调查（未发表），其结果显示，选择"即使是海啸可能发生的时候，希望对海啸警报的发布仍须慎重，因为如果人们习惯了警报，警报就会失去作用"的为23.9%；相反，选择"即使最终灾害没有发生，但在预测海啸可能发生的时候，希望还是能够积极地发布警报"的高达57.3%；也就是说，半数以上的人，在理性上能够接受连续"放空炮"。不过，这项调查结果也表明，人们行动层面已经反映出连续"空炮"的负面影响：第一次避难率为46.7%，第二次避难率降低到31.8%；而关于第二次未去避难的理由，选择"去年11月也发布过海啸警报，但并没有发生严重海啸"的达到34.5%。由此可见被"放空炮"的体验与避难行动之间的联系吧。但是，必须说明的是，那前后两次的客观环境条件存在着差异。海啸警报的知晓率，两次都是80%略强，感到地面摇晃的比率分别是57.2%和54.7%，在这两个方面，前后两次可以说是基本相同。不过，前后两次的避难劝告及避难指示的知晓率却明显不同：第一次为78.3%，而第二次只有65.3%。另外，在预测灾害发生时间的昼夜之别、已在市外的居民比率等环境因素方面，前后两次也有较大差异。总之，对"'空炮'容许论"必须持谨慎态度，需要从更多的实证研究中积累数据。

避难劝告发布迟缓，这也是"灾害信息与避难行动"研究中受人瞩目的课题之一。从行政方面来说，导致避难劝告发布迟缓的最主要的直接原因在于，在灾害进展状况不明朗的情况下让大量居民外出避难的成本问题。另外，不可否认，行政部门主管大多不具备关于灾害的专业知识，不了解灾害进展的规律，这也是造成避难劝告发布迟缓的重要原因之一。为了能够比较果断地做出判断，要事先制定判断基准、表明灾害严重程度、简明易懂地说明灾害进展走势。此外，从信息系统方面来说，信息收集力量较弱，从而不能及时把握灾害的进展，无法及时判断灾害的发生与否，这也必然会导致避难劝告发布迟缓。

三、进行防灾教育和提高防灾意识

灾害信息与避难行动之间的关系，从一个侧面显示了掌握防灾知识、提高防灾意识水平的必要性。防灾教育，这是一种有目的的、长期的灾害信息提供。因为要正确地理解灾害的危险性，并采取适当的应对行动，就必须以掌握一定的灾害知识为前提。比如，十胜冲地震灾害的受害者中，有78.4%相信"大海啸到来之前，海水必然大退潮"，因此当时很多人跑到海堤上去看海潮的状态，有不少人磨磨蹭蹭地"等待"海水大退潮，从而耽误了及时避难的宝贵时间。另一方面，关于灾害的发生及进展的预测技术还有很大局限性，灾害信息往往很不明朗，诸如此类的问题确实客观存在，所以需要自己去判断自家的住宅、自己及家人的生命是否面临危险。还比如提高建筑物的抗震性能，这是减少地震灾害损失的关键所在，而要决定对自家住宅或自己权限范围内的建筑物实施提高抗震性能的工程，无疑需要正确了解地震危险和提高防灾意识水平。本章第四节将对防灾知识及防灾意识与灾害下位文化的关系详加论述，这里只就与避难行动相关的问题予以概括说明。

一是灾害预测图的使用问题。一般为预防河川泛滥灾害或火山喷发灾害，地方自治体相关部门都会制作标明危险区域及避难场所的灾害预测图，分发给居民。关谷直也等人的研究发现，居民对灾害预测图的认知程度普遍较低，在紧急避难时，灾害预测图几乎没有发挥作用（关谷直也等，2008）。

二是防灾教育的对象问题。从既有研究来看，防灾教育研究几乎都是以个人为对象，而置基层地域社会和社会集团于视野之外。但是，十胜冲地震时的海啸避难率，各相关地区之间有很大差异。如果各地居民所掌握的应对海啸的知识是相同水平的，那么在发布避难劝告及避难指示的各个地区之间，避难率就不应该有太大的差异。换句话说，上述非常大的海啸避难率地区差异，实际正表明各地居民在防灾知识和防灾意识水平上可能存在很大差异。

实际上，环境保护行动研究的成果已经明确表明，行动实施率不仅受行动者个人的有效性认知、危机认知等变数的影响，同时还受到各基层地域社会成员的行动规范、对周围人行动的预测等要素的左右。也就是说，基层地域社会成员的行动规范以及对周围人行动的预测，能够降低避难行动的心理成本，从而促进避难行动的实施。有学者通过关于火山周围地区居民防灾意识的调查研究，证实在居民个人对灾害预测图的保管以及他们的灾害知识水平与该基层地域社会有无防灾领袖和凝聚力水平之间有着较为密切的关联性（关谷直也等，2008）。因此可以说，这一调查研究结果事实上也是对我们的一种提醒：关于防灾教育和防灾意识培育的研究，不能只以个人为对象。

三是关于如何吸引对灾害问题无甚兴趣的人参加防灾教育的问题。无论防灾教育还是防灾意识培育，最大的课题都在于，让对灾害问题无兴趣或兴趣较低的人，都能自觉参加防灾教育活动。对那些对灾害问题无兴趣或兴趣较低的人进行灾害知识教育，提高他们的防灾意识，这是防灾教育中最重要的环节，也是最让人无可奈何之处。一般来讲，来听防灾知识讲座的人，都是防灾意识水平原本就较高的人；浏览灾害预测图、防灾知识手册等防灾知识资料的人，都是防灾意识水平原本就不低的人。原本就具有防灾意识的人自觉参加防灾教育活动，从中得到更多灾害信息，防灾知识进一步增加，防灾意识水平进一步提高；而对灾害问题无兴趣或兴趣较低的人，即不具有防灾意识的人，不参加防灾教育活动，于是他们得不到灾害信息，从而在防灾知识及防灾意识水平上，与原本就具有防灾意识的人之间的差距越来越大。这是用沟通理论的知识差距假说预测到的现象，它提出了防灾教育中的另一个问题。如何吸引对灾害问题无兴趣的人参加教育活动，如何缩小民众在防灾知识及防灾意识水平上的差距，这两个问题就在这一点重合在一起。

结果，灾害信息传送方面也好，防灾教育方面也好，都遇到了如何让对灾害问题没兴趣或没什么兴趣的人参与其中的问题，而且这两方面往往是重合的，也就是说，无视灾害信息的人，也许就是不参加防灾教育活动的人。为此，要动脑筋，从多方面着手，通过各种有特色的活动，吸引尽可能多的民众参加防灾教育活动，重视防灾信息，尽可能地减少不重视灾害信息和不参加防灾教育的人的数量。以上主要围绕灾害信息与避难行动的关系展开讨论，而灾害信息在包括灾后复兴的整个灾害过程中都具有多种积极意义。可以相信，灾害信息研究今后会有更大的发展。

[引用文献]

関谷直也・田中 淳, 2008「ハザードマップと住民意識」『土と基礎』（投稿受理。2008年2月掲載予定）．

田崎篤郎, 1990「津波注意報・警報に対する自治体および住民の対応」東京大学新聞研究所．

田中 淳, 2005「避難勧告・指示の発令はどのように伝わったか—平成16年の3水害事例を比較して」『災害情報』No.3.

中村 功・廣井 脩・三上俊治・田中 淳・中森広道・福田 充・関谷直也, 2005「災害時における携帯メディアの問題点」NTTドコモ・モバイル社会研究所2004年コア研究社会インフラ部門（代表 中村功）報告書．

未来工学研究所, 1985「1985年イタリア地震警報の衝撃と教訓」未来工学研究所．

なお、文中、注釈を付けていない住民調査の結果は故廣井脩教授を中心として実施してきた一連の調査にもとづく。煩雑さを避けるために、個々の出典は記載しない。

注：文中未注明出处的调查数据，均出自已故广井休教授主持的系列调查。为避烦琐，故不一一标明。

（田中淳）

第二节 灾害信息与媒体

一、信息的作用

灾害信息具有多种作用。这里首先根据灾害的时间过程和灾害信息使用主体，对灾害信息的作用进行分类。在灾害时间过程的阶段划分问题上，专家们的意见不尽一致[1]，这里姑且分为四个阶段：尚未发生任何异常现象的"平常期"、出现灾害先兆的"警戒期"、灾害发生后的"发灾期"以及危机告一段落后的"复旧复兴期"。各个不同的阶段，各有应该采取的主要对策：如在"平常期"的防患于未然的"预防对策"；"警戒期"的"准备对策"；"发灾期"的避难、救助以

---

[1] 如广井修区分为"警戒期"、"发灾期"和"灾害救援期"三个阶段（广井修，1991）；Drabek区分为"预防"（mitigation）、"准备"（preparedness）、"应对"（response）、"复旧"（recovery）四个阶段（Drabek，1996）。本文主要以后者为基准。

及防止受害扩大的"应急对策";"复旧复兴期"的恢复生活、重建社会的"复旧复兴对策"。从信息主体来说,包括居民个人和组织。

从居民个人的立场来看,至少以下信息是必不可少的:在"平常期",主要有本区域灾害发生的危险性、灾害发生时的注意事项、提高建筑物抗震性能的必要性和措施等信息;在"警戒期",包括灾害因（引发灾害的自然现象）的状况、灾害预报、灾害警报等信息;在"发灾期",主要有避难劝告、受害情况速报、人员安否通告、灾害应对行动指示、灾害因的变化趋势等信息;在"复旧复兴期",主要有水、电、煤气等基础设施的复旧情况、行政方面的灾害应对政策和措施等信息。

而对于组织来说,各阶段不可或缺的信息工作主要包括以下方面:在"平常期",有制定防灾计划、充实各类防灾指南等;在"警戒期",有了解灾害因状况、预估受害程度、确认要员联络方式和召集方法等;在"发灾期",有确认受害状况,召集要员,确认员工安否,申请援助,与其他组织、机构的协调等;在"复旧复兴期",主要有水、电、煤气等生命线基础设施的复旧情况等。

相对而言,灾害信息在"警戒期"和"发灾期"尤为重要。首先是对避难的作用——灾害因相关信息、灾害预报、灾害警报、避难劝告等信息能及时传送给所有居民,这是保证居民及时避难的必要前提;其次是对救援的作用——为了保证救援活动有效、有序地展开，需要获取准确的受害信息，并及时与其他组织或机构交换信息等；再次是对稳定受灾者情绪的作用——及时而准确的安否确认信息，有助于在灾后人心最惶恐的时候使人安心。

表 4-1：灾害过程各阶段的必要信息

灾害阶段	平常期	警戒期	发灾期	复旧复兴期
对策和目的	防灾	灾害应对准备	紧急应对	复旧复兴对策
居民个人必要信息	启蒙教育信息	预警报、灾害因	灾害因、避难劝告、行动指示、受害状况速报、安否通告	生活信息、行政的灾害应对
组织	受害预测、防灾计划、防灾指南	灾害因、受害预测、要员召集	受害情况的收集和传送、要员召集、员工安否确认、向其他部门申请援助、与其他机构协调救援活动	水、电、煤气等基础设施复旧信息、应对策略宣传

二、信息发挥作用的条件

为了使信息在防灾中最大限度地发挥作用，以下若干问题是不可忘记的。

首先，信息的有效性因灾害种类而异。以避难为例，水灾、火山喷发灾害、海啸等灾害的场合，先兆现象与灾害发生之间大多有一定的时间间隔，如果能很好地发挥信息的作用，就可能成功避难；而像泥石流等先兆现象与灾害发生之间的时间间隔极短的灾害，要借助信息的作用成功避难就比较困难；至于直下型地震这种几乎没有任何先兆、瞬间而至的灾害，要靠信息的作用成功避难可以说是不可能的。

其次，紧急灾害信息与灾害知识信息的结合。说到灾害信息，人们往往只把它理解为危机来临前夕发布的紧急灾害信息。但是，光靠紧急灾害信息，是不能充分发挥灾害信息的防灾作用的。紧急灾害信息与平时积累起来的灾害知识信息的结合，是提高信息防灾作用的关键。[1]比如，即使得到避难劝告，可是如果不具备自家住宅相对于某种灾害是否危险的知识，或者说对于去哪儿避难没做好打算，那么避难就难以付诸行动。

再次，在信息过程的各阶段都必须采取适当的应对。为了使信息有效地发挥作用，在信息发布、信息传递和信息应对这信息过程的三个阶段所采取的应对，都必须是适当的。以避难劝告为例，首先，市町村必须充分掌握气象、水坝管理等各种信息，利用各种指南、便览，及时地，并且以具有紧迫感的语言表述发出避难劝告；继而，必须迅速通过防灾无线广播、大众传播工具等媒体把避难劝告传递给所有居民；最

---

[1] 室崎益辉把前者称为"流动信息"，把后者称为"库存信息"，并指出两者在防灾中的重要作用（「災害対応と情報通信」，セキュリティー産業新聞，2007年7月10日）。

后，得到避难劝告的居民必须毫不迟疑地采取避难行动。总之，信息并不只是流过而已，而必须通过这样一个过程发挥作用。

三、各种媒体的特点和作用

各种灾害信息，根据内容各有其最必要的媒体，而这些媒体各具特性。例如，即使遭遇严重灾害，也能够正常运作这种坚固性，是传递任何内容的灾害信息都需要的，但其中诸如受害状况、救助申请、急救转运时相关机构的联络和协调等这样一些救援信息的传递，对媒体坚固性的要求特别高。

而对于避难信息来说，强制性这样一种媒体特性则更为重要。这是因为必须让不主动寻求信息的人也能及时地得到避难信息。具有这种强制性的媒体，被称为"推力媒体"；与此相反，诸如网页这种需要人们自己主动从中找出信息的媒体，则被称为"引力媒体"。对于避难劝告的传递来说，必须使用"推力媒体"。

所谓个别性，是指为某个特定个人，或某个特定区域居民、某个更大范围的人群所必需的信息。换言之，这也可以说是信息的定制性。如安否信息是某个特定的个人传递给另一个特定个人的信息，所以其个别性特别强；避难信息是要传递给某个特定区域的所有居民的信息，相对于安否信息，其个别性程度略低；地震后发布的注意呼吁，其个别性程度更低。

表 4-2：不同灾害信息传递所必要的媒体特性

	避难信息	救援信息	安否信息
坚固性	○	◎	○
强制性	◎	×	△
个别性	△	○	◎

下面再看诸媒体各具有怎样的特性。电视、无线广播、有线电视、地方调频广播等播送类媒体，就人们自己不打开开关，不注意听或看，就得不到信息这一点而言，它们欠缺强制性；但它们的坚固性比较强，即使在灾害发生时，电视和无线广播不能发送信息的情况也比较少。而在停电的情况下，人们没法收看电视，但还可以通过半导体收音机或汽车用收音机收听无线广播，所以无线广播的坚固性更强。为此，当严重灾害发生时，无线广播与电视有一种分工倾向：无线广播面向受灾地、电视面向受灾地以外的地区。不过，最近几年来，通过手机和汽车导航器也能看电视节目了，上述倾向可能会逐渐消失。

各媒体的个别性程度也不相同。电视和无线广播面向关东或近畿这种广域地区范围，或者以县为单位，所以较少播送各市町村的个别性很强的信息；而有线电视、地方调频广播是面向市町村这种相对狭小的区域范围的，会更多地播送本地区信息。随着数码网络电视的普及,网络电视能够以邮政编码区域为单位提供信息,电视提供个别性较强的信息也已成为可能。

由播放类媒体传播的灾害信息,如致灾因子相关信息、受害状况信息、为防止二次受害的一般行动指南、生活信息等,都是非常重要的。避难劝告也是重要的灾害信息,必须利用街头电子大屏幕、数码广播等媒体手段积极播放。另外,重大灾害时,播放类媒体也会播送个人安否确认信息,不过基于这类媒体的个别性和检索性较弱,它们也许更适合把重点放在传递群体安否确认信息。

通信类媒体包括固定电话、移动电话、防灾无线、因特网等。固定电话和移动电话在设备方面有较强要求,灾害时信号往往变得较弱,甚至消失,以致即使能通话,也要用相当大的声音,从而带来不少问题。可是,电话的个别性极强,而且又是普及度非常高的媒体,所以灾害时,即使通话线路不太顺畅,人们还是会使用电话互相联络,彼此传递信息。电话传递的信息主要包括安否信息,119求助电话,受害信息收集,与医院、消防等防灾机构联络等。而更重要的信息传递,则不能依靠固定电话或移动电话,还需要准备坚固性更强的媒体手段。

防灾行政无线系统是我国特有的防灾专用无线系统,包括联结国家和都道府县的中央防灾无线、联结都道府县和市町村的都道府县防灾行政无线、联结市町村和居民的市町村防灾行政无线。市町村防灾行政无线又包括市町村公共团体工作人员彼此联络用的移动无线和通过室外扩音器或各户信息接收系统向居民传送信息的同报无线。另外，还有联结行政部门以外的本地区各防灾机构（如医院、水电煤基本生命线相关企业等）的地方防灾无线系统。

这种无线具有极强的坚固性，一般用于灾害预报、灾害警报、避难劝告的传达，受害信息的收集等。可是，由于设备成本较高，所以有些地区还没有完全普及。

因特网不是单个的媒体，而是一种支撑电子邮件、网页阅览、IP电话等多种媒体手段的基础技术。因特网可以通过宽带在一瞬间传送大量信息，还可以利用计算机处理信息，这些都是它独有的优点。它适用于传送详细的气象消息等灾害因信息；通过行政主页，还可以发布灾害通告等；在电话信号较差的情况下，还能用于告知自己平安与否的联络等。另一方面，web是典型的"引力媒体"，所以它不能用于避难劝告等强制性信息的传递；而且一旦停电，其末端装置就无法使用，无法用电脑连接网络，这一脆弱性是它的致命弱点。并且网络上有时流传有关灾害的谣言或错误信息，从而也引起信息的可信性问题。

说到其他媒体，首先是报纸、行政公告和小报等纸质媒体。重大灾害期间，报纸一般都会扩充生活信息版面，或发行

第四章 灾害与信息

受灾地号外；志愿者会印发面向受灾者的各种主题小报。主题小报具有一览性和积累性的优点，而且便于传阅，是传递生活信息和行政政策的重要媒体。另外，灾害预测图也是一种平时传播防灾知识的重要纸质媒体。

此外，口头传递也是信息传递的一种媒介手段。其中，流言是在缺少来自其他信息源的信息时，在人们之间产生的信息，而这种错误信息是一种负面的灾害信息，其传播越广，危害越大，因此必须防止流言的产生和传播；说服也属于信息的口头传递，在促使人们及时做出避难决定、尽快付诸避难行动方面，面对面的说服是最有力的信息传递媒介手段。大众传播效果研究成果表明，在让人们知晓某种信息这一认知层面，大众传播具有很高的有效性；而在使人相信某种信息这一态度转换层面，个性化的人际沟通具有更高的有效性。因为这种当面说服是个双方互动的过程，在充分利用对身边人的信赖、对于承诺逃生给予"报酬"（比如，一方被说服了，能换来说服者一方的高兴）、不确信的说服（比如，"你不相信也可以，不过，无论如何，拜托你了，快快逃吧"）等因素方面，说服者可以随机应变，从而更有效地促使对方接纳灾害信息。

作为更传统的灾害信息传播媒介手段，还有灾害纪念碑、灾害纪念馆、灾害遗址等，这是一种力图把关于该地区灾害危险性的信息超越时间的限制，世世代代地传递下去的媒介手段。作为现代主力手段的播放类媒体和因特网，虽具有很强的空间超越性，但时间超越性较弱，承载的信息转瞬即逝。现在，人们往往不太注意记取本地的灾害教训，而更容易把遥远地区当下发生的灾害事故引以为戒，这既是媒体演变的结果，也是媒体变化的动因之一。

表 4-3：传递灾害信息的媒体

播放类	电视、无线广播、有线电视、地方调频广播
通信类	固定电话、移动电话、防灾无线、因特网
其他	报纸、行政公告、专题小报、口头传递、石碑

四、灾害媒体的课题

为了使灾害信息更有效地发挥积极作用，科学技术的进步无疑是重要前提，但也有不少课题有待社会学去研究和解决。

首先，在信息发布阶段，怎样才能做到在合适的时间发出合适的信息，这就是一个需要社会学去研究的课题。具体地说，比如，为了避难劝告的及时发出，需要建立怎样的体制？为了把专家的危机感传达给行政责任者，需要借助怎样的人际关系和媒体手段？为了在实践中发挥专业知识的作用，需要建立怎样的制度以及采用怎样的表达方式？这些都是社会学的课题。

其次，在信息传播阶段，最重要的在于把握各类媒体的特性，综合使用多种媒体手段，以确保目标的实现。例如，在发布避难劝告的时候，必须考虑究竟哪种媒体可确保"推力媒体"的特性，决定究竟使用哪种媒体手段。

再次，在信息运用阶段，接受信息的"人"也是灾害社会学的研究课题。为什么人们得到了避难劝告，依然不采取避难行动？促进人们采取避难行动，需要哪些条件？为什么从技术面分析，这种媒体手段是最合适的，可人们就偏偏不采用这种媒体手段？为什么对灾害信息的理解因人而异？为什么同样的媒体在不同的灾害中，其作用会有差异？这些都是有待研究的具体课题。

为了分析这些问题，找出其原因和解决办法，需要对实际灾害状况进行实证研究。

[参考文献]

Drabek, T., 1996, *The Social Dimensions of Disaster*, *Emergency Management Institute Instructor Guide*. Federal Emergency Management Agency（FEMA）.
廣井 脩『災害情報論』恒星社厚生閣，1991.

（中村功）

第三节　灾害信息的发布过程

一、灾害信息发布过程中的问题

本节将着眼于灾害信息（关于灾害及致灾因子的信息、提醒对灾害的警戒和促使避难行动的信息等）的生产和发布过程，对现存问题和未来课题做一概述。

二、灾害信息发布过迟

（一）海啸预报（警报、注意报[①]）

至今为止，在相当多的事例中，灾害信息最终都未能达到期望的效果。这些经验教训促使我

[①] 日本气象厅等部门根据观测数据发现有灾害发生的可能性时，发布"注意报"，旨在呼吁人们要充分"注意"；在发现有重大灾害发生的可能性时，发布"警报"，旨在呼吁人们要提高"警戒"。

第四章　灾害与信息

们去研究灾害信息发布的过程，以求对它予以修正和完善。下面先从若干事例着手，分析灾害信息发布过迟的问题。

各类灾害警报之中，海啸警报对时间性的要求最强，一秒之差就会关系到受害的增减。这里就先看几个海啸警报的案例。

日本东北部太平洋沿岸地区在历史上曾多次遭遇海啸灾害，为此当地气象官署于昭和16年（1941年）制定了海啸警报组织化制度。二战以后，日本政府在国家层面上推动了全国范围的海啸警报组织化，昭和27年（1952年）制定的《气象业务法》标志着海啸预报（包括警报和注意报）全国体制的形成。但在之后的昭和35年（1960年）智利地震海啸时，仍因海啸警报发布过迟而造成了重大损失。那年5月23日，南美洲智利海湾一带发生特大地震，并引发了海啸。海啸在翌日拂晓至清晨时分冲向日本沿岸，造成142人死亡或失踪（此数字内含冲绳县死亡或失踪者）。在海啸冲击日本之前，智利发生重大地震、夏威夷一带遭到海啸冲击的消息就已经传到日本相关观测部门，但由于当时还没有建立起对远地地震引发的海啸发布警报的体制，因此来不及采取应对措施。而正是这次经验教训，促使日本把远地地震引发的海啸也纳入海啸预报的范围，并推动了国际海啸预报系统组织的构建（日本气象厅，1977；中森广道，2004a）。

另一案例是昭和58年（1983年）日本海中部地震引发

的海啸,有 100 人在那次海啸中丧生。那次在地震发生 14 分钟后发布了海啸警报,但在警报发布之前海啸已经冲到了秋田县沿岸。关于当时海啸警报自发布到传达到普通居民的传达体制,广井修分析指出,播送路径与行政路径的截然分开是那时海啸警报传达体制的特点(广井修,1986)。警报信息传达的播送路径,是通过电视、广播放送海啸警报;播送部门一播送出海啸警报,普通居民马上就可以从电视、广播中直接得到这个信息,其传达速度非常快。可是,那次最早播送海啸警报的 NHK 也是在海啸警报发布 5 分钟后才播送这一海啸警报的,即海啸警报向普通民众的传送与地震发生间隔了 19 分钟。另一方面,警报信息传达的行政途经,是由国家到县、由县到市町村、由市町村到普通居民,即经过多个中转站,因此其传达速度就非常慢。以那时的秋田县男鹿市为例,通过日本电信电话公司(即现在的 NTT)和警察路径得到这一信息,分别是在海啸警报发布 16 分钟和 26 分钟之后。同时,有的市町村只把来自行政路径的信息作为正式信息,因此即使已从播送媒体系统得到海啸警报,也要等到接到行政路径的警报后才开始行动;有的市町村由于防灾行政无线系统的同报无线设施尚不完备,接到行政路径的警报后,还只能通过广告车巡回沿途广播,这样信息向普通居民传送的速度就更慢。当时关于海啸警报发布的时间,规定"必须在地震发生后 20 分钟以内发布海啸警报",那次海啸警报发布本身是在规定时间之内。因此，对日本来说，那次教训主要在于警察系统没能及时发布海啸警报以及行政防灾无线系统同报系列的不完善。正因为如此，那次海啸灾害成为促进日本警察系统警报发布迅速化建设以及日本全国范围行政防灾无线系统同报系列完备化建设的重要契机。就对社会科学领域的影响而言，那次日本海中部地震及海啸灾害之后，在社会学及相关领域开始了关于海啸灾害的详细调查。在方法论上，以居民、行政、防灾相关机构为对象的问卷调查和深入访谈就此成为日本社会学海啸灾害研究领域的主要方法；在研究内容上，不仅关注信息输出方，而且关注信息接收方的意识及应对层面的特点，开拓了警报接收方研究这一新领域。东京大学新闻研究所灾害和情报研究组的调查研究报告"1983年5月日本海中部地震中的灾害信息传达与居民应对行动——以秋田县为例"（东京大学新闻研究所灾害和情报研究组，1985）、广井修的论文"信息传达体制"和专著《灾害信息论》（广井修，1986、1991）、中森广道的论文"灾害信息和避难行动"（中森广道，2004a）等，堪称这一领域较早的一批代表性研究成果。

平成5年（1993年）的北海道西南冲地震，给日本的海啸警报事业走向进一步完善带来了一个新的机会。那次地震中，海啸席卷了接近震源的北海道奥尻岛和渡岛半岛的日本海沿岸地区，230人因此丧生或失踪。当时，海啸警报发布时间的目标已提前到地震发生后 7 分钟以内，而北海道札幌管区气象台在地震发生 5 分钟后就发布了海啸警报。可遗憾的是，在奥尻岛等距离震源较近的地区，海啸还是先于海啸警报而到。奥尻岛在上述昭和 58 年（1983 年）日本海中部地震时曾遭受到海啸灾害，所以在地震刚刚发生、海啸警报尚未发布之时，就有不少居民已预感到海啸来临的危险而立即采取了避难行动；但这次海啸来得太快，动作稍晚一步的居民多在避难途中被海啸卷走。这以后，一旦有地震发生，即使有关方面还没有发布海啸警报，沿岸地区居民也防患于未然，尽快躲避到海啸不易冲到的安全地带。换个视角来看，这次地震中海啸警报发出方也并不是没有可进一步改进之处。例如，札幌管区气象台用同报传真把海啸警报传送给指定机构，但由于担任海啸警报发布任务的工作室与放那传真机的房间不在一个楼层，所以在收到传真到发出海啸警报之间，还是花了些时间。再看当时电视、广播等播送媒体方面的应对，最早播送海啸警报的 NHK 的播送时间也在海啸警报发布近 3 分钟之后，这是因为作为国家播送媒体，他们在收到海啸警报后必须向气象台确认之后才能播送。而民营播送媒体所花的时间就更长，最慢的场合，在海啸警报发出 30 分钟后才播送出海啸警报。当时，从整体上说，海啸警报传达机制还很不完善，如电视的地震速报已经能够在接收到信息的同时自动制作，而海啸警报还要靠手工制作，诸如此类，有不少环节都会耽搁时间（东京大学社会情报研究所灾害和情报研究会，1994；山本康正等，1997；中森广道，2004a）。

如上所述，日本的海啸警报体制在灾害的经验教训中逐渐完善，而为了进一步推进海啸警报发布的迅速化，气象局不断充实各地地震观测网，各广播电视局则渐次形成能够在海啸警报发布的同时播送海啸速报的体制。现在，随着"紧急地震速报"体制的形成，海啸警报发布时间更加提前，平成19年（2007年）能登半岛地震和新潟县中越冲地震时，地震发生1—2分钟后便发布海啸预报（包括注意报和警报）。

（二）避难指示和避难劝告

"避难指示"和"避难劝告"是地方自治体的第一首长根据《灾害对策基本法》发出的避难信息，两者之中，"避难指示"比"避难劝告"的级别更高。近年来，为帮助"灾害时要援助者"（即灾害弱者）赢得避难准备时间，有的地方自治体还发布"避难（劝告）准备信息"。例如，气象台为呼吁人们警戒暴雨灾害，发布大雨警报；可光有这大雨警报，大多数居民都不会及时采取避难措施。警报涉及地区范围较广、警报发布频率较高，这些都可能是人们即使听到大雨警报也不避难的原因。而避难指示或避难劝告以市区町村内的某个区域为对象，范围明确，因而能够比较有效地促使居民采取避难行动。避难指示和避难劝告的发布原则上取决于市区町村的判断，而这种判断往往容易受到时间带、工作人员及组织的特性、经验以及数据的收集及解释等因素的影响，结果可能反而延误时机。早在20世纪80年代初，就有研究者根据关于昭和57年（1982年）7月长崎暴雨灾害的社会学调查结果提出了这个问题（东京大学新闻研究所灾害和情报研究组，1983），而那个时期，也正是所谓关于灾害问题的社会学调查研究的黎明期。近年来，不少相关调查研究报告也涉及到这个问题。如平成12年（2000年）东海水灾时，有的地区避难劝告发布过迟；有的地区没有及时发布避难劝告，却在严重浸水的情况下还做出让居民离开家去避难所避难这种危险性更大的判断。追究此中原因，有不少地方自治体是因为不清楚或没有充分理解发布避难劝告或避难指示的基准，还有个别自治体是由于掌握最终判断权的第一首长当时不在场并联系不上，而这些情况都表明非常时期决策体制的不完善或未能有效发挥作用（广井修等，2003）。

（三）土砂灾害[①]和河川灾害

即使相关观测部门警惕地关注着灾害状况，但自然界却发生了与预估完全不同的灾害现象，最终未能避免生命财产遭受严重损害——这样的事例，在现实中屡见不鲜。比如，气象台发布了大雨警报，这是呼吁人们对大雨可能造成的灾害提高警惕，可这大雨最终会造成怎样的灾害，还取决于当地当时的具体状况。如其间有的自治体特别警惕浸水及河水泛滥

---

① 日本灾害分类中的"土砂灾害"，主要指"崩塌、滑坡和泥石流"。——译者

第四章 灾害与信息

造成灾害，还为此发布了相关避难信息，可结果却发生了没预想到的（或没引起重视的）沙土灾害，造成了更大的损失。如平成9年（1997年）鹿儿岛出水市的大雨和平成15年（2003年）熊本县水俣市的大雨就都是这样，出乎意料地引发了泥石流这种典型的沙土灾害。

河川泛滥引起的灾害中，也不乏这种情况。平成10年（1998年）那须水灾中，流经枥木县的那珂河和余笹河的上游那须山地区一带下起暴雨，当地的宇都宫气象台发布了大雨警报，作为大雨警报的补充，还发布了"破纪录短时间大雨信息"，呼吁居民务必充分警惕大雨可能引起的灾害。结果，两河上游的河水确实上涨得非常厉害，可真正泛滥成灾的是中游和下游地区（福田充等，2000）。又如在平成11年（1999年）福冈水灾中，流经福冈市内的御笠河水冲破河堤，导致博多地铁站附近大楼的地下室有人被淹死。事后有专家指出，关于御笠河上游水位的信息没有引起人们足够的重视，没能在防灾和避难中有效地发挥作用，这是酿成生命事故的主要原因之一（广井修等，2000）。其实，上述灾害损失不仅反映了河川信息本身没有被广泛传送到所有相关方面这个问题，还暴露了作为河川管理责任者的国家和都道府县、承担大雨信息发布责任的气象部门以及负责促使和组织居民及时避难的市区町村之间的联络体制尚不够完备。所以在那几次灾害之后，在信息传达体制构建方面，着重完善使普通人更方便地及时了解河川信息的机制；在相关责任主体联络体制构建方面，形成了对于灾害因相关特定河流，由国土交通省、都道府县以及气象厅共同发布"河川洪水警报（预报）"的制度；在沙土灾害信息方面，还确立了都道府县与气象厅共同发布"沙土灾害警戒信息"的制度。

三、致使信息接收者陷于混乱或误解的信息

（一）尚未确立发送接收规则的信息——"余震信息大恐慌"

在信息的发布、传达、解释以及应对等方面，如果信息的发送方与接收方之间没有建立某种特定规则，灾害信息往往会招致混乱。

在昭和53年（1978年）伊豆大岛近海地震时，地震发生后的第4天、即1月18日，静冈县为呼吁居民对余震保持足够的警惕，发布了"余震信息"，结果导致"要发生大地震了"的流言广泛流传，大量居民因此陷于极度惊慌不安，专家们把这一事例称为"余震信息大恐慌"。这一"余震信息大恐慌"是多种因素综合作用的结果，如普通居民一般都不了解"余震"这一概念的确切含义、余震信息发布文书中存在不适当的表述、部分广播电视局以"新闻速报"的形式播放余震信息从而更增添一份紧迫感、居民中本来就普遍存在对"东海地震"的恐惧和不安。还可以列举出不少其他具体原因，但在所有原

因中，必须引起我们特别注意的最重要的原因在于：信息的发送方与接收方之间没有建立某种特定规则（东京大学新闻研究所，1979、1981；柳田邦男，1978）。那次"余震信息"是静冈县自己单独发布的，而在对这一信息究竟应该怎样理解，接收到这一信息的市町村、公共团体以及普通居民应该采取怎样的应对措施等重要方面上，事前没有形成一个统一的决定。也就是说，这一余震信息是在其发送方与接收方之间还没有形成某种特定规则时就被发布的，这一点才是导致流言甚嚣尘上、居民陷于极度恐慌的最根本原因。这一"余震信息大恐慌"事例表明，灾害信息并不是只要做到及时发布就可以了，还必须在发布新的灾害信息之前，在信息的发送方与接收方之间建立某种特定规则，形成一种完善的发送接收体制。

（二）用词不当或表现方式不够清晰易懂

发布的灾害信息，如果用词不当或表达方式不够清晰易懂，就可能引起误解，使灾害信息无法发挥应有的积极作用。昭和58年（1983年）日本海中部地震时，有关方面发布了日本海沿岸地区海啸（大海啸）警报。根据当时的海啸预报区域划分规定，日本海沿岸地区包括五个区域，所以仙台管区气象台用片假名发送的海啸预报电报采用了"ゴクオオツナミ"这一标题，其中，"オオツナミ"是指"大海啸"，这是没有疑义的；而"ゴク"，其本义是指"五区"，但有人把它理解为"惊人的"（广井修，1991）。平成3年（1991年）云仙山喷发灾害的预报信息中，也存在用词不当和表现方法不够清晰的问题。如其中使用了"火碎流"这个概念，火山爆发时滚烫的岩浆夹杂着碎石的"火碎流"会比普通泥石流造成更大危害，但当时"火碎流"这一概念在一般民众中还没有普及，很多人还不了解它的危害性；该火山喷发灾害预报还采用了"火山活动信息"（相当于现在的"紧急火山信息"）的形式，而在当时很多人的印象中，那种形式的灾害预报在危险程度和紧迫性上都比"临时火山信息"低一层次（广井修等，1991）。如在平成6年（1994年）的北海道东方冲地震时，针对北海道太平洋沿岸地区发布了海啸警报；针对鄂霍次克海沿岸地区，发布了海啸注意报。在气象厅的海啸预报区域划分规定中，根室市全市都属于太平洋沿岸地区；可在根室市当地，不仅普通市民，即使相关行政部门的负责人都习惯把南部地区称作"太平洋地区"，把北部地区称作"鄂霍次克海地区"，因此当时南部地区比北部地区更为重视对海啸的监测和防备（中森广道，1996）。另外，气象厅常用的"〇〇县东部"或"〇〇县西部"这类区域表述方法，也是一般居民不太习惯的，有的甚至是很难理解的（中森广道，2004b）。总而言之，发布灾害信息的目的在于让信息接收方迅速做好应对灾害危机的准备，因此所发布的灾害信息的内容必须一目了然，绝对不能使用容易引起信息接收方误解的概念或表达方法。

四、问题与课题——信息详细化和细分化的影响

1. 信息详细化与信息处理的局限及混乱

近年以来，灾害信息越来越详细，而且存在多方面生产和发布的倾向。可现实中，这反而可能带来负面影响。例如，平成15年（2003年）熊本县水俣市发生泥石流灾害时，大量信息从许多渠道传送到水俣市役所，相关部门仅为判断信息内容以及给信息排列先后顺序就耗费了大量人力和时间；还有的信息的接收软件是市役所计算机里没有的，因此这些信息就没法读取（池谷浩等，2005）。再看同年十胜冲地震时发布的海啸警报，当时海啸预报区域已被细分为66个区域，信息内容也规定要包括海啸到达某个区域的具体时间和具体高度。可为了正确计算具体时间和具体高度，必须依据非常庞大的数据；而处理如此庞大的信息并非轻而易举之事，于是最终导致警报的发布需要更多的时间（广井修等，2005）。也就是说，信息的详细化和大量化很可能产生负面影响，或挑战信息处理的局限性，或导致决策的混乱。

再有，震度信息方面也会发生问题。近年来，不仅气象厅有震度观测设施，都道府县也设置了震度观测设施，各家都公布自己观测到的震度信息。其实，由于财政原因，都道府县的震度观测设施的设备维护往往不够完善，数据传送也往往没有

专用线路，而只是通过普通线路，结果不少时候造成震度信息处理和发布过迟（中森广道，2007a）。在推动灾害信息详细化的过程中，如何处理好量和质的关系，维持和提高灾害信息的质量，这是灾害信息研究领域面临的重要课题之一。

2. 信息细分化与决策

随着警报等灾害信息发布频率的增加以及没有发生预估受害状况这种"放空炮"事例的持续发生，会使人们产生某种"警报习惯"或"'狼来了'少年"效果（Cry wolf effect），从而影响灾害信息的积极作用。为此，警报信息发送方面一方面努力把灾害警报进一步细分为警报和注意报、把预报区域划分得更加具体、把震度等级规定得更加精确；另一方面探索发布灾害警报的补充信息等提高警报信息有效性的方法。但也有人指出，这种警报信息细分化倾向会干扰灾害应对的决策。例如有报道指出，在平成17年（2005年）14号台风灾害中，鹿儿岛县垂水市存在避难劝告发布过迟以及应对措施不到位的问题。由于灾害信息的细分化，仅避难信息就分为"避难准备信息"、"避难劝告"、"避难指示"等不同等级。而在垂水市的调查结果表明，这些信息等级分得越细，信息接收方越是无法判断在各个等级阶段应该采取怎样的应对措施。在东京大学和国土交通厅2005年进行的居民调查中，约有56%的受访者选择"与其把避难信息细分化，不如只发布'快去避难'这种信息"这种回答（中森广道，2007b）。总之，信息细分化表面看来似乎能够提高灾害信息的有效性，但是否真的如此，还是需要在充分的事例调查基础上加以认真研究。

[引用文献]

池谷 浩・國友 優・中森広道・関谷直也・中村 功・宇田川真之・廣井 脩, 2005「2003 年 7 月水俣市土石流災害における災害情報の伝達と住民の対応」『東京大学大学院情報学環情報学研究調査研究編』第 22 号, 東京大学大学院情報学環，pp.117-239.

気象庁編, 1977『気象百年史』気象庁.

東京大学社会情報研究所「災害と情報」研究会, 1994『1993 年北海道南西沖地震における住民の対応と災害情報の伝達—巨大津波と避難行動』.

東京大学新聞研究所編, 1979『地震予知と社会的反応』東京大学出版会.

東京大学新聞研究所編, 1981『続・地震予知と社会的反応』東京大学出版会.

東京大学新聞研究所「災害と情報」研究班, 1983『1982 年 7 月長崎水害における組織の対応—情報伝達を中心として』.

東京大学新聞研究所「災害と情報」研究班, 1985『1983 年 5 月日本海中部地震における災害情報の伝達と住民の対応—秋田県の場合』.

中村 功・中森広道・森 康俊・廣井 脩, 1998「平成 9 年鹿児島県出水市針原川土石流災害における住民の対応と災害情報の伝達」『東京大学社会情報研究所調査研究紀要』第 11 号, 東京大学社会情報研究所, pp.153-192.

中森広道, 1996「『北海道東方沖地震』から 1 年—災害情報問題の再考」『近代消防』1996 年 1 月号, 近代消防社, pp64-69.

中森広道, 2004a「災害予警報と避難行動」廣井 脩編著『災害情報と社会心理』北樹出版, pp.123-152.

中森広道, 2004b「地震情報における数値とその評価」『地震ジャーナル』37, 地震予知総合研究振興会, pp.13-22.
中森広道, 2007a「震度情報の展開とその評価に関する再考」『災害情報』No.5, 日本災害情報学会, pp.76-86.
中森広道, 2007b「災害情報の受容とその特性—対応の問題点とその類型化の試み」『社会学論叢』第158号, 日本大学社会学会, pp.39-60.
廣井 脩, 1986「情報伝達体制」東京大学新聞研究所編『災害と情報』東京大学出版会, pp.3-62.
廣井 脩, 1991『災害情報論』恒星社厚生閣.
廣井 脩・吉井博明・山本康正・木村拓郎・中村 功・松田美佐, 1991『平成3年雲仙岳噴火における災害情報の伝達と住民の対応』.
廣井 脩・中村 功・中森広道, 2000「1999年福岡水害と災害情報の伝達」災害科学研究会編『災害の研究』第31号, 損害保険料算定会, pp.109-126.
廣井 脩ほか, 2003「2000年東海豪雨災害における災害情報の伝達と住民の対応」『東京大学社会情報研究所調査研究紀要』第19号, 東京大学社会情報研究所, pp.1-229.
廣井 脩・中村 功・福田 充・中森広道・関谷直也・三上俊治・松尾一郎・宇田川真之, 2005「2003年十勝沖地震における津波避難行動—住民聞き取り調査を中心に」『東京大学大学院情報学環情報学研究調査研究編』第23号, 東京大学大学院情報学環, pp.1-161.
福田 充・中森広道・廣井 脩・森 康俊・馬越直子・紙田 毅, 2000「平成10年8月那須集中豪雨災害における災害情報と住民の避難行動」『東京大学社会情報研究所調査研究紀要』第14号, 東京大学社会情報研究所, pp.193-282.
柳田邦男, 1978『災害情報を考える』日本放送出版協会.
山本康正・中村 功・中森広道, 1997「情報伝達」『1993年北海道南西沖地震震害調査報告』土木学会, pp.428-467.

（中森広道）

第四节　灾害文化与防灾教育

一、两种"灾害文化"

一般说来，所谓文化，是某个社会的风气、传统、思维方法、价值观等的总称。

广濑弘忠曾经指出，所谓灾害文化，是"给个人及组织的灾害经验定位，促进以防灾减灾为目的的心理准备并采取恰当行动，提高组织的维持功能和适应能力"。广濑弘忠的这一"灾害文化"定义，可谓与美国的"Disaster Subculture"概念基本一致。

在日本，"Disaster Subculture"大多被翻译为"灾害亚文化"（野田隆，1997；广濑弘忠，1981），而它一般有两种解释：一是"相对于社会整体文化而言的地域社会文化"；二是"相对于文化整体而言的关于灾害这一现象的文化"。

有种关于"灾害文化"的观点,认为它是提高地域社会防灾能力的前提(野田隆,1997;大矢根淳,1993)。这种解释的理论基础是集合行动理论中的"创发规范"说,它认为,灾害文化作为灾害期间"创发"出来的居民行动规范的替代物,成为提高地域社会防灾能力的源泉。

在原子能研究领域,有"安全文化"(Safety Culture)的概念。国际原子能机构(IAEA)下属的国际原子能安全咨询小组对1986年的切尔诺贝利核电站事故进行了调查,他们在1992年递交的调查报告中指出:"'原子能设施的安全性问题是高于一切的,(安全文化)就是一切组织和个人对这种重要性给予足够重视'的姿态和特性的总和"。换言之,在那里,"安全文化"被定义为组织和个人将安全确保问题置于至高地位这样一种社会风气,并被作为一种应该酝酿、培育的行动规范加以论述。

在日本的行政文献中,平成10年(1998年)第5次全国综合开发计划第一次使用了"灾害文化"概念。在那里,所谓"灾害文化","是一种在维护环境可持续发展的同时,有效利用自然的生活智慧;也是一种平时不易觉察,而一旦遭遇灾难就表现为避难行动和相互扶助等形式"的"地域社会的潜在文化"(国土审议会,1998)。文部科学省恳谈会也给"灾害文化"下了类似的定义:"灾害文化"是"前人在与自然灾害共生共存的过程中积累起来的经验和教训以及智慧、办法和营生的总和"(文部科学省,2007)。

在上述关于"灾害文化"的解释中,"灾害文化"与"安全文化"异曲同工,也是必须酝酿和培育的。这种场合,英语中似乎多使用"Disaster Culture"。

当然,并非只有能提高地域社会防灾能力的才是"灾害文化"。近年兴起的"文化学习论"主张自然地接纳人们在日常生活形成的主观想法,而基于这一立场,人们开始更多地使用"Disaster Subculture"或"The Popular culture of disaster"的概念。与灾害相关的各种亚文化或通俗文化尽管不具有规范性,但是作为一种现象,它们实实在在地存在着。

也就是说,规范性的"灾害文化"与现象论的"灾害文化"两者并存。

二、现象论的"灾害文化"

现象论的"灾害文化"(Disaster Sub-culture/The Popular culture of disaster),大致可以分为三种。

1. 灾害经验的民间传说

关于灾害经验的民间传说,是一种现象论范畴的"灾害文化"。在山区,流传着"下暴雨时,如果河水突然减少,就会发生'山海啸'(沙土崩塌、泥石流等)"等民间传说;在北海道太平洋沿岸地区,流传着"海啸前,一定会突然发生退潮""地震发生后30分钟左右以内不发生海啸,就不会发生海啸"等民间传说。

不过，民间传说只是传递过去的受害状况，未必能在每次灾害中都得到科学证实；相反，有时还会出现完全相反的情况。例如，日本海中部地震之前，很多人认为"日本海不会发生海啸"；同样，阪神·淡路大震灾之前，很多人相信"关西地区不会发生大地震"（广井修，1995a）。

2. 灾害观

"灾害观"，指人们关于灾害的观念或价值观，它是灾害文化的要素之一。广井修曾指出，在灾害多发的日本，灾害观作为文化的一部分存在着，大致可以区分为天谴论、命运论和精神论三种类型。天谴论认为，之所以发生灾害，是因为老天要改善堕落了的社会。命运论主张，自然带来灾害，注定了生活在那里的人所无可避免的生死命运。精神论强调，仅有物质复兴是不充分的，每一个市民都必须抛弃私利私欲，勤奋地，并且品行端正地生活。关东大震灾后的很多文学作品、评论以及随笔，反映了上述这种或那种灾害观（广井修，1995b）。

日本各地广泛流传着一种传说：雷电、暴雨、地震、火山喷发等自然灾害和饥荒都是"怨灵"引起的。而散布在日本各地的神社，有不少就是为了"镇住"那"怨灵"而修建的。这些神社是日本这种特有灾害观的一种形态，也可以说是灾害文化的一种物质表现形式。

3. 现代灾害观

在现代社会，人们的灾害观通过媒体等多种手段得到表现。

第四章　灾害与信息

在因特网布告版"2频道",大约从2003年宫城县冲地震、宫城县北部地震开始,设置了"地震速报板"和"临时地震板",而且一直被置于"2频道"最前列的版块。在那里,网民们围绕灾害问题,自由地发表言论,讨论十分活跃,有的判断"×月×日会有地震",有的根据地震云、动物反常行为等异常现象推测地震发生的概率,而更多的是对各种地震预知的评价。总之,从总体上说,"地震速报板"和"临时地震板"的特点在于,以地震预知及其相关评论为主要内容。其实,由此可以透视到人们对地震预知的一种热切期待——希望能早日实现准确的地震预知。

电视也经常播放以灾害为主题的特别节目。现在,日本人对"东京会发生大地震"这个话题非常敏感。人们普遍认为"东京经不起灾害",每当某个地区发生灾害时,电视台马上会播送"如果在东京发生这样的灾害"的模拟影像,并就应该怎样应对这种情况进行解说。可是,发生在其他地区的灾害,未必会移植到东京。在东京,大大小小的便利店和书店的书架上,几乎都放着《震灾时回家支援地图首都圈版》和《"守护你的生命"大地震东京危险度预测图》(朝日出版社出版),而且十分畅销。

在以灾害为题材的"灾难影片"和"灾难小说"里,也可以看到关于灾害的价值观。如在《日本沉没》里看到的那样,不少人一个接一个地遇难,但最终人们获救,展现了未来的希望。美国的"灾难电影"《Volcano》（1997年）和《Twister》（1996年）也反映了这样的价值观：相信最终还是能看到希望的。这也可以说是一种灾后复兴观念的体现吧。

E. L. 库朗特利也试图从电视、电影、小说、喜剧等各种文化产品所表现的通俗文化中抽象出灾害观（E. L. 库朗特利，1985）。另外，也有学者指出，所有涉及灾害的玩笑、幽默、游戏、民间传说和信念、预言、小说、神话、歌曲、诗词、周年记事、绘画等都是"灾害通俗文化"（G. R. Webb, 2006）。

三、规范性"灾害文化"

规范性"灾害文化"（normative "Disaster Culture"）大致可以分为四种。

1. 通过故事和口头传说代代相传的灾害教训

首先是以故事为载体的灾害教训。有很多优秀的民间传说，通过故事传承前人的灾害教训。

"稻村之火"是其中的一个代表性作品。主人公浜口梧陵在1854年安政南海地震时，根据海水突然退潮、井水水位急剧下降等现象，预见大海啸即将到来，他马上在山丘上点燃了自家刚刚收割下来的稻子，以熊熊的大火通知村民赶紧避难，最终，村民们都获救了。小泉八云以浜口梧陵的故事为素材，写了"A Living God"；中井常藏根据这个故事写了"稻村之火"。昭和12年（1937年）至昭和22年（1947年）期间，"稻村之火"一直被收录进小学国语教科书。

流传于岩手县三陆地区的谚语"海啸来时分开跑"也传递着灾害教训，而关于这个谚语的说明充满了故事性。其意思是说，海啸来临时，为了避免全家覆没，一家人一定要分头迅速逃跑；在彼此知道逃难这一前提下，即使一个人，也必须马上逃跑。由此表明海啸时的逃难必须分秒必争（山下文男，2005）。

其次是口头传说。这是为了永远记住灾害经验的口口相传。现在，有的地区为了不忘灾害教训，举行灾害周年纪念一类的活动，可以说是现代版的口头传说。

2. 纪念碑

日本各地有很多灾害纪念碑。自古以来，为供养与海啸、泥石流、地震等灾害相关的"镇魂"，日本各地建造了很多用以供奉神灵的塔。

而近代以后，特别是近年以来，为了保存火山喷发等灾害遗迹，日本也建造了一些灾害纪念馆。如"人和防灾未来中心"就是一个为记住1995年阪神·淡路大震灾的教训而建造的防灾研究基地；而"洞爷湖周围地区环境保护纪念馆建造构想"也是计划在把2000年有珠山喷发遗址作为一个新的旅游资源的同时，能把灾害教训传给后人。

出于让子孙后代记住"灾祸"的教训这一目的，除了自然灾害纪念馆，日本还建造了原子弹灾害、战争灾害、公害等纪念馆。

3. 作为防灾应对的文化

野田隆认为,组织的"防灾计划"作为该组织在灾害应对上的一致决定,构成灾害下位文化的一部分(野田隆,1997)。从这个观点来看,某组织的灾害应对,只要它作为某种规范存在,就具有灾害文化的属性。

4. 表现为城市计划的防灾文化

关东大震灾后,在内务大臣兼帝都复兴院总裁后藤新平的主持下,制定了城市复兴计划,其中,关于道路的布局考虑到火灾时能控制火势蔓延;还考虑到突发灾害时能便于孩子避难,在小学旁边修建公园。

从很早以前开始,我们的祖先就为了防止灾害的发生和减轻灾害的损失,采取了很多措施。比如,在经常泛滥成灾的木曾河里建造了水车;为减少信浓河水灾,开挖了大河津分水道和关屋分水道;在平原地区的农村,为防止或减轻风灾,建造了防风林,等等。

上述这些,用现代语言来说,是"城市计划"的一个部分,是一种因地制宜地应对灾害的文化形态。

四、防灾教育的内容及其层次

现象论的"灾害文化"如果与正确的防灾知识结合起来传播的话,能够有效地提高当地社会整体的防灾能力。而规范性"灾害文化"不仅是认识灾害危险性的契机,而且其本身就是防灾教育的素材。而上述那些可以说都是防灾教育中"社会传承"层面的知识。

除了上述"社会传承"层面,防灾教育在内容上还包括以下三个层面的知识。

1."理工科"层面的知识

首先是与灾害因相关的理工科层面的知识。譬如,在地震灾害知识方面,震度和里氏震级是最基本的知识。是否具有关于震度级别的知识,这对于理解地震灾害具有十分重要的意义。火山喷发灾害方面,需要了解诸如碎屑物、熔岩流、火山灰、碎石流、山体崩塌、泥石流、泥浆流、空气震动、地形变化、火山煤气等知识;气象灾害方面,需要了解时间雨量、降雨概率等概念的含义。

2."信息科学"层面的知识

首先是关于"信息"本身的知识,也就是要能读懂气象厅等方面发布的警报和注意报等。如东海地震信息方面的预知信息、注意信息和观测信息,海啸信息方面的海啸警报、海啸注意报,火山信息方面的紧急火山信息、临时火山信息以及火山分类层次,还有各种气象警报和注意报,河川信息中的"泛滥危险水位"和"避难判断水位"等概念。能否正确理解这些信息的含义,直接关系到能否采取恰当的防灾对策,能否及时地启动避难行动。

其次，近年来，关于"信息传达手段、信息系统"的知识也已成为防灾教育的一个重要内容。了解地震预测地图等各种灾害预测图以及关于地区灾害危险度的知识，会有助于理解地区的灾害脆弱性，并从而有助于居住地及避难路径的选择。而只有正确地把握紧急地震速报、灾害专用留言电话以及灾害专用留言板等新信息传达手段各自的特点，才可能有效地利用这些手段。

3."应对行动"层面的知识

"应对行动"层面的知识大致可以分为两类。

一是关于灾害应对及灾害对策的知识。在避难方面，有很多行动规则。比如，如果东京发生大地震，人们首先要为躲避火灾而尽快到"广域避难场所"避难，然后再择机转移到"避难所"。又如发生水灾时，当积水深度达到50厘米以上时，在没盖好盖子的窨井和路边排水沟的上方有被冲走的危险，所以不可以随便移动，也不可以开车。掌握这些知识，是采取恰当的避难行动所不可或缺的。

另一是有关于灾害时人们的心理及行动的知识。以下三种是灾害时比较常见的行为。

第一是"正常化偏见"（Normally Bias）。人们往往容易过低估计灾害的危险性，这种心理倾向，即所谓"正常化偏见"。我们人类的心理具有一种自我调节功能，即使遇到重大事件，也自然地倾向于不愿承认那种变化。比如，遭遇地震时，在感觉到地面剧烈摇晃之前，人们往往只会说一声"啊！地震！"而不会马上躲到桌子底下或往外逃；遭遇水灾时，在达到危机状况之前，人们往往不会感觉危险，不会逃跑。总之，人们一般倾向于过低估计灾害的危险性，而不马上采取避难行动。像这样的心理知识，不仅防灾事务负责人应该了解，每一个居民也都应该有自我认识，因为任何一个人都可能遭遇不得不避难的情况。

第二是"灾害神话"（Disaster Myth）。所谓"灾害神话"，是指人们在很长时期里始终相信灾害时发生的事是绝对的。讲"××神话"的场合，一般都是客观情况并不清晰，而只是长时期里人们主观上相信那是绝对真实的存在。也有学者认为，"灾害神话"是一种灾害文化中的通俗文化。

"犯罪神话"和"恐慌神话"，可以说是两个比较有代表性的灾害神话。

所谓"犯罪神话"，是一种关于灾害发生时必然会有很多偷盗或抢劫事件的神话。而事实可能正好相反，灾害时的犯罪现象很可能比平时有所减少。如轮岛市在能登半岛地震灾害发生后的4月和5月两个月中，只发生过一次自行车偷盗事件，没有其他犯罪案件；而在平时，一般两个月光自行车偷盗案平均就有10例左右。但即使这样，居民中还是流传"有人因为修房子被骗了""有人伪装成志愿者进行偷盗"等流言。

"恐慌神话"所说的"恐慌"，不是单纯指人们心理上的

"恐慌感",或者经济危机意义上的"经济恐慌",它是一种关于灾害时必然发生"集体大逃亡"的神话。而实际上,灾害时一般不太会发生"集体大逃亡"这种的集合性行为。一般,在出口有限的密室空间突然发生火灾或其他危机时,容易发生"集体大逃亡",从而导致踩踏事件,而在其他条件下,发生"集体大逃亡"这种集合性行为的概率并不很高。不过,从关东大震灾后虐杀朝鲜人事件来看,也不能断言灾害时期一定不会发生"恐慌事件"。

第三是"夸大化偏见"(Catastrophe bias)。在灾害发生后的一段时间里,人们往往会对灾害危险过度恐惧,夸大灾害的危险性,从而容易相信流言,成为流言传播的心理性原因。灾害发生后不久,一方面信息不足,另一方面人们又特别需要关于受害状况的信息,再加上"该不会灾害再次发生了吧"这种强烈不安也会蔓延,所以地震灾害后容易流传"余震来了"的流言,水灾时容易流传"水坝决堤"的流言,火山喷发前夕容易流传"火山喷发"的流言。这些流言有时会被当成真的受害信息传送,造成防灾行政的混乱。1986年伊豆大岛三原山火山喷发时的岛外避难指示,就是在虚伪和夸张的信息交织在一起、真伪难辨的情况下决定的;1989年伊东市冲海底火山喷发时也是这样,居民误解了来自同报无线的信息,而被误解的信息又到处流传,结果导致避难慌乱。

理解以上"应对行动"层面的知识,批判性地分析、准确地把握灾害时的集合性行为，这对于采取正确的灾害应对同样是十分重要的。

五、防灾教育的现状和课题

从对象的角度来看，防灾教育可以分为两类：以一般居民为对象的防灾教育；以防灾工作者和防灾工作领导为对象的防灾教育。

通常，说到防灾教育，主要是强调居民不忘过去的教训（社会传承层面的知识），了解灾害的危险性（理工科层面的知识）和警报、预报的含义（信息科学层面的知识）。因此，在具体形式上，防灾教育主要包括组办防灾演讲会、到相关单位做防灾知识讲座、实施防灾训练、分发防灾地图、以灾害时可能难以回家的人群为对象进行特别训练等。而各地为传承灾害教训而建筑纪念碑或纪念馆，也是这种防灾教育的一环。

中小学教育中的防灾教育无疑也是十分重要的。它具有双重意义：一是对孩子本身的防灾教育；二是通过对孩子的教育而影响其父母的"波及式"防灾教育。有些防灾教育活动，如海啸防灾教育直接就是以孩子及其家长为对象实施的（金井昌信等，2006）。厚岸町床谭地区曾经组织小学生学习1952年十胜冲地震时海啸给当地造成的灾害及其教训，并通过他们把这些知识传送给他们的家长，结果在2003年十胜冲地震引发海啸灾害时,当地居民及时而有效地采取了避难行动(广井修等,2005)。不过,从全国范围来看,中小学教育中的防灾教育大多还处在"防灾教育援助"阶段。如何有效地对孩子们进行防灾教育,并使之能够有助于整个地区防灾能力的提高——这是今后要研究和解决的重要问题。

以防灾工作者和防灾工作领导为对象的防灾教育,现阶段主要有日本防灾士培训机构主办的"防灾士研修讲座"和人与未来防灾中心实施的"灾害对策专门研修"等。

另外,近年来,还有一种防灾教育在各地积极展开。这种防灾教育以防灾工作者和对防灾问题有较强兴趣的人为对象,以"应对行动"层面的知识为主要内容,而形式则丰富多样。如使用防灾地图,设想受灾状况,并在此基础上对防灾对策进行分析和检验的"图上灾害训练"(DIG, Disaster Imagination Game)(小村隆史等,1997);想象灾害状况,并把这种想象用图或文字在特定的试卷上表达出来的"目黑卷学习"(目黑公郎,2007);以阪神·淡路大震灾时神户市行政人员所经历的各种困难为素材,学习地震灾害时可能遇到什么困难以及应该怎样解决困难的防灾游戏"交叉路"等(矢守克也等,2005)。不过,在上述防灾教育活动案例中,活动的参加者都必须具备一定的灾害知识。

在防灾教育方面,如何解决"防灾教育矛盾"是一个非常重要的课题。参加演讲会、灾害讲座、防灾训练等各种防灾

第四章　灾害与信息

教育活动的人，本来就对防灾或灾害问题抱有兴趣，或者本来就与防灾工作有这种或那种关系，他们在参加这些防灾教育活动之前，就已经掌握了不少防灾相关知识。而另一方面，不参加防灾教育活动的人，原本就对防灾没什么兴趣，缺乏防灾知识，也没有学习防灾知识的意愿。

对那些对防灾问题不感兴趣、对防灾知识没有学习意愿的人进行防灾教育，这是件十分困难的事情。怎么吸引他们？怎样才能让他们参加各种防灾教育活动，从而认识灾害文化、接触各种防灾案例？这是防灾教育面临的最大课题。

[参考文献]

大矢根淳，1993「社会学的災害研究の一始点一被災生活の連続性と災害文化の具現化」関東社会学会．

金井昌信・片田敏孝，2006「児童を対象とした防災教育の実践とその効果—岩手県釜石市における津波防災を事例として」第1回防災計画研究発表会．

国土審議会，1998「第5次の全国総合開発計画　21世紀の国土のグランドデザイン—地域の自立の促進と美しい国土の創造」（平成10年3月31日閣議決定）．

小村隆史・平野 昌，1997「図上訓練DIG（Disaster Imagination Game）について」『1997年地域安全学会論文報告集』pp.136-139．

目黒公郎，2007「目黒研究室ホームページ」[online] http://risk-mg. iis. u-tokyo. ac. jp/index2. htm

廣井 脩，1995a「『関西安全神話』の崩壊と放送の課題」『月刊　民放』

6月号, 日本民間放送連盟.

廣井 脩, 1995b『新版 災害と日本人 巨大地震の社会心理』時事通信社.

廣井 脩・中村 功・福田 充・中森広道・関谷直也・三上俊治・松尾一郎・宇田川真之, 2005「2003年十勝沖地震における津波避難行動——住民聞き取り調査を中心に」東京大学情報学環「災害と情報」研究会『災害情報調査研究報告書』No.65.

山下文男, 2005「津波の恐怖 三陸津波伝承録」東北大学出版会.

Quarantelli, E.L., 1985, Realities and mythologies in disaster film, *Communication*, 11, pp.31-44.

Webb, G.R., 2006, The Popular Culture of Disaster Rodriguez, Havidan; Quarantelli, Enrico L.; Dynes, Russell, eds., *Handbooks of DISASTER RESEARCH*, Springer., pp.430-440.

IAEA（International Nuclear Safety Advisory Group）, 1992, Safety Series No. 75-INSAG-4.

林 春男, 1988「災害文化の形成」安倍北夫・三隅二不二・岡部慶三編『応用心理学講座 第3巻 自然災害の行動科学』福村出版.

広瀬弘忠, 1981「災害過程」広瀬弘忠編『災害への社会科学的アプローチ』新曜社.

広瀬弘忠, 1984『生存のための災害学』新曜社.

野田 隆, 1997『災害と社会システム』恒星社厚生閣.

矢守克也・吉川肇子・網代 剛, 2005『防災ゲームで学ぶリスク・コミュニケーション——クロスロードへの招待』ナカニシヤ出版.

文部科学省, 2007「防災教育支援に関する懇談会 中間とりまとめ——「生きる力」を育む防災教育を支援する」

（关谷直也）

专栏
灾害和广告

关谷直也

以下是积水住宅公司东海分公司2005年在静冈电视台播放的广告，其目的在于宣传提高建筑物抗震性能的重要性，吸引更多的人来请积水住宅东海公司进行住宅改建工程。

提问者A： 陨石什么时候会从天上落下来？

神： 2100年2月。

提问者A： 谢谢您的回答。

提问者B： 飓风什么时候刮过来？

神： 飓风来时有形有相，你们不是能够感觉到的吗？

提问者B： 谢～谢！

提问者C： 那么，东海地震什么时候发生啊？

神： 什么？

提问者C： 东海地震。

神： 哎呦～哇！肚子怎么突然疼起来了。

不怕地震的房子，来自"积水住宅"（公司）！

提问者C： 东海地震什么时候发生啊？

神： 我不知道啊。

提问者C： 您不是神吗？

神： 可那种事……喔，对了，我去问爸爸。宙斯以前教过的。

抱歉、抱歉！让你久等了。

提问者C： 究竟是什么时候啊？

神： 嗯，果然，爸爸也说不知道……

不怕地震的房子，来自"积水住宅"（公司）！

在经历过大地震，很多人因此失去家园和亲人的地区，上述广告恐怕会遭到批判——"简直是开玩笑！"

自石桥克彦在1976年提出"骏河湾地震说"以后，静冈县被指定为"大规模地震特别措置法强化地区"，全面推进防灾对策。在日本，在防灾训练的实施、防灾行政无线的完善、公共建筑物抗震性能提高率、自主防灾组织的组织率等方面，静冈县都名列全国第一。而作为全国第一的灾害对策先进县，规范性"灾害文化"也得到完善和普及。

另一方面，被认为"任何时候发生都不足为奇"的东海地震，直到现在还没有发生。在日常生活中，没有人会一天二十四小时都想着地震。于是，无论好坏，也不管静冈县居民是否进行避难训练和防灾对策，总之他们三十年来不断地被灌输着大量的地震信息，反复地被警告："大地震任何时候发生都不足为奇""地震准备一定要万无一失"。因此，几乎每个居民都有这样的心理焦虑："大地震到底什么时候发生？"

从多文化研究（cultural studies）的视角来看，数十年来，静冈县居民生活在"大规模地震特别措置法强化地区"，持之以恒地推进防灾对策，并不断接受有关东海地震的信息，他们自然而然会对"东海地震"有独特的想法，形成特有的价值观（灾害观）。换句话说，静冈县居民具有自己特有的作为亚文化的"灾害文化"（至今为止，日本学术界多译为"灾害亚文化"）。

上述电视广告的"黑色幽默"之所以能够成立，是因为作为观众和听众的静冈县居民的内心几乎都存在着两种灾害文化的冲突，即"建筑物的抗震性能"这一规范性"灾害文化"与"东海地震究竟什么时候发生"这一作为亚文化的"灾害文化"之间的冲突。

第五章　灾后生活与生活重建

第一节　灾害弱者问题

第二节　避难生活

第三节　生活重建和复兴

第四节　灾后复兴城市计划事业

第一节 灾害弱者问题

一、灾害弱者问题的提出

"灾害弱者"这个概念最早出现在《昭和61年（1986年）版防灾白皮书》。日本国土厅在1985年进行过一次"社会弱者防灾对策现状调查"，上述《防灾白皮书》根据这次调查结果推算当时日本有"灾害弱者"2700万，占总人口的22%；并指出："随着国际化和老龄化的进展，外籍居民和老年人口不断增长，'灾害弱者'也势必不断增加"，因此"地方自治体和町内会有必要制定适合本地区的且非常细致周全的防灾对策"。在1985年长野县山体滑坡灾害中，当地的养老院房屋倒塌，致使26位老人丧生。这件事使人们开始注意到老年人灾害受害比例逐渐升高的趋势。

1995年的阪神·淡路大震灾进一步暴露了

"灾害弱者"的问题：震灾丧生者有一半以上是60岁以上的老年人；而在灾后的避难生活及复旧复兴过程中，老年人和身心障碍者也比其他群体更为凄惨更为困难。这种现象经媒体曝光后，很快唤起社会普遍关注，并作为重要社会问题被提上了防灾行政的议事日程。与此同时，很多当事者和援助团体留下了不少记录，他们在真实记述实际援助活动中所发生的问题的具体现象的同时，还从一定的深度和广度上触及了问题的本质。在某种意义上可以说，正是有了这些关于亲身体验的真实叙说，关于灾害弱者问题的讨论才得以具体地广泛地展开。

基于阪神・淡路大震灾的教训制定的灾害弱者对策，在之后的灾害，特别是2004年的水灾及老龄化相当严重的新潟县中越地区的地震灾害中得到了检验。就结果而言，有些方面确实已取得很大改善，但也有不少方面几乎还是与阪神・淡路大震灾之前一样，问题依旧。内阁府、总务省消防厅和厚生劳动省共同制定的《对灾害时需援助者提供避难援助的指导意见》（灾害时要援助者避难支援研究会，2006），正是针对那些问题提出的对策。自此以后，关于灾害弱者对策的讨论，围绕避难援助、避难所生活援助等问题具体而系统地展开。

而在社会科学研究领域，阪神・淡路大震灾以后，也有很多学者开始关注灾害弱者问题。论及其背景，以下几个要素不可忽略。

首先，从社会学及其相关学科来看，灾害弱者问题属于社会排斥的范畴。灾害弱者首先是灾害发生之前的社会排斥的结果，在灾害过程的每个阶段又一次次地被各种应急对策、复兴对策所排斥，所以他们自然会受到很多社会学或其他相关学科的研究者的关注。

其次，从应用研究的角度说，社会学试图说明和解决灾害过程中的社会问题，而灾害弱者问题及其对策研究正是社会学能有所作为的一个研究领域。这是因为灾害弱者问题从表面看往往容易被归结为有无障碍或生理功能状况这种个人属性，可实际上灾害弱者的产生有着更深刻的社会结构原因。把握灾害弱者问题的本质，找到从根本上解决灾害弱者问题的方法，这应该是社会学的使命。

再次，灾害把平时隐蔽的社会结构问题暴露在光天化日之下。一般来说，灾害会扩大社会阶层之间的差异，因为相对而言，弱者更缺乏重建生活的能力，所以原本潜藏着的社会弱者问题在灾害时就会浮出表面。灾害弱者问题实际就是 E. 默莱（Edgar Morin）的"事件社会学"所说的"被掩饰的社会结构问题"。

二、被灾害夺去的生命

2007 年新潟县中越冲地震灾害造成 11 人死亡（根据总务省消防厅 2007 年关于新潟县中越冲地震第 43 次通报），其中除 1 名因严重烧伤不治而亡的 47 岁男性公司职员外，其余都是 70 岁以上的老年人。刚才已经讲过，阪神·淡路大震灾的丧生者有半数以上是 60 岁以上的老年人。在 2004 年新潟及福岛暴雨灾害和福井暴雨灾害中，总共有 20 人丧生，其中 17 人是 65 周岁以上的老年人（田中淳，2004）。也就是说，事实上，不管是哪种灾害，老年人和身心障碍者确实都更容易受到伤害。

灾害发生时老年人和身心障碍者的高死亡率是多种因素综合作用的结果。如图 5-1 所示，其中重要原因之一在于，他们在危机降临的瞬间缺少自我保护能力，不能迅速回避或采取避难行动，而一旦被压在塌陷的天花板或翻倒的大型家具之下，又很难靠自己的力量挣脱出来。其结果，即使没有被当场砸死，也会由于内脏受到长时间重压而死亡。

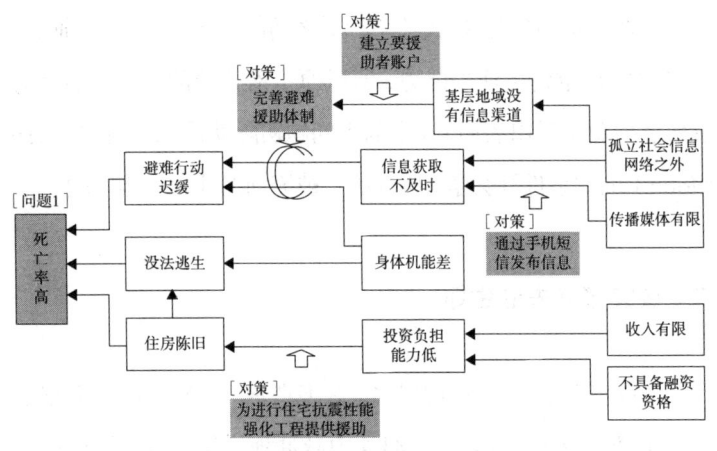

图 5-1：灾难弱者的生活问题

第五章 灾后生活与生活重建

不仅在行动层面，在信息层面，老年人和身心障碍者也处于不利地位。如听力障碍者听不见或听不清防灾行政无线等防灾信息广播；视力障碍者没法和正常人一样，从普通渠道获取信息。作为对策之一，近年来，为尽可能及时地把灾害信息传送给老年人和身心障碍者，逐渐开发了适应各种不同生理功能状况的媒体手段，如已把传真、手机短信等手段逐渐纳入灾害信息传送系统。

可现实中，造成老年人和身心障碍者获取信息困难的原因，并不只在于他们自身的生理功能，还在于他们往往容易被社会遗忘，被社会网络疏漏。尤其在城市地区，老年人和身心障碍者实际是处在一种特别容易被孤立化的环境。为了改变这种状况，近年来，通过重建基层地域居民互助结构，有效地推进灾害援助体制的完善。但是，具体援助谁，或者说哪个居民最需要援助，基层地域并没有这些信息。这里姑且不论老年人，只就身心障碍者而言，由于社会上对身心障碍者还存在一定歧视，所以基层地域基本上无从把握谁家有身心障碍者。不仅基层地域，连行政方面的防灾部门也没有这方面确切而完整的信息。社会福利部门掌握这方面的信息，但是基于保护私人信息的原则，严禁信息外流。因此，很多市町村的防灾部门都三番五次表示，想要制作"灾害时需要援助的人"（灾害时需要特别援助的人员）信息汇总表，但由于没有确切、完整的信息而无法落实。对此，内阁府、消防厅和厚生劳动省联合发文，指示各市町村：在灾害这种紧急关头保护当事人的生命，这是对于当事者个人利益的保护；而基于这一点，福利部门把本部门掌握的相关信息与防灾部门共享，这符合法律保护个人利益的宗旨，因此是法律所允许的（灾害时需要援助的人避难支援研究会，2006）。尽管有了这一"尚方宝剑"，但市町村在实际操作过程中还是会遇到很多阻力，也有很多拿捏不准之处。因此，这方面还有待更多的具体对策。

住宅问题，也是存在于灾害时老年人和身心障碍者的高死亡率背后的具有共性的社会问题。大阪·淡路大震灾和新潟县中越地震灾害时，都呈现出老旧住宅居民受害比例较高的倾向。越是上年纪的人，住在长年住惯了的老旧住宅——即新抗震基准法公布之前盖的住宅——里的可能性越高，而这就注定了很多老年人居住环境的抗灾性能特别低。另外，现实中确实还存在一些根源于社会歧视的事例，如有些身心障碍者希望能住进抗震性能好些的住宅，但这些住宅的房主不愿意把房子租借给他们。

三、灾害弱者是社会的产物

如上所述，灾害时老年人和身心障碍者的高死亡率，并不只是诸如地震时的天摇地动、水灾时的汹涌水势等物理因素造成的，而是社会夺去了这些弱者的生命。在新潟县中越地震

第五章 灾后生活与生活重建

灾害时，灾害相关死亡人数超过了灾害直接造成的死亡人数，这一事例足以证明灾害时很多老年人和身心障碍者的生命是被社会夺去的。从倒塌的房屋的瓦砾下生还了，或者从洪水中逃生了，可却在之后严苛的避难生活中病倒了，最终因"灾害关联死"失去了生命。避难生活环境确实存在有害身心健康的危险性，而有数据为证，这给老年人和身心障碍者等特定社会群体的影响往往更为严重：如由新潟县中越地震灾害间接造成的死亡，即所谓"灾害关联死亡"的73%是老年人。这是因为老年人体质较弱，容易患病，而且一旦生病，不仅不容易康复，还容易恶化。

另一方面，灾后生活的困难对老年人和身心障碍者的影响也超过其他群体，而且他们灾后复兴能力更弱，结果往往导致避难生活长期化。1995年11月，自阪神·淡路大震灾发生已经过去10个月，那时仍然住在临时简易住宅的人中，老年人达到31.2%，而同一时期神户总人口中老年人的比例是13.5%。从这两个数据，就可以清楚地知道老年人长期居住临时简易住宅的比例有多高。在申请贷款方面，老年人不仅受到收入限制，而且受到年龄限制，相关制度规定达到一定年龄就不能申请银行贷款。其结果，大量的老年受灾者被排斥于复兴援助之外。

在灾后生活中，灾害弱者问题表现为各种避难（所）生活问题。在旧山志村居民调查中发现："因不适应避难生活而

215

生病，去医院看病"的人占居民总数的26.1%，这一比例在60岁以上居民中上升为28.8%，在70岁以上居民中高达35.0%；"因为上厕所不方便，所以尽量少喝水"的人占居民总体的8.8%，这一比例在60岁以上和70岁以上居民中，分别为11.8%和15.5%；另外，5.0%的60岁以上居民和8.9%的70岁以上居民表示"避难所内的通道高低交错或有阶梯，所以移动很不方便"（田中淳，2006）。

近年来，为了预防灾后避难所生活中的生活困难和健康问题，自治体行政方面采取了不少对策，除了加强健康调查和生活指导之外，还尽可能让无法适应普通避难所生活的老年人和身心障碍者紧急入住福利避难所或其他福利避难设施，从总体上说，确实有很大进步。可是，这些福利避难机构本身在体制上还很不完善。为了应对据预测迟早会发生的东南海·南海地震和首都圈直下型地震等重大灾害，尽快完善福利避难机构体制已经成为当务之急。

灾后复兴方面的落后，也是诱发焦虑等精神问题的一个主要因素。已有调查数据证明，灾后复兴方面的落后会导致精神状态恶化（田中淳，2007）。在灾害弱者对策方面，如何解决住宅复兴问题是一个本质性的问题。由此可见，灾害弱者所面临的问题，并不仅仅存在于灾害发生后不久的阶段，而是贯穿于整个灾害过程。

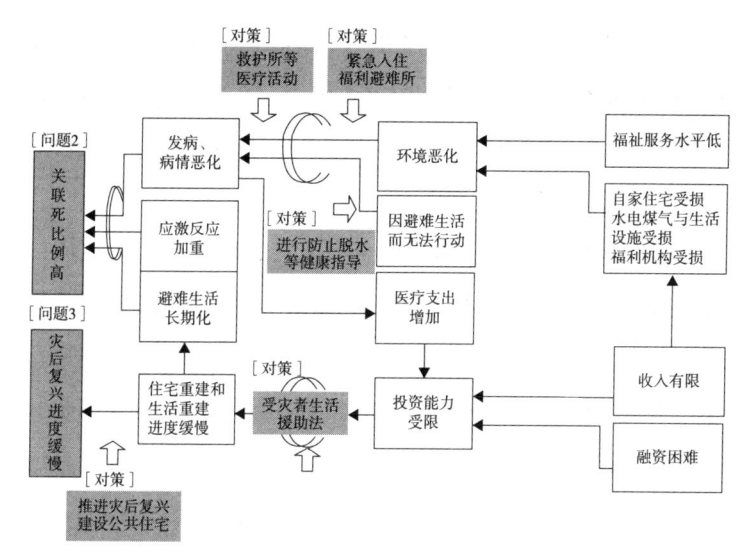

图 5-2：避难生活问题及其对策

四、解决灾害弱者问题的方向

对于已经进入老龄化社会的日本来说，在防灾对策领域，灾害弱者问题不仅无可回避，而且其紧迫性和重要性还会愈益凸显。

要解决这一问题，没有任何立见成效的灵丹妙药，而只能依靠最大限度地有效利用所有资源。所有资源中，最重要的是与护理服务等福祉服务相关的人力及设施资源。在现今日本社会，护理服务等福祉服务在平时就发挥着重要作用。与之相关的资源中，也包括技术、经验以及精神方面的。就现状而言，在新潟县中越地震、能登地震、新潟县中越冲地震等灾害时，福祉服务已经体现出它的重要作用。不过，要完善福祉服务，其前提在于实现福祉制度与防灾制度的接轨，因为只是基于善良之心的应对，其实施能力必然有限。

说到灾害应对，有句至理名言：灾害应对受制于地域社会平时所具有的能力，灾时不可能做到平时做不到的事情。从这个观点来看，要解决灾害弱者问题，除了要完善防灾对策，还必须提高地域社会的福祉服务水平。显然，这同样要求福利制度和防灾制度的接轨。但在现行法律制度体系里，无论在应急对策中，还是在平时对策中，两者都是相互独立，而尚未结为一体或互为补充。总而言之，灾害弱者对策是通常的社会弱者对策的一部分，若只局限于防灾对策的框架之中，灾害弱者问题就不可能得到解决。换言之，福利制度和防灾制定的携手，才是灾害弱者对策所追求的目标。

综上所述，灾害弱者问题不是仅仅由灾害这一物理力量造成的，社会存在本身也是一个重大原因。不是因为"灾害弱者好可怜"，才推进灾害弱者对策；而是因为灾害弱者问题是社会造成的，所以社会有责任解决灾害弱者问题。关注受灾者，发现存在于他们苦难生活背后的具有共性的社会问题，这是时代赋予我们社会学研究者的使命。

第五章　灾后生活与生活重建

[参考文献]

エドガール・モラン著, 杉山光信訳, 1973『オルレアンのうわさ』みすず書房.

災害時要援護者避難支援研究会編著, 2006『高齢者・障害者の災害時の避難支援のポイント』ぎょうせい.

田中　淳, 2003「阪神・淡路大震災と災害弱者対策」東京大学社会情報研究所「災害と情報」研究会編『1995年阪神・淡路大震災調査報告1』東京大学社会情報研究所.

田中　淳, 2004「豪雨災害と高齢者—平成16年新潟・福島豪雨と福井豪雨を事例として」『消防科学と情報』No.48.

田中　淳, 2006「災害弱者問題について」『消防防災』Vol.5, No.1.

田中　淳, 2007「山古志復興プロジェクト報告書」東洋大学特別研究成果報告書.

（田中淳）

第二节 避难生活

一、"避难生活"的含义

由于灾害的影响，导致住宅损坏、水电煤气等"生命线"中断、电梯运行中止等情况，使人们没法继续住在自己家里；余震可能引起的二次受害，迫使人们暂时不住在自己家里。于是，很多受灾者只能到避难所生活。这就是所谓避难生活。另外，也有些受灾者投亲靠友或暂住酒店、单位招待所，想方设法通过各种途径解决临时栖身之所。

发生重大灾害的场合，由于避难者数量庞大，常会出现指定避难所空间不足，各种救援服务不能及时提供，甚至还会发生一时无法开设避难所，或避难所运营难以为继的情况。例如，阪神·淡路大震灾时，神户市内约有 24.5 万人在避难所生活，613家避难所中，只有364家、约6成左右是神户市地域防灾计划事先指定的。当时，社会教育设施、福利设施、市民自治会馆、寺庙、教堂、企业等各个方面都紧急动员起来，提供住房，开设临时避难所。

假如东京发生重大灾害，事态可能更为深刻。近年来，"回归市中心"的居住理念推动着超高层公寓建筑高潮，而与此同时人们也十分担心一旦发生灾害，就会出现大量"高层难民"。目前，东京都23区的常住人口约360万，据有关方面预估，如果发生首都圈直下型地震，最糟糕的情况下，约有230万人要到避难所生活。另外，灾害时还会出现大量无法回家的所谓"回家困难者"（据预测，东京都23区内可能有350万人），需要为他们提供临时收容所。总之，避难需求空间会远远超过目前准备好的330万平方米的避难空间（按1.62平方米/人计算，只能容纳200万人）（东京都，2006）。

避难所是根据《灾害救助法》第23条由国家向受灾者提供的收容设施，那里提供食物和饮用水、给予或借贷生活必需品、实施医疗和助产等服务。换言之，避难所是为因灾害而失去住所这种生活基础的人们提供最低生活而不需要任何经济负担的场所。因此，尽快结束避难生活，尽快恢复平时生活，这是避难所的目标。

可是，即使只是短时期的，也应该努力为受灾者提供一个尽可能与平时生活相近的生活环境，尽可能减轻灾害给受灾者造成的苦难。例如，1999年土耳其马尔马拉地震灾害时，在由行政（军队）设置及运营的帐篷村中，不仅有厕所、食堂，还有幼儿保育、理发店、女装商店、小酒店等公用设施。这样的避难所，作为临时生活的场所，生活功能相当完备（中林一树，2003）。虽说中心城区与郊外之间不能做简单的比较，但我们日本人在避难所方面确实似乎缺乏创意。

同时，避难所也是受灾者在生活重建最初阶段的生活空间，所以它应该成为一个帮助受灾者在自力更生的基础上互相协作、共同重建生活的场所。如阪神·淡路大震灾发生后的第10天，重灾区长田区的"久仁塚地区震灾复兴街区建设协议会"就为恢复市场和保障临时避难生活，开始着手帐篷商店街"复兴元气村：パラール"的筹建和临时简易住宅的建设。这一事例提示了一种可能性：受灾者可以在避难所的共同生活中，就开始一起商讨地域社会复兴和生活重建的途径和方法；他们通过互相勉励，共同克服灾后困难，培育并坚定自己及大家积极向上的复兴重建意愿。

另一方面，避难生活尽管以尽快结束避难生活为目标，但现实中有不少人的避难生活不得不延续了很长时间。以阪神·淡路大震灾为例，避难所在平成7年（1995年）8月20日关闭，那时距震灾发生已过了7个月左右，临时简易住宅基本上也都已交付使用。但是，还是约有6700名避难者无处可去，不得不把他们安排到"待机所"这种公共设施。从震灾发生到所有受灾者的居住问题都得到解决、即"待机所"关闭，这段时间长达 4 年 8 个月左右。这一事例表明，要想尽快结束避难生活，就必须进一步完善生活重建援助措施。

还有一个问题，如果入住当地的避难所，那么即使避难所里的生活不如自己家里方便，但还是住在原来住惯了的地区，即大的生活环境没有改变，因而在利用原有社会资源、寻求行政帮助等方面还比较方便；而如果入住外地的避难所，就会失去原有的地域社会资源。据兵库县调查，1996 年 12 月时，因阪神·淡路大震灾而到县外避难的兵库县居民尚有 19600 户，即 55000 人左右。从地震发生到 1996 年 12 月兵库县实施"故乡兵库复兴计划"这近两年的时间里，这些人一直没能得到兵库县的援助，他们没有临时简易住宅优先申请权，也不能领取生活重建援助津贴。

如上所述，避难生活应该在以尽早结束避难生活为目标的同时，为受灾者提供尽可能舒适的生活环境，并造就受灾者积极地互相援助、共同重建生活的氛围；而另一方面，现实中，尤其在大规模灾害的情况下，避难生活条件可能会相当恶劣，还可能有很多受灾者被疏散到外地避难，这些都是不能忽略的。

二、避难者的生活问题

阪神·淡路大震灾发生后的第一时间，淡路岛旧北淡町的消防团就迅速开展救援和确认民众安全与否，旧北淡町因此而出名[①]。即使急救活动如此优秀的地区，由于避难者最多的时候达到3650人，分别生活在19个避难所，所以避难所的运营也不可能一帆风顺。据当时在避难所从事援助工作的行政人员说："第三天以后，各避难所之间在援助水平上出现差距，而这成了避难者宣泄应激心理的突破口，很多人借机与避难所行政人员冲撞"，有的甚至把分到的饭团扔到行政人员身上；当时每天要应对很多投诉。这位行政人员说，他本人就曾被避难者用饭团砸过。当地位于濑户内海，是一个村民连带关系极强的渔村。

有人认为，在受灾地区，由于社会功能突然中止，生活极端不便，所以人们比平时更在乎社会公平问题（林春男，2003）。在居民自我意识更强的城市地区，这种现象可能更明显更突出。

本文拟通过阪神·淡路大震灾中的事例，对这种避难者生活问题和避难所运营问题做一分析。

如图5-3所示，避难者生活问题可以按照时间过程大致分为三类：灾害发生后马上就面临的水电煤气等基础生命线断绝、吃饭等生活功能问题；之后显现的住居和个人隐私保

[①] 富岛地区消防团在第一时间从瓦砾下搜救出300名左右受灾者，并把他们送到诊疗所；当天下午5点左右就查清居民安全状况，做到无一人"下落不明"。特别值得注意的是，这种应急行动是基于各个消防团员的自主判断。

护等生活环境问题；再之后被提上议事日程的经济和就业等生活重建问题（松井丰等，1998）。

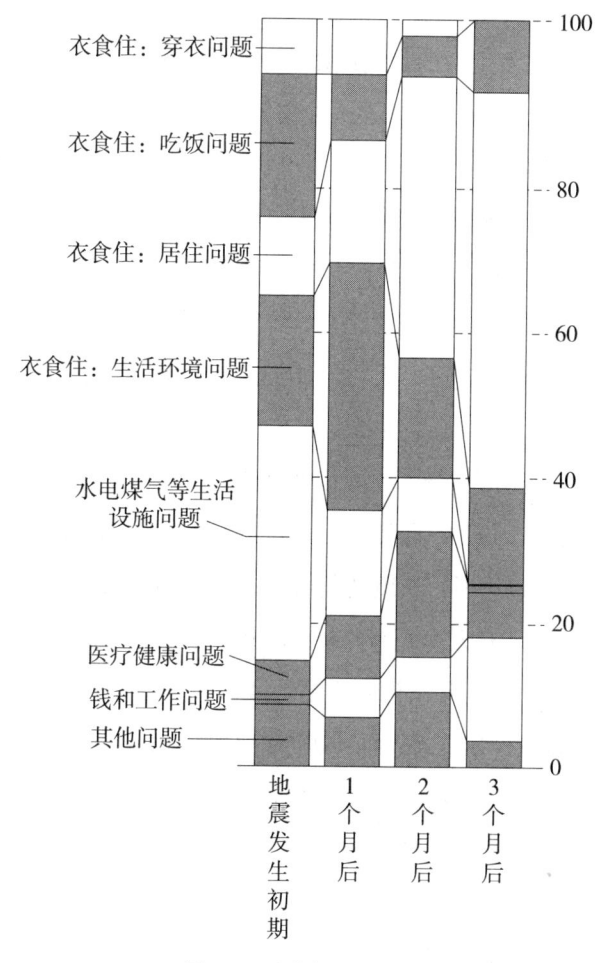

图 5-3：避难者生活问题

下面，从生活功能、生活环境、对灾害时要援助者的援助和避难所运营这四个方面对避难者生活问题进行分析。

1. 生活功能问题

在灾害发生后的最初阶段，解决厕所和饮用水问题是最迫切的，却也是相当困难的。在灾害发生的第一天就能喝上一口水、吃上一口食物的人，真是少之又少。到了晚上，救援食物好不容易送到了，可因为数量不足无法等量地分配给每个避难者，于是有人围绕如何分配的问题发生了争论。作为灾害发生后最初阶段的生活必需品，有食物、药品、电池、手电筒、半导体收音机、毯子、衣物、创可贴等。而对一些人来说，纸尿片、牛奶、女性卫生用品也是不可或缺的。

灾后最初的三天，一般很难得到饮用水和食物，有幸偶尔得到，也是冷饭团、盒装方便面等，一些人由于肠胃不适应而闹肚子，所以厕所很快就超负荷了；于是人们不得不长时间忍着不上厕所，有人为此而控制喝水和吃东西，于是又有人出现脱水症状。2004年新潟县中越地震时也是这样，当时出现了深部静脉血栓症患者，而其病因据说就是车内长时间不舒服的姿势和身心应激反应，再加上水分摄取不足。

灾害发生2—3天后，来自行政等方面的救援物资、伙食、志愿者等都开始陆续来到避难所，但数量上还是远远不能满足需要，避难者要排很长的队才能领取到食物。

另一方面，避难所还有很多没能接受充分治疗的伤病员。

很多医院医生不够，为此避难所的伤病员主要由社区医师和护士治疗，部分避难所从灾后第二天就开始有社区医师和护士来巡诊。再有，遗体处理也是灾后最初阶段的一大难题。随着时间推移，遗体数量增加，可是不仅缺少存放遗体的场所和能够进行尸检的专业人员，连用于遗体保存的棺材和干冰的数量也远远不足。

2. 生活环境问题

阪神·淡路大震灾时，曾有"一条毯子即我家"的报道。确实，如报道所说，从震灾发生的第一天起，避难所就已经人满为患，人均面积（包括避难者睡觉和放置随身物品的空间）极其狭窄。设置在学校的避难所，体育馆和教室就不用说了，连走廊和楼梯平台也都住满了避难者。由于事先没有制定相关规则，有的避难所只是以"先到为胜"的原则决定避难者的睡觉空间。有调查结果表明，震灾发生后最初阶段避难所的避难者人均面积是 1.0—1.7 平方米（柏原士郎等，1998）。

在如此狭窄的避难空间，要保护个人隐私是十分困难的。而这一情况本身也给避难者造成很大程度上的心理紧张。于是后来，有的避难所为保护避难者个人隐私，给避难者分发纸板，用于隔离自己与他人的空间；但有的避难所为促进避难者之间形成患难与共的人际关系，始终没有采取隔离个人空间的措施。

公共卫生是避难所面临的又一个难题。在可能的条件下，采取各种卫生措施，如定时打扫、临时厕所的清洁和消毒、分发消毒药物和甲酚肥皂液、宣传洗手习惯等；进入夏季后，还采取预防食物中毒的措施，如增添冰箱和冷藏集装箱、分发卫生管理小册子、进行卫生管理指导等。

3. 灾害时需要援助的人的援助问题*

没法独自应对灾害的老年人、伤病员、身心障碍者等"灾害时要援护者"，即使好不容易来到避难所，那时避难所也早已人满为患，他们至多只能在走廊或楼梯平台栖身（1.17 神户教训传播会，1996）。避难所提供的食物大多又硬又冷，而且品种单一，很多老年人因此而生病。而且，光每次花很长时间排队领取食物和救援物资这件事，对老年人来说，就是很难胜任的。

对"灾害时需要援助的人"来说，去公共厕所也是一件相当困难的事情。为了减少去厕所的次数，有些老年人就尽量少喝水，结果发生脱水症状，被送往医院。还有部分老年人，因来不及上厕所而尿湿在身上，遭到周围人说"臭"，于是他们不敢摄入水分，结果导致高血压、糖尿病等慢性病恶化。另

---

* 所谓"灾害时需要援助的人"，是指那些在灾害发生时没法像普通人那样回避危险或逃避到安全之处，在灾害发生后也没法像普通人那样在避难所生活以及进行复旧复兴工作，因而在整个灾害期间都必须依靠他人的帮助的人（日本红十字会：《災害時要援助者対策ガイドライン》，平成 18 年（2006 年））。具体地说，指老年人、要护理者、身心障碍者、重病患者、孕妇、未满五岁的孩子、不能熟练使用日语的外国人等灾害时期没法自己独立应对的人（《朝日新聞》朝刊 2011 年 4 月 13 日）。——译者

外避难所还容易发生流行性感冒（外冈秀俊，1997）。总之，体弱多病的老年人在避难所里真是困难重重，苦不堪言。

"灾害时需要援助的人"并不只是老年人。不能适应环境而每晚哭闹的乳幼儿、精神不安定而老是怪叫的精神障碍者及其精神疲惫的家人、离开导盲犬的视觉障碍者、无法利用音声信息的听觉障碍者，所有这些人，如果得不到健全人的支援和关心，就很难在避难所生活。

4.避难所运营问题

一般而言，避难所的运营大多一开始由所在学校的教职员等设施管理者为主体，其后逐渐由避难者自主管理。据调查结果显示，阪神·淡路大震灾时，八成左右的避难所在初期阶段由所在学校的教职员担任领导（神户市教育委员会，1995）。

有研究者认为，日本现有的避难所运营方式主要有以下五种类型（岩崎信彦等，1995）。

①"学校：代表者会议型"。这类避难所设置在学校，运营事务由避难者、学校、志愿者等方面的代表共同协商决定和实施，如分享信息，决定各阶段的应对任务、职责分工和生活规则等。

②"学校等：设施（教）职员中心型"。这类避难所设置在学校或其他设施，运营事务主要由学校或其他设施方面决定，打扫厕所、煮饭、分配救援物资等具体工作也主要由学校或其他设施（教）职员负责实施。

③"公园帐篷村等：志愿干事型"。这些避难所由设置在公园等空旷场地的帐篷群组成，由自发组成的干事组负责避难所登记、救援物资分配、煮饭、治安等事务。

④"地区集会设施、公（民）营住宅：地区行政干部领导型"。这类避难所设置在当地公众集会设施、公营或民营的住宅小区，地区行政主管部门的干部负责避难所登记、救援物资分配等事务。

⑤"地区集会设施：基层地域自治会包管型"。这类避难所设置在当地公众集会设施，基层地域自治会负责避难者登记、救援物资分配以及老年避难者照顾等事务。

上述类型的区分主要是根据灾前居民及地域社会组织的特性、避难所所在场所（学校、公园、民间设施等）的区别进行的，而从促进避难者互相援助、共同重建生活这一视角来说，避难所应该尽可能让避难者自主运营。

但是，阪神·淡路大震灾时，神户市内只有六成略强的避难所形成自治组织，其形成时间，约二成左右是在灾后四天内，五成不到是在灾害发生半个月之后（神户市教育委员会，1996）。

有的避难所从一开始就采取"代表者会议型"或"基层地域自治会包管型"的运营方式。那些避难所所在的地区，大多在震灾之前就是居民连带感较强、社区活动十分活跃的。如神户市长田区真野地区，全地区约2500户家庭在当地的小学、公众集会设施等场所自发形成 16 个避难所,从地震发生当天起,就由联合町会统一到区里领取救援物资,回来后再统一分配给包括"灾害时需要援助的人"在内的本地区每一个受灾者(阪神复兴支援 NPO,1995)。

为了实现由避难者自主地运营避难所,除了需要事前做好准备之外,受灾地域社会成员还必须面对灾后生活,通过共同协商,决定什么是第一位重要的、什么是必须守护的。

三、避难生活的准备

野田隆在避难生活的社会学(《避難生活の社会学》,《阪神・淡路大震災の社会学》第 2 卷)中,关于灾害应对的危机管理计划,引用了 R. 戴恩斯的研究成果,提出我国的应急对策计划应该从集权体系向基于自律性决策的"调整和协调计划"转换(野田隆,1999)。以避难所资源调配系统为例,必须事先制定计划,包括了解各个阶段所必须的物资以及与这些物资的相关机构订立协议;居民在防灾训练中互相认识,理解在计划层面上自由变通的可能性和整个过程。

把这一观点应用于避难所运营的话,分阶段计划、协作体验、包括各种可能情况的训练项目等就都是非常重要的。

重大灾害发生初期,在行政人员无法参加的情况下,避难所需由居民组织自主运营——这里以此为假设条件,来思考避难所运营训练计划。首先，关于训练主题，需要考虑以下问题：①避难所运营顺序②避难所设施使用方法③避难所生活规则④使用防灾教育教材《十字路口》中游戏方法的矛盾问题（矢守克也等，2005）[①]。

为了提高训练的实效性，在训练方法上要把以下各点有机地结合起来。①事前用幻灯片或图片说明实际的灾害事例，使参加训练的人多少有些预备知识；②如图5-4所示，思考自家所在地的避难所的运营顺序；③在以上基础上，进一步在平面图上了解避难所设施的使用方法；④从公平的角度，考虑一天的作息安排和生活及运营的规则，明确哪些是必须禁止的行为；⑤在上述从时间和空间两个方面了解避难所之后，围绕特定的"十字路口"矛盾问题进行讨论，找出最恰当的解决方案。

作为"十字路口"矛盾问题，要多思考如何解决避难者人数远超过计划或预案、食物等维持生存所需物品远少于计划或预案等那种前提条件完全不具备的问题，这才能提高实效性。

例如，在以"当救援食品在数量上远不能满足避难者的需求时应该怎样分配"为主题的游戏中，先分别举出"Yes"

[①] 《十字路口》这一防灾教育教材名副其实，以游戏的方式训练人们思考不能简单地用"YES"和"NO"来回答的矛盾的、关系到"生死分界"的问题。为了减轻大地震时的受害程度，文部科学省组织"大都市大震灾的减灾特别项目"研究，该教材是这一项目的一部分，于2004年7月完成"神户版／普通版"。

（分配）和"No"（暂不分配）的根据，然后对左右判断的各个论据——如食品"分配的可能性"、"（食品的）有效期限"、"调拨食品的可能性"、"分配方案"等——进行确认[①]。

将这些关键论据进行不同组合，可假设各种状况（问题分类），与此同时再准备若干答案——通过这样的方法，可以形成能够顺应问题（状况）的变化而调整的答案（应对办法）。

这种训练是一种预习，其目的就在于：在避难者多样化生活需求交织于一体的避难所运营中，即使面对急剧变化的状况，也能冷静地抓住问题的本质，从容并

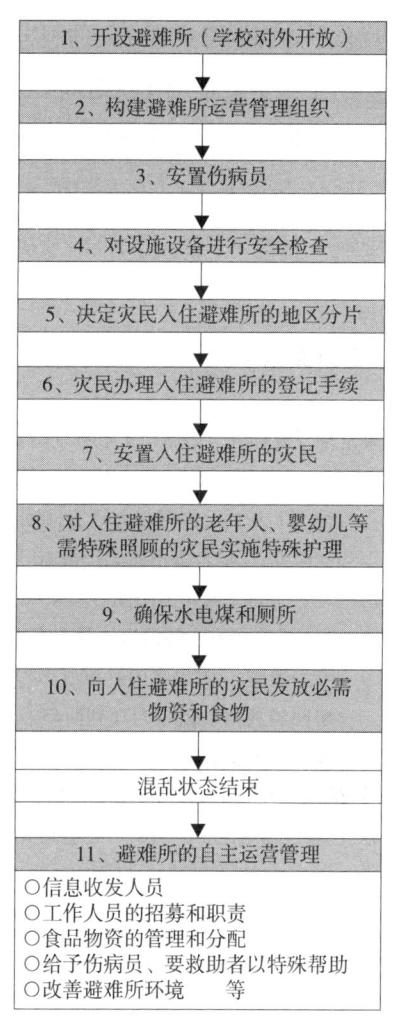

| 1、开设避难所（学校对外开放） |
| 2、构建避难所运营管理组织 |
| 3、安置伤病员 |
| 4、对设施设备进行安全检查 |
| 5、决定灾民入住避难所的地区分片 |
| 6、灾民办理入住避难所的登记手续 |
| 7、安置入住避难所的灾民 |
| 8、对入住避难所的老年人、婴幼儿等需特殊照顾的灾民实施特殊护理 |
| 9、确保水电煤和厕所 |
| 10、向入住避难所的灾民发放必需物资和食物 |
| 混乱状态结束 |
| 11、避难所的自主运营管理
○信息收发人员
○工作人员的招募和职责
○食品物资的管理和分配
○给予伤病员、要救助者以特殊帮助
○改善避难所环境　　等 |

图 5-4：避难所运营顺序（例）

---

① 根据防灾都市计划研究所于平成18年（2006年）东京都新宿区实施的"避难所运营训练"。

233

且公平地协调避难者之间的利害关系。这种训练方法,也可以应用于制定避难所作息时间表、生活规则(包括确定哪些行为是必须禁止的)以及避难所运营规则。

如上所述,对于各种可能实际经受避难生活的人来说,需要有一种能够提高他们判断及决策能力的训练方法。

[引用文献]

東京都『首都直下地震による東京の被害想定(平成18年5月)』.

トルコ中央危機管理本部資料(1999年9月12日)。中林一樹,2003「阪神・トルコ・台湾における住宅と都市の震災復興過程に関する比較研究」『総合都市研究』第80号.

富島地区では、地元消防団等による生き埋あ者全員(約300名)の救出、当日夕方5時頃には行方不明者ゼロの宣言をしたこと(迅速な安否確認)、救出者の診療所への搬送等が行われた。こうした対応が団員各自の自主的な判断のもとで直後から行われていたことは注目に値する。

林春男,2003『いのちを守る地震防災学』岩波書店.

松井 豊他編著,1998『あのとき避難場所は—阪神・淡路大震災のリーダーたち』ブレーン出版.

柏原士郎・上野 淳・森田孝夫編,1998『阪神・淡路大震災における避難所の研究』大阪大学出版会.

"1.17"神戸の教訓を伝える会,1996『阪神・淡路大震災 被災地"神戸"の記録』ぎょうせい.

外岡秀俊,1997『地震と社会(上)』みすず書房.

神戸市教育委員会,1995『阪神・淡路大震災 神戸市立学校震災実態調査報告書』.

岩崎信彦他，1995「避難所運営の仕組みと問題点」神戸大学〈震災研究会〉編『大震災100日の軌跡』神戸新聞総合出版センター．

神戸市教育委員会，1996『阪神・淡路大震災　神戸の教育の再生と創造への歩み』．

阪神復興支援NPO編，1995『真野まちづくりと震災からの復興』自治体研究社．

野田隆，1999「災害対応の危機管理計画」『阪神・淡路大震災の社会学　第2巻　避難生活の社会学』．

「クロスロード」は、「重大な分かれ道」のたとえのとおり、YESかNOかの判断がつきにくいジレンマ問題をゲーム形式で考える防災教育教材である。大地震の被害軽減を目的に文部科学省が進める「大都市大震災軽減化特別プロジェクト」の一環として開発されたもので、2004年7月に、「神戸編・一般編」が完成された。矢守克也・吉川肇子・網代剛，2005『防災ゲームで学ぶリスクコミュニケーション』ナカニシヤ出版．

平成18年度に防災都市計画研究所が東京都新宿匹で実施した「避難所運営訓練」による．

（吉川忠寛）

专栏
《阪神・淡路大震灾社会学（第2卷）避难生活社会学》

吉川忠宽

该书汇集了社会学研究者在日本社会学学会和关西社会学学会上发表的论文，是1999年出版的三卷本《阪神・淡路大震災の社会学》的第二卷。

该书由7个部分构成，共收录了23篇关于避难生活的研究论文。

第一部分以"避难所的生活和运营"为主题，聚焦避难生活的舞台——避难所，论文内容包括学校避难所运营阶段、避难所运营负责人与避难所运营状态的关系、避难者行政对策批判、避难所运营与学校复课之间的矛盾等。

第二部分以"家人和震灾"为主题，关注的问题有：在避难所共同生活中"家人"含义变化、移居临时简易住宅后的家庭孤立化问题、家庭资源与应激反应、母子应激反应症等。

第三部分以"避难生活的各个方面"为主题，论文涉及基于追踪调查的基层地域避难行动研究、避难生活实态研究、城乡老年人避难生活比较研究、关于城市地区受灾者意识的历时性和结构性分析等。

第四部分以"族群共同体与灾民"为主题，所收集的论文有关于在神户的奄美人的避难生活及同乡团体对他们的援助的研究，避难生活及救援活动方面的族群比较，华侨华人在受灾、避难、救援及复兴等方面的特点的研究等。

第五部分以"临时简易住宅的生活及其结构"为主题，其中有的论文以三次调查为基础，研究临时简易住宅居民的特征及生活状况，其中特别关注"灾害时要援护者"的生活状态和护理者方面的负担问题；有的论文从沟通论的视角，研究临时简易住宅小区的内部交流和对外交流；还有的论文研究与临时简易住宅及其居民相关的志愿者活动。

第六部分以"地方自治体与受灾者"为主题，有的论文从灾害时地方自治体与居民的关系着手，尝试对公共性（正义性）进行重新解释；有的论文关注临时简易住宅供给与"县外避难者"关系的问题，分析行政管理学与社会学结合的可能性。

　　第七部分以"挺近理论"为主题,其中有的论文通过从震灾志愿者的出现到 NPO 法案制定的过程,论证市民团体方面在灾害时的应对及今后课题;有的论文论证在灾害应对方面,实现从危机管理计划集权体系向"调整和协作的计划"范式转换的必要性。

第三节　生活重建和复兴

一、"复旧"与"复兴"的异同和位相

"复兴"的含义，在《广辞林》里被解释为"按照原样重建"，而人们通常也是在这一意义上使用"复兴"这一词语。因此，来灾区访问的人们常会给受灾者打气，说："为实现复兴的目标，大家加油！"而稍加思考就能明白，这可能引起不愉快。无须你们局外人说"加油"，我们自己就十二分努力地在"加油"，凭什么还要叫我们"加油"？！——受灾者的心底可能会油然而生不悦。更关键的还在于，受灾者正置身于一种不得不把"复旧"（即"生活重建"）与"复兴"区别开来的境地，而几乎所有来访者都不能理解这种区别对于受灾者的意义，甚至很多来访者不了解这两者的区别。下面，就通过对"复旧"与"复

第五章　灾后生活与生活重建

兴"的比较,简括说明两者的区别。

日本自关东大震灾以来,重大灾害之后的重建都以《复兴城市计划事业法》(或与此类似的其他基础设施重建法律)为依据。而在根据《复兴城市计划事业法》实施土地规划整理的场合,土地所有者由于需要承担减地、换地、交纳清算费等负担,常会对"复兴"表示不满或反对。租房者的情况更加糟糕,他们即使在灾害时保住了生命,也大都无法在原居住地继续生活。因为如果房东不在原地修复或重建住宅,他们就只能到其他地方另找住房;而即使房东在原地修复或重建住宅,他们中的大多数也不可能入住——因为为保证新建住宅能抵抗同样或更大的外力,就必须提高新建住宅的抗震性能和其他质量指标,因此新建住宅的租金自然会比原来高很多,于是,低收入者或靠养老金维持生活的老年人因无力支付新房租,就只能搬迁到其他地方。从这个意义上来说,社会弱者所承受的灾害损失更重更惨,而且更难重建生活(比如他们即使灾前拥有房产,灾后也没有能力修理或重新建造)。

也就是说,受灾者想要重建生活(恢复原状＝"复旧"),想要回到包括近邻关系在内的原有生活环境,可"世间"却不容许他们再回到过去。这里所说的"世间",就是全日本善良的国民。全体国民都怀着善良之心注视灾区建设,并认为必须重建一个能够抵御未来灾害的新街区。这种国民意愿在国家议会上得到认可,其结果就是"复兴城市计划事业"的法制化及其普遍实施。但是,受灾者对《复兴城市计划事业法》的态度是矛盾的:他们赞成总纲,但对减地、换地、清算费以及一些必然导致地价和房租上涨的具体条例则持反对态度。在受灾地确实有很多人抱有这种苦衷,他们面对那些尽管充满善意,可完全不理解这种客观状况的目光,自然会感到气愤不已。

"复兴",并不只是"复兴城市计划事业"框架中的一个词语,人们本来是在其"受灾地重建"及"受灾者重生"这一基本含义上使用它。但是现行灾害相关法律制度的前提在于,不能用公费帮助受灾者重建作为私有财产或个人资产的住宅。也就是说,为杜绝受灾者"因灾发财"的现象,现行法律制度规定公共资金绝不能用于援助私人住宅,而只能用于援助城市基础设施的再建设。这样,人们就理所当然地接受了对于"复兴"的新注解——即在"复兴"这个老词汇里注入了"街区建设高级化"这一新含义;而随着现行灾害相关法律制度的普及,这个新含义逐渐成为人们对"复兴"一词的主要乃至唯一的理解。

二、生活重建与复兴的矛盾

因此,日本战后长期以来,灾区的复兴事业,特别是在地震、火山喷发、飓风、暴雨、洪水等灾害之后的复兴事业,受灾地(而不是受灾者的生活)的重建总是与大规模的街区基础设施再建设相伴随。不过必须说明的是,实际上也存在受灾者生活重建与街区基础设施再建设同时或稍后展开的个别事例。而自阪神·淡路大震灾开始,这种个别事例则被作为一种普遍目标。

1. 共同住宅建设——二阶段复兴

在阪神·淡路大震灾的受灾地区,把受灾者生活重建与街区基础设施再建设融合为同一事业展开,实施共同住宅建设就是具体举措之一。受灾居民在同意街区整合规划的前提下,在新建街区建造共同住宅(当然,市民还是会对共同住宅在街区整合规划中所占的地位提出自己的主张)。所谓"共同住宅建设",具体地说,就是数名土地所有者拿出各自的土地,合成一块较大面积的土地,在那里建造共同住宅。其出台,是因为有不少土地所有者缺少重建住宅的资金。为推进共同住宅的建设,制度层面制定了不少具体措施:如对规划及调整的顾问实行注册登记制度;共同住宅的建造由公团或公社承担,共同住宅中的剩余房屋也由他们负责出售或出租,从而减轻土地所有者的负担。神户市有8万户居民的自有房屋在阪神·淡路大震灾中倒塌,其中有7200户通过这种"共同住宅建设"的方式(包括部分以协调的方式)重建了住宅。

2. 公共事业和生活重建

云仙普贤火山喷发长期不息，致使灾害状态长期化，没法展开复旧复兴事业。可是，又不能置之不理。于是，一方面着手修建防沙坝、导流堤等确保地区安全的公共事业，而通过这种公共事业用地的购买使受灾者（土地所有者）获得重建生活的资金；另一方面，对作为主动脉的国道、铁路进行高规格再建设，以提高其抗御泥石流的性能，而这种高规格交通线路的建成又促进了半岛开发这一沿途及周围地区居民的宿愿的实现。这样，通过在受灾地战略性地开发公共事业项目，不仅帮助受灾者重建生活，而且促进当地振兴计划的提前实施。而复兴，既是结果，又是目标。

毋庸置疑，公共事业带给受灾者的并不都是直接的帮助。如在上木场这个受到火碎流和泥石流直接冲击的重灾区，国家为保障下游地区的安全，决定在上木场修建防沙坝，而上木场的居民为此就要失去家园。上木场地区复兴事业实行委员会号召居民以"重建生活"为目标，但又明确告诉居民"必须放弃祖祖辈辈生活的故乡"。为了使上木场居民能够"重建生活"，该委员会与各相关方面沟通和协商，最终在土地补偿金之外，还帮助居民获得了火碎流和泥石流中尚存房屋及财产的补偿、墓地迁移补偿和后续生活补偿；另外，该委员会还从许多具体方面促进居民互相帮助，共同重建生活。就这样，上木场居民把公共事业与地区振兴事业富有成效地结合起来，最终实现了包括住宅建设在内的生活重建。

3.《受灾者生活重建援助法》

受灾者期望重建生活，但我国现行法律规定，对于作为生活重建支柱的自有房屋的重建，不能投入公共资金（现行法律认为，如果在这方面投入公共资金，就可能助长趁灾害之机增长私有或个人财产的不良风气）。不过，在具体实践中，国家和地方自治体一直都在摸索帮助受灾者重建生活的办法。如在上述1991年云仙普贤火山喷发灾害时，把土地补偿金作为以町内会为单位重建生活的资金；又如作为受灾者救济法的《灾害救助法》（1947年制定）对食物和临时简易住宅的提供规定了具体期限，但在操作中，一般都根据实际情况给予延长。

阪神·淡路大震灾成为从法律上重新思考受灾者援助相关法律的重要转折点，当时相关都道府县多以互助原则为旗号，从灾害救助基金中向受灾者支付"受灾者生活重建援助金"，帮助受灾者开始自立生活。这种破冰之举，最终促成《受灾者生活重建援助法》的问世（1998年）。

不过，至少在2007年8月的时点，上述"受灾者生活重建援助金"的支付范围还只限定在对自有住房全毁的家庭提供生活必需品和搬迁费以及对受灾者清除倒塌房屋的瓦砾或住宅贷款利息给予补贴，而对作为个人资产的自有住房的重新建造本身不提供援助。总之，日本至今还没有能够从根本上为受灾者重建生活提供补偿和保障的法律制度，所以受灾者还无法毫无顾虑地进行复旧或复兴。

三、各种复兴模式

1. 特殊时期街区建设构想和事前复兴／生活防灾和结果防灾

阪神·淡路大震灾之后,"复兴"概念的内涵不断扩充,积蓄着由量到质的变化。

对阪神·淡路大震灾经验教训的反思,孕育出"事前复兴"的理念。阪神·淡路大震灾之后,《复兴城市计划事业法》频频遭受指责或批判。防灾工学研究者首当其冲,他们在街区复兴建设实践的第一线痛感街区复兴之难,在总结经验的基础上指出:"应该在灾前就做好街区复兴的计划方案,这样,不仅能保证灾后复兴建设的迅速性和有效性,而且由于灾前有充裕的时间对街区复兴计划方案进行反复商讨和论证,所以还能保证各项措施和计划的综合性以及居民对复兴事业的参与"。他们把这称为"事前复兴城市计划",简称"事前复兴"。

而上述"事前复兴"理念又被进一步与特定时期街区建设构想结合起来。如东京都引进"事前复兴"理念,制定了"(东京都)震灾复兴指南",其中包括前所未有的"震灾复兴街区建设模拟训练"。这一训练有以下主要环节:①通过"街区漫步",发现街区复兴建设的课题;②通过"角色竞赛",了解避难所生活，懂得应如何在避难所时期就开始着手重建生活；③通过"特殊时期街区的考察"，学会灾后尽快整备临时生活环境的方法；④通过"街区复兴方案讨论"，在街区居民共同参与、反复协商讨论的基础上制定街区复兴建设目标。上述环节循序渐进，周而复始；而每一个环节也都可以在反复进行多次之后，再进入下一个环节。现在，这种"震灾复兴街区建设模拟训练"已经在各地方自治体的推动下，在日本全国各地得到普及。顺便说明，上述"特殊时期街区"，是指受灾居民为推进本地的复兴，自主规划和组建的临时街区。对一些尚能使用的建筑物进行应急修理，并同时建设应急临时简易住宅，在那里开始开设临时店铺和临时事务所，形成灾后特定时期的商业和生活街区。这种受灾者的"临时生活场所"，同时也是当地居民复兴的落脚点。由上可见，震灾复兴就是这样一个从避难所运营到特殊时期街区建设，再到街区复兴建设方案确立的过程。

为实现灾后的生活重建和复兴事业的有机结合，在灾前就应该对此进行反复思考和训练。在多灾之邦的日本，正是通过这种"事前复兴"理念，把关于灾害的研究及实践的时间轴从灾后延伸到了灾前。更确切地说，"事前复兴"理念打破了"灾前"与"灾后"之间的时间隔绝。可是，理念的付诸实施，不无阻力。比如在东京，作为事前复兴街区建设的重要一环，行政方面要求对老旧木结构建筑物密集的街区进行改造，而这些街区的居民则陷于矛盾：总体上赞成，即认可"事前复兴"的必要性；但在具体方案上反对，即反对自有房屋成为改造对象，不同意拆迁。

对这种事前复兴街区建设，有人持批判态度，认为是借防灾之名，行开发行政之实。而事实上，阪神·淡路大震灾之后，打着"防灾街区建设"名号的地区再开发事业在日本各地确实曾一度甚嚣尘上，以至于居民都厌烦了"防灾"宣传。在这一背景下，人们又提出新的主张：不要再空谈什么"为了防灾"，而要实实在在地去尽早发现日常生活中的脆弱环节，并尽快解决那些问题——这样做的结果，才是真正意义上的防灾。这种观点，也就是所谓"生活防灾"[①]或"结果防灾"（大矢根淳，1998）。

2. 故事复兴

下面的事例也体现了一种对"复兴"概念的新解释。

近年来，在生活重建和复兴的问题上，日本开始向欧美学习，探索一种以居民为主体的复兴模式。"故事复兴"就是这一背景下的产物。2004年新潟县中越地震的受灾地是一个人口老龄化极为严重的山区，"故事复兴"是当地在灾后开展的一项活动，具体做法是让受灾居民不要只看到自己面临的困

[①] "生活防灾"是在日常生活中"不说防灾的防灾"，具体有"防灾探险队"的"重新发现我们的街区"等。中小学生等参加者在学区范围内，走街串巷，发现哪里有24小时便利店、加油站、水池旧址、独居老人等情况，把那些信息汇总后，制成地图，分发给居民。"生活防灾"与以往的防灾措施不同，不是只靠专家来确定和传送灾害信息，而是当事者们自发地组织起来进行危机管理。

第五章 灾后生活与生活重建

难,而从多种视角(如换位为外来学生志愿者的视角),通过重新评价当地历史,或重新发现当地文化财产等方式,去发现本地的特色和优势,在这个基础上形成自己对本地区复兴的想法,并编织一个故事,把自己的关于地区复兴的想法表述出来。1989年美国加州地震灾害后,旅游胜地圣克鲁斯就采用了这种故事复兴方法。新潟县中越地震灾害的受灾者在学习国外复兴经验的过程中,借鉴并引进了圣克鲁斯的故事复兴方法。

每一个有关街区复兴的具体方案,因为涉及多方面的利益关系,必然会或先或后地遭到各方面的反对。针对这种情况,圣克鲁斯在制定街区复兴方案时,先不谈具体问题,而让居民讨论究竟想要怎样的街区这个问题——让居民们把自己认为最理想的街区以文学作品或绘画的形式表现出来,然后大家对这些文学作品和绘画逐一进行自由评论,用这种方式对理想街区进行充分讨论。这是一种结构主义的复兴理论。结果,在圣克鲁斯的街区复兴方案中,市政府办公厅等大型公共设施的建筑被推后,高速公路的修建也被放弃,而重新建造西班牙统治时期的古老街道被提上议事日程。顺便提一下,阪神·淡路大震灾之后,也有很多人提出不要再修建高速公路,但最终还是修建了。

灾后复原和引进大型公共事业项目,构成日本灾害复兴的两个最基本方面。究其原因,前者在恢复原先的生活这一点上,不会引起受灾当事人的反感(尽管原状恢复意味着若遭遇同等程度的灾害,就会再次遭受同等程度的损失);后者可扩大内需,不少人可由此受益。而容易遭到反对、可能招致受灾责任追究(如被追究没有发现硬件或软件结构上的问题的责任)的方法,在日本的灾害复兴中始终不受重视。不过,自2004年新潟县中越地震灾区引进"故事复兴"方法之后,在2007年能登半岛地震灾区和同年新潟县中越冲地震灾区也普遍使用了这种通过居民广泛讨论而决定街区复兴方案的方法。这可以说是日本灾害复兴领域的一个重要进步,希望它能得以保持和发展(参照中越复兴市民会议、地域复兴交流会议的HP)。

3.新生的位相

本节最后部分,想超越"复兴"的话题,谈论一下"新生"。如上所述,至今为此,日本的"复兴"是以受灾地区的复原复兴为主;但在国外,在灾害过于严重的情况下,常会采取放弃受灾地迁居他乡,创造全新的生活环境(日本偶尔也有因火山喷发等重大灾害而群体迁居的情况)。

菲律宾皮纳图博山火山喷发灾害后的尼格利陀人迁移就是一个非常典型的"新生"案例。火山喷发灾害之后,在避难生活和尝试生活重建的过程中,尼格利陀人有很多机会与平原地区的居民、政府机构工作人员以及NGO成员接触和交流,其结果强化了他们的族群意识;移居到其他地区之后,与

第五章　灾后生活与生活重建

平原地区居民有了更密切的交流，他们在自己的生活重建和居民共同体复兴的过程中，逐渐形成新的"空间"和"时间"的概念，超越灾害的悲痛与苦难，重新建构自己和社会，完成族群再生，或称之为"族群新生"（清水展，2003）。

总之，论及生活重建和复兴，会引出大规模空间转移、族群意识觉醒、多族群共生社会构建等许多问题。关于生活重建和复兴的研究，就是包含所有这些问题的深奥学问。国际难民研究也属于这个领域。

[参考文献]

大矢根淳，1998「『生活再建』概念の内省的再考」『情報と社会』No.8.
清水 展，2003『噴火のこだま—ピナトゥボ・アエタの被災と新生をめぐる文化・開発・NGO』九州大学出版会.
宮原浩二郎，2006「『復興』とは何か—再生型災害復興と成熟社会」『先端社会研究』No.5.
矢守克也，2005『〈生活防災〉のすすめ』ナカニシヤ出版.
中越復興市民会議　http://www.cf-network.jp/index.php（「復興デザイン研究会」など）.

（大矢根淳）

第四节　灾后复兴城市计划事业

一、复兴城市计划事业的内涵

复兴城市计划事业的目的不在于复旧或重建，即不是要把受灾城市简单地恢复到灾前状态，而是要削减城市中存在的与受灾原因相关的脆弱性，建设一个具有较强抗灾能力的城市。这是复兴城市计划事业的基本含义。

从历史上看，复兴城市计划事业有关东大地震后问世的土地区划整理事业（以下略称为"区划整理事业"）和近年出台的城市街区再开发事业（以下略称为"再开发事业"）。其中，前者的主要目的在于完善城市基础，以保证即使发生火灾，也能控制火灾蔓延，使受灾者逃离火海到安全地方避难。长期以来，它一直被作为城市复兴的重要指针。

第五章 灾后生活与生活重建

关东大震灾之后的帝都复兴,福井地震、阪神·淡路大震灾等地震灾害之后的城市复兴,函馆、静冈、酒田等城市大火之后的复兴以及第二次世界大战之后的复兴,在所有复兴案例中都包括了区划整理。如阪神·淡路大震灾之后,以在地震火灾中化为灰烬的区域为中心,兵库县全部20个地区、255.9公顷都被纳入区划整理范围。

如上所述,复兴城市计划事业是以提高和完善城市基础的抗御灾害(火灾)能力为目的的城市建设计划事业,或者说只是实现这一目的的一种手段。一般在灾害发生后较早阶段开始制定城市复兴计划事业的具体项目,行政部门和居民之间围绕是否要实施那些项目会不断发生冲突。

通常,行政方面倾向于按照全国统一的程序推进事业,而居民则各自主张自己的权利和生活。可最终,在法律的强制力、行政的执行力以及财政支出等一系列权力装置下,居民的要求虽然会多少得到一些满足,但基本上还是接受行政方面的规定。

但是,在复兴问题上最重要的在于,利益相关者要有一个通过共同构想自己街区的未来远景,充分讨论把概念具体化的根本课题,并自主地选择出最适合于本地区的实施方案这样一个达成一致见解的过程。

二、灾害对防灾性能的检验

首先,因为复兴城市计划事业的目的在于提高和完善城市抗御灾害（火灾）的能力，所以，这一目的是否实现，需要在地震引发同时多处起火（光靠公共消防力量没法扑灭的火灾）的现场实际检验阻止火势蔓延的因素及其功能。

阪神·淡路大震灾发生时，是一天中社会经济活动开始之前的清晨，气象条件也近乎没有风，所以火灾造成的损失比较小。可即使如此，地震发生的最初三天，整个灾区仍发生火灾共256起，烧毁房屋7000栋，着火面积63公顷（日本火灾学会，1996）。

关于阪神·淡路大震灾时街区大火的原因，有关专家认为主要有以下五个方面：一是老旧木造建筑物密集；二是已有消防能力无力应付同时多处起火的状况；三是防火栓等消防设施在地震中受损；四是消防车遭遇交通堵塞；五是刚起火时未能及时彻底灭火。也有专家指出，在地震发生的第一时间，这街区大火就已成定局（室崎益辉，2005）。地震刚发生后，神户市内就约有80起火灾同时发生，其中约有40处有蔓延可能，必须马上扑灭，但当时神户市消防能力只能应付20起火灾，所以说，火灾的蔓延从一开始就已经注定了。神户市的消防队员是在这种"势不力敌"的情况下与大火恶战的。

那么，是什么熄灭了大火？据消防部门研究，由空地和耐火建筑连成的延烧隔离带是防止火灾扩大的主要因素。根据消防研究所的计算，烧毁面积4000平方米以上的延烧阻力因素及其比例如下:"道路、铁轨"40%,"耐火或防火建筑等"23%,"空地"23%,"消防活动"14%(日本火灾学会,1996)。从上述数据可见,空地和耐火或防火建筑占有相当高的比例。而且,烧损面积越大,这一比例就越高。

水笠西公园周边地区是当时最大规模的火灾现场,烧损面积达10公顷。根据建筑研究所的调查,当时那里的延烧阻力因素及其比例是:"大规模空地系(20—30米宽的道路、公园、铁轨)"20%,"小规模空地(宽度不足8米的道路)及沿路耐火建筑"60%,"小规模空地(宽度不足8米的道路)及沿路防火建筑"20%。由此可见,除了大规模空地,小规模空地及沿路建筑物的高性能耐火抗火建筑,都在阻止火势蔓延方面起了积极作用。[①]

关于区划整理中延烧隔离带的规模,可以参照以往各灾害现场的防灾性能检证,但在实际运用方面,符合当地的具体情况才是最重要的。

三、生活重建与复兴城市计划事业

众所周知,复兴城市计划事业往往与街区高级化(gentrification)相伴随,会导致当地大量居民迁居其他区域。下面

[①] 建设省在神户市长田区的调查结果也表明,路面宽度在4米以上的延烧防止率为40%,路面宽度在12米以上的延烧防止率达到100%。(国土交通局:《日本の道路》,2002)。

让我们来看一下复兴城市计划事业对当地受灾居民生活重建的影响。

首先对"生活重建"这一概念的含义做一规定。个人及其家庭是最基本的生活单位，在这个基本生活单位的居住空间中，"生命维持"（居住、健康、安心安全）、"劳动和消费"（就业或营业、购买及消费）、"环境和共生"（居住环境、交流和共生）、"自我实现"（兴趣及文化、历史及人生）等个人及其家庭的需求要素构成一个综合系统。所谓灾后的生活重建，就是受灾者的需求从基本层次渐次向更高层次的恢复或得到满足的过程。[1]

由上可见，生活重建的第一步就是确保居有定所。也就是说，确定居住场所，这是生活重建的第一任务，因为在推进周围环境建设及基层地域社会交流方面，邻里关系都是不可或缺的要素。另外，经济条件（通过就业或自营业所获得的资金获取或资金调动的能力等）是生活重建的必要条件，恢复或重写自己人生的"未来蓝图"是生活重建的最终目的。

也就是说，受灾者的生活重建是由多种要素构成的。而上述复兴城市计划事业所追求的城市抗灾能力的提高和完善，只涉及生活重建中的"安心、安全"要素。

由此也就不难理解多数受灾者为何把回归原居住地作为

---

[1] 关于"生活重建"的这一规定，是笔者在参考社会学的生活结构论和心理学家马斯洛的需求层次论的基础上所做的思考。

生活重建的第一目标。回归原来的住处之所以是生活重建的基础和起点，这是因为它对于维持生活结构整体是不可或缺的前提条件。对于很多受灾者来说，如果住所搬迁，就会失去原来的生活基础和社会关系，就不能像以前那样去商店购物、去医院看病、与周围邻居交往、参加自治会活动及兴趣娱乐活动。

常有报道说，在郊外或海滨住宅发现酒精中毒者或孤独死亡者，这种现象也已经引起社会的普遍关注。但值得思考的是，居住地搬迁导致生活环境剧变的弊端，也大多表现为这种现象。

四、复兴城市计划事业的社会影响

下面，从城市街区再开发事业与复兴城市计划事业之间协调的困难、区划整理与人口减少（空洞化）的关联这两个方面，来分析复兴城市计划事业对地域社会的影响。

1. 城市街区再开发事业与复兴城市计划事业之间协调的困难

阪神·淡路大震灾后，新长田南区作为重灾区（全塌住宅1580户，受灾率达到80%）被纳入神户市第二种城市街区再开发事业，成为最大的再开发街区，总面积约20公顷，事业总经费约2.7亿日元。在当初的规划中，该地区将成为神户西部重要的商业及住宅区域，计划要盖40栋高楼。但是，至今只完成了18栋（总面积约29万平方米，其中，商用面积约4.8万平方米，住宅约1600户），而且房屋很难卖出去，房价下跌，租客不足。[1]

关于房价下跌的原因，据说在很大程度上是由于复兴住宅需求的短期性与街区再开发事业的长期性之间的矛盾。具体地说，神户市新建复兴住宅户数在1997年12月达到84000户，已经超过当初"神户市震灾复兴住宅建设紧急三年计划"中关于新建住宅72000户的目标，而街区再开发事业中的第一批商品房（99户）到2000年7月才完成，整整晚了二年半以上的时间。

确实，复兴住宅市场有其早期紧迫性，可作为大规模的再开发事业则有其稳健推进的规则框架，两者之间的矛盾是难以避免的。

复兴城市计划事业需要庞大的公共预算，而且在空间上对街区未来具有极其重要的社会影响。因此，复兴城市计划事业不应在灾后短时间里急于求成，而必须具备能够适应市场变化的事业性、能够适应时代变化的计划性。为此，就需要有使这种必要性同时也具有可能性的制度设计。

2. 区划整理与人口减少（空洞化）

所谓区划整理，是一种为完善道路、公园、河川及其他以

---

[1] 信息来源于笔者在2004年3月对神户市主管部门工作人员的访谈。

第五章 灾后生活与生活重建

政令规定的公用设施以及住宅地使用，伴随减地、换地等处理方法的"关于变更土地区划形态性质及新设公共设施的事业"（《土地区划整理法》第二条）。

在区划整理中，租房者因不是权利对象，所以只能迁出；另外可以预想，土地所有者中也会有人因缺少重新建造自有房屋的资金或为躲避长期建筑限制等原因而迁居其他地区。

以"安中三角地带"为例，这个地区因云仙普贤火山持续喷火灾害而备受社会关注。1993年6月发生了大规模火碎流灾害，很多居民由于避难生活的长期化而移居其他地区。九年后，即2002年，堤坝增高工程及其相关的区划整理终告完成，但回迁的居民只有三分之一左右（兵库县震灾复兴研究中心，2007）。

阪神·淡路大震灾后也有类似情况。2005年1月时神户市内复兴土地区划整理地区的常住人口数量，比1995年1月时减少了20%—40%，其中松本地区减少了44.7%（真野洋介，2006）。

常住居民的大量减少必然延缓住宅重建工程，因此留下大片残破建筑或瓦砾的"空白区域"，这又会影响居民自治的恢复，并导致当地经济发展的停滞（广原盛明，2001）。可是，区划整理毕竟属于城市基础建设事业，对于这种以人口减少为首的地区空洞化问题应该另有对策，而更重要的是应该在区划整理项目实施之前就对这些问题进行充分的讨论。

灾害过后的防灾城市建设所带来的人口减少削弱了居民的连带感和社会交流，其结果会弱化软件层面的防灾能力。因此，必须引起足够的重视。

五、复兴城市计划事业的个案研究——原北淡町（现淡路市）富岛地区的事例

在兵库县各地的复兴城市计划事业，特别是区划整理事业中，原北淡町（现淡路市）富岛地区最为落后。这里就该地区为例来从计划的背景和概要、行政与居民间达成协议的过程、区划整理的社会影响、区划整理的遗留问题这几个方面具体分析复兴城市计划事业对地域社会的影响。

1. 计划的背景和概要

富岛是淡路岛上受灾最严重的地区，全毁住宅308户（51.2%），半毁住宅198户（32.9%），死亡25人。

灾前的富岛地区在空间上以富岛港为中心，由多条1—2米宽的狭窄街路向四方辐射，街路两侧老旧木屋林立栉比。

在社会结构方面，富岛地区散落着许多传统的居民共同体，其中有的以渔业或农业的职业同行关系为纽结，有的以共同生活为纽结（北淡町，1985）。在大震发生后的第一时间，当地传统的消防团全力紧急搜救，从瓦砾下救出323人，至当天下午4点52分就完成了对全部居民的确认，没留下一个失

第五章 灾后生活与生活重建

踪者,这在当时曾传为佳话(北淡町灾害复兴对策室,1997)。

富岛地区复兴计划的概况如下:总面积20.9公顷;总事业费237亿日元;减地率约22%(除去由公共先行购买土地部分,约为9%);土地权利者685人(土地所有者662人、土地权借用者23人);原常住人口602户1670人。[1]

富岛地区复兴计划的最初方案完全无视街区原有布局,规划建设宽15米的流线型交通干线、格子状街路和3个大规模的公园。之后经过9次修改,目前(2005年8月)的规划方案已相当接近街区的风格。这一点在居民迁居率(因区划整理不得不外迁的人口的比例)上也得到反映,从最初规划方案的100%到目前规划方案的75%,减少了四分之一。[2]

2. 行政与居民间达成协议的过程

在富岛地区实施区划整理这件事情早在1995年2月根据《建筑基准法》第84条指定建筑限制区域时,就已经由原北淡町町长拍板决定了。也就是说,"要把受灾如此严重的地方建设成'安心'、'安全'的街区,就只能进行土地区划整理"(小久保正雄,2004)。

1995年2月22日,按照区划整理的程序,召开居民会议,就最初的规划方案向居民做了说明。3月17日,发布富岛地

---

[1] 根据淡路市城市建设部区划整理科提供的资料(2005年8月)。
[2] 根据淡路市城市建设部区划整理科提供的资料(2005年8月)。

区土地区划整理事业告示。3月底,以富岛地区各团体的干部为指定核心委员,成立富岛地区震灾复兴协议会,为町行政当局与居民代表之间的对话搭建了平台。

对于行政方面提出的规划,居民们的意见并不一致。建筑业和旅游业的代表持赞成态度,形成富岛地区震灾复兴协议会中的推进派;以受灾较轻的西町的居民为中心的反对派,在1995年5月结成"爱富岛会",要求撤销富岛地区土地区划整理事业;而以非富岛居民为领导的"富岛思考会",则站在第三者的立场。

行政方面毫不动摇地按照既定程序推进区划整理事业,1996年11月6日决定了包括道路、公园的详细方案的区划整理规划,1997年12月确定了需要置换的土地。

1997年5月,北淡町行政当局对区划整理事业样板街区的居民进行了入户访谈调查,共走访居民526户。调查结果反映了居民对于这一区划整理事业的态度:广义"赞成"("会配合"和"有条件地配合")34%;广义"反对"("不配合"和"请把我家的房子留下")16%;"保留态度"("拒答"、"不知道")50%。

当时,人们认为这些持"保留态度"的人们的态度转变掌握着富岛地区土地区划整理事业的能否成功立项,而实际上他们中很多人的意向是十分具体的,如"希望尽快重建自家的住宅和店铺",或"如果能给我足够补偿,即使减地,我也会配合"。也就是说，他们关注的只是具体条件，而并不在意区划整理本身的问题。事实上很多人后来都是"条件交涉派"，锲而不舍地与行政方面讨价还价，争取达到自己所要求的条件。

3. 区划整理的社会影响

现在（2005年8月），富岛地区土地区划整理事业的进展程度如下：完成换地100%；完成动迁家庭补偿84%；完成工程面积70%；开始收益宅地51%；建有建筑物的面积占总面积的70%—80%；部分尚未施工的土地还处在困难的交涉中，但预定在2006年全部竣工。①

从人口增减情况来看，富岛地区人口1995年为2243人，2005年为1674人，减少688人（减少25.4%）。也就是说，灾后十年，人口减少了四分之一。这个数字，与上述"建有建筑物的面积占总面积的70%—80%"大体一致。

那么，外迁的那些人迁居到哪儿了呢？首先是原北淡町内的公营住宅，包括土地区划整理事业动迁用房在内，原北淡町共准备了288户公营住宅；其次是富岛地区旁边的浅野地区的公营住宅，那里为吸引富岛地区的外迁者，特意新建了89户公营住宅；再次，区划整理中也特别留出了商品房用地，估计很多人迁居到那里去了。

4. 区划整理的遗留问题

1996年，在总结阪神·淡路大震灾经验教训的基础上，

---

① 根据淡路市城市建设部区划整理科提供的资料（2005年8月）。

制定了具有划时代意义的"安全城市街区建设土地区划整理事业"制度。这项制度规定，在面积为 1 公顷以上、城市基础设施不完备、灾害危险指数较高的木造房屋密集的街区，只要具备一定的条件，就必须确保道路宽 4 米以上，对为此需动迁家庭，可以给予迁居补偿和房屋建造费。[①] 这也可以说是一个"微型区划整理"法。它虽然小，但却堪称阪神·淡路大震灾留给后世的一个成果。

让我们总结一下，富岛居民通过这次区划整理，究竟得到了什么、失去了什么？作为阪神·淡路大地震的震源地而损失惨重的富岛地区，在灾害发生后的紧急阶段及时采取了富有成效的应对行动，但在区划整理的过程中，先是围绕是否要实施区划整理，行政与居民之间出现对立；后在区划整理付诸实施之时，区划整理事业的反对者又试图干扰赞成者的住宅重建，两派居民之间因此展开悄然无声的争斗；灾害发生十年之后，依然有四分之一的土地未能落实规划，还有四分之一的居民迁居他乡。

回顾行政与居民达成协议的过程，立场不同的行政和居民双方并没有在一张桌子上共同商讨本地的未来规划，而只是行政单方面制定并实施区划整理和复兴计划；而行政方面与居民的协议，也只是行政与土地所有者之间的条件交涉。

最后，以提高和完善城市抗灾能力为目的的复兴城市计

[①] "安全城市街区建设土地区划整理事业"制度，从 1999 年开始，成为城市再生土地区划整理事业的一种类型（安全城市街区形成型）。

划，无疑要注重提高硬件层面的防灾性能，但更要充分考虑这一计划对受灾者生活重建和地区发展的社会影响；应该在包括居民在内的所有相关人员共同参与、充分协商讨论本地区未来蓝图以及本质问题对策的基础上，选择出最适合于本地区情况的复兴计划。

对于区划整理事业成果的考察和评价，应该包括居民的定居状况、经济生活的稳定、邻里交往及其过程中孕育的居民的共同体意识和对本地区的热爱、地区文化活动的开展等要素，因为这才是软件层面的地域社会防灾能力的基础。

[引用文献]

日本火災学会，1996『1995年兵庫県南部地震における火災に関する調査報告書』．

宝崎益輝，2005「地域防災のあり方と着眼点」『防災対策と危機管理』ぎょうせい．

日本火災学会，前掲書．

建設省による神戸市長田区での調査結果でも、道路幅員4m以上で延焼防止率40%、12m以上で延焼防止率100%に上るとの結果がある。国土交通省道路局，2002『日本の道路』．

本概念図は社会学の生活構造論や心理学のマズローの欲求段階説等を参考に筆者が構想した。

神戸市担当職員への聞き取り調査（2004年3月）による。

兵庫県震災復興研究センター，2007『災害復興ガイド—日本と世界の経験に学ぶ』かもがわ出版．

真野洋介，2006「10年の復興からインヴィジブルなまちづくりの「場」と「すがた」を透視する」『復興まちづくりの時代—震災から誕生した次世代戦略』建築資料研究社．

借家人が復帰できない問題等、区画整理をめぐる問題は以下を参照。広原盛明編著，2001『開発主義神戸の思想と経営—都市計画とテクノクラシー』日本経済評論社．

兵庫県、復興土地区画整理事業の進捗状況（2007年7月1日現在）．兵庫県、復興市街地再開発事業の状況（2007年7月1日現在）．

北淡町，1985『北淡町誌』．

北淡町災害復興対策室，1997『阪神・淡路大震災北淡町の記録』．

淡路市都市整備部区画整理課からの入手資料（2005年8月）．

淡路市都市整備部区画整理課からの入手資料，前掲書．

小久保正雄，2004「私にも言わせてよ—阪神・淡路大震災震源地町長の悪戦苦闘記」兵庫ジャーナル社．

淡路市都市整備部区画整理課への聞き取り調査による（2005年8月）．

「安全市街地形成土地区画整理事業」は、1999年度から、都市再生土地区画整理事業の一形態（安全市街地形成型）に改訂された。

（吉川忠寛）

第三部分 灾害社会学的涉及范围与新型风险

第六章 挑战新型风险

第一节 城市社会与风险

第二节 对核灾害的认识和应对

第三节 应对迫在眉睫的巨大自然灾害——首都圈直下型地震和东南海·南海地震

第四节 灾害全球化

第五节 防灾系统的边界

第一节　城市社会与风险[①]

一、袭击城市的灾祸与城市生活风险

自城市诞生以来，灾祸始终与其相伴相随。人口的大规模且高密度集中必然带来诸多困难和危险，城市系统因此而问世并不断发展，但它不仅不能保证绝对安全和坚固，而且还伴随各种生活危险，本身就非常脆弱。尤其当发生传染病或火灾、水害、地震、饥饿等灾祸时，城市功能常常陷于瘫痪。另外，战争也往往造成城市居民生活的困顿不堪。

即使在平时，城市也未必能保证居住在那里的人们能平平安安地生活，它不断造就出一种残酷的环境，使很多人挣扎在贫困之中，连生命本

[①] 本节根据笔者论文《城市生活的危险及其变化——从日常生活危机到不安的恒常化和沉潜化》(藤田弘夫等：《都市社会とリスク》，东信堂，2005) 改写，有关论述细节，请参看原作。

身都朝不保夕。即使在21世纪的今天，第三世界的许多城市还处在这样的境地。另一方面，为维持国家政治秩序稳定，城市在适应日常事务和环境变化的过程中形成了城市社会管理方法，这种方法发展为城市系统。

至今为止，城市的各种危险，尤其是贫民聚居及由此产生的居住环境等社会问题几乎都是围绕居住而产生，它们作为传统的城市问题为人们所熟知，而对这些问题的应对成为最早的城市政策的主要课题（藤田弘夫等，2005）。

历史上，欧洲工业革命在把大量农民撵出农村的同时，创造了需要大量廉价劳动力支撑的原始资本，从而推动着大量人口持续不断地向城市移动。与这种人口移动相伴随，出现了城市贫困阶层。而这个过程，表现在城市空间上，也就是贫困阶层集中居住于城市的某些角落，形成贫民窟的过程。很久以前，人们就开始关注城市贫民和贫民窟问题，并留下大量关于贫民窟的生活状况和形成过程的实况记录和研究成果。如在英国，有人对首都伦敦的贫富两极分化以及城市贫民的悲惨生活进行跟踪调查；在美国，有人对大量移民流入美国城市的背景以及由此产生的诸如贫困、堕落、犯罪、种族对立等社会问题进行分析研究；在日本，明治时期有人写下贫民窟探访记，以后东京市社会局还专门组织对贫民问题的社会调查。第二次世界大战结束以后，在亚洲和非洲的发展中国家，也出现了人口由农村向城市移动的潮流，并与之相伴随，也形成了庞大的城市贫民阶层和大量的贫民窟。

在贫民窟等贫民聚居的地区，生活环境和居住条件都极端恶劣，卫生状况极差，传染病和其他疾病肆虐，居民健康时刻受到严重威胁。另外，一旦遭遇水害、地震、火灾等灾害，破旧的住房和残缺的公共设施会使那些地区遭到更大损失。曾几何时，城市的历史，也就是与这些传统的城市问题抗争的历史。城市中日常存在的社会问题潜藏着种种危险，特别是城市社会下层居民的生活环境尤为严峻，简直可以说是濒临生命危险。19世纪末，日本城市的生活环境也相当恶劣，急性传染病流行随时爆发，死亡人数接近出生人数，是一个死亡随时降临、危机四伏的空间。

传统的城市问题及潜藏其中的生活危险是那个时代的社会经济的反映，而随着社会经济的发展，城市问题以及生活危险也缓慢地经历着由量变到质变的演化。

二、城市风险应对的传统方式与城市风险的质变

对城市贫困阶层聚居导致的居住环境恶化等社会问题的应对，也可以说是对那些社会问题所包含的传统城市危险的回避。这种应对和回避看作是以下三个过程的统一：即既是一个城市贫困阶层分化、解体以及城市下层劳动者生活水准逐渐提高的过程；也是一个资本向城市集中，实现城市经济自立化和持续发展的过程；还是一个城市中专业分化不断发展，

各种专业机构日益完善，城市居民生活越来越依赖专业机构的过程。一个城市形成和发展的历史，正是这三种过程相互作用、"合三为一"地展开的过程（藤田弘夫等，2005）。

第一个过程具体表现为资本原始积累时期庞大的城市贫困阶层随着城市经济的发展，逐渐脱离经济贫困，阶层地位缓慢上升的过程。在这个过程中，形成了熟练产业工人等雇佣关系较为稳定的工人阶级；同时，劳动者阶层和社会下层的部分成员渐次融合为一个新的社会阶层，即所谓新中间层。财富向城市的集中，推动了城市的发展，催生了城市下层社会，促进了城市人口结构富有生气的变化。人们对富裕生活的追求，在各个阶层都促进了家庭规模的小型化，推进了社会总人口的中流化，孕育了一个庞大的消费社会。

但是，这种富裕社会的构建过程，同时也是一个更大规模的由农村向城市的空间移动和社会移动的过程。其背后有深刻的公害、环境污染、食品安全问题、垃圾问题、资源问题等，它们在形式上与贫困不同，但结果则同样威胁着人们的身心健康。我们置身于其中的现代社会，除了要面对源于贫困的危险，还要面对力求摆脱贫困的消费社会化这一过程中产生的种种危险。

在第二个过程中，可以看到资本向城市的蓄积和经营体的发展这两个方面的具体展开。一般认为，经营体的发展是一个分阶段的过程，即需要先后经过以下四个阶段：①为引进资金，

第六章　挑战新型风险

通过必要零部件的加工生产，推进城市经济的发展和繁荣这个"进口替代城市发展"的阶段；②重新构建文化、教育、政治和社会系统，通过政府的制度性导向，形成超越本地经济圈的国民经济，推进工业化进程的阶段；③从用机器替代熟练工人，发展技术和组织运营、运作劳动市场、发展国际金融和贸易系统等方面，促进大规模生产体制的形成和发展的阶段；④跨国公司全面发展的全球化阶段。显而易见，这个过程确实是一个通过财富向城市的集聚，减低传统意义上的城市生活风险的过程；但对于企业所在的地区来说，它同时也是一个企业的事业内容和战略选择成为"黑匣子"的过程。譬如，对企业所在地区来说，企业撤退意味着命运突然发生不可预测的变化，迫使该地区必须做出应对；而另一方面，对跨国公司来说，在全球激烈竞争中，由于多文化环境里社会正当化的规则和过程更为复杂，在经营战略上必须实施多样性管理。作为经营战略的判断标准，必须考虑到更广泛的要素，必须时刻想到多样且变动的文化状况，而在这个方面，则存在着从组织运营的角度难以觉察的风险——如在异文化接触和多样性应对方面，即使一个微小的失策，也可能成为文化冲突的导火索，给企业造成莫大负面影响。

在第三个过程中，为降低和消除传统的城市风险，要对城市基础设施和专业机构不断加以完善。它是一个市场和行政的专业机构系统的发展过程，因而也是一个通过专业机构解决城市问题，并把摸索和选择解决城市问题的办法的权限和责任全面委托给专业人员的过程。而对专业机构的依赖,会导致城市管理方面出现巨大的"黑匣子",使问题的发生被隐蔽起来,从而使问题的解决更为困难。

通过把电力供给源、大量生产大量消费所产生的大量废弃物质的堆放地或埋藏地转移到外部——农村、山区、离岛,甚至第三世界国家这样的办法来"转嫁"风险和负担,以解决城市问题,维持城市表面上的富裕和繁华(藤田弘夫等,2005)。就是这样,通过把废弃物质处理等各种事务都委托给专业系统这种方法,问题及其解决都越来越外部化、不可视化。而那些沦为废弃物堆埋地的偏远农村、山区、离岛的状况,反映了围绕垃圾处理等问题而形成的受益圈和受害圈的关系被固定化的机制。

综上所述,城市贫困阶层聚居所导致的居住环境恶化等社会问题中潜藏着传统的城市风险;通过资本向城市的集聚和蓄积、人们对富裕生活的追求、城市问题专门处理系统的完善的过程,人们逐渐得以在一定程度上回避传统的城市风险;但正是这个过程,同时也孕育了各种新型风险。

三、经济繁荣背后的新型城市风险及其影响

历史上,城市下层居民生活水平的提高和中流化与资本向城市的集聚以及经济发展相并行,但是这一走向经济繁荣

第六章 挑战新型风险

的过程也留下负面遗产及其连锁反应。

首先，直接创造了经济繁荣的企业活动本身直接留下了负面遗产。工业革命在其摇篮期和成长期就产生了大气污染、水污染、环境污染、有毒物质废弃问题等各种公害问题。以日本国内来说，水俣病的发生及其应对就是一个典型。而说到负面连锁反应，自然不能不提到"大量生产—大量消费—大量废弃"这一经济繁荣的伴生物。

工业废弃物质问题的严重性在于，其毒害的发生和延续不是短期的，不仅当下给生态系统造成深刻影响，而且那些经过处理被掩埋地下的工业废弃物在一段时间之后，会由于自然的作用重新露出地面，或有毒物质溶解于大气、地下水、河流、湖泊、沼泽、海洋，造成更大范围的污染。也就是说，那些被掩埋甚至被忘却的有毒物质会超越时空重新出现，持续地扩大风险。还有垃圾战争，它使人们意识到"大量生产—大量消费—大量废弃"系统还面临又一制约——堆积或掩埋废弃物的场地及其引起的城市生活麻痹等问题。有毒物质废弃问题和垃圾战争一方面推进了废弃物处理技术和"清扫—废弃系统"的实质性进步，另一方面促进了以"再利用"为理念的市民环保运动的发展。在大量废弃物质处理方面，除了垃圾等物质循环利用之外，还提出了大气、水的自然循环以及能源循环等"再利用"课题。如上所述，这些问题的解决极大地依赖于城市中的专门机构，而伴随作为城市基础的专门机构的分化、独立性以及垄断性的强化，隐藏于"黑匣子"里的风险要素就会越来越多。

作为负面连锁的第三个典型表现为，随着城市生活对专门机构的依赖日益增强，这些专门机构日趋分化和独立并在这个过程中愈来愈急功近利，检查功能松懈，由此造成很多缺陷和漏洞，形成"城市系统脆弱性的结构化"。这些缺陷和漏洞平时隐而不见，多在灾害时突然暴露。换言之，灾害时，平时隐藏于社会结构深处的脆弱性会露出真容。在灾害危机中，人们平时完全没有意识到的危险突然凸显出来，而基于狭义的"合理性"和"效率性"的判断又诱导出人为错误，这一系列负面连锁作用使灾害更为深刻。

秋元律郎在分析20世纪70年代发生在城市的地震灾害时指出，复合性、连锁性和波及性是三个研究城市灾害的重要视角（秋元律郎，1982）。现代社会有一种明显的倾向性，这就是由各领域专门机构来创造、选择和决定解决社会问题的对策和方案。可是，如果这种专门机构系统在狭隘的经济合理主义的价值观以及基于这种价值观的竞争制度框架中决定解决社会问题的对策和方案的话，这种对策和方案就必然存在严重的局限性；一旦付诸实施，肯定会导致市场或行政的失败。如果不开始探索新的对策和方案，那么，随着城市基础机构的专业分化、独立性和权限垄断的发展，潜藏在黑匣子里的漏洞就会越来越大。现代城市社会就是这样抱着一个复杂的难以控制的黑匣子，一旦发生带有复合性、连锁性和波及性的灾害，"恒常不安"就会骤然膨胀。大城市遭遇重大自然灾害时，特别是在各个专门机构各自为政制定的灾害对策不能充分发挥作用，并出现预想之外的状况时，灾害的复合性、连锁性和波及性就会扩大灾害的危害性，致使受害更为惨重。还有，信息系统麻痹可能导致世界秩序的动荡和全球经济的混乱，恐怖分子也可能乘灾害引起社会混乱之机策划多发性恐怖事件。也就是说，重大城市灾害有可能在多个层面引发危险。2007年新潟县中越冲大地震引发的柏崎刈羽核电站事故，有助于我们认识这种危险性。

在灾害对生活的影响以及社会对灾害的应对方面，老龄化社会与青壮年人口占大多数的社会之间存在很大区别。家庭和社区是老年人等灾害弱者的依靠，近年来它们也发生了很大变化。在这一变化过程中，城市对于以灾害为首的各种危险显得越来越脆弱，越来越经不起冲击。在阪神·淡路大震灾的受灾状况和灾后复旧复兴过程中，老龄化社会的弱点暴露无遗。与青壮年人口占大多数的社会相比较，无论在灾害发生后的第一时间，还是在之后的复旧复兴及生活重建时期，老龄化社会面临更多复杂的社会问题（浦野正树，1995）。

20世纪后半叶，城市生活的基调发生了变化，城市人越来越追求生活富裕，渐渐形成生活中流化。其结果，从世界范围来看，城市人口自然增长的停滞（表现为少子老龄化）成为发达国家的恒常现象,而新的城市风险危险也接踵出现。少生孩子,是人们在追求更好生活的过程中的一种集合性行为,它所导致的少子化过程从一个侧面反映了社会现代化递归的特征。少子化成为新型城市风险的源泉,其发展结果使社会进入一个与青壮年占大多数的社会有着质的区别的老龄化社会,同时给老龄化社会带来特有的灾害状态。

四、现代社会的风险——风险社会论和多元文化应对

另一方面,如U. 贝克(Ulrich. Beck)和A. 吉登斯(Anthony. Giddens)所指出,就现代社会风险可能性增大和风险种类及范围扩大这一点来说,有必要充分认识全球化的风险(U. 贝克,1998)。除了重大自然灾害,现代社会还孕育了诸如无差别地侵害人类整体的核爆炸和核战争,在世界范围蔓延的禽流感、疯牛病等流行病,异常气象、大气层破坏等地球环境问题这样的各种复杂多样且冲击力巨大的风险,是"风险之母"。到今天,这种风险环境已扩大到整个世界,并已达到任何特定个人或集团都无法控制的程度。没完没了接踵而至的新型危险,即使貌似区域问题,实则都包含全球化扩展的危险性,它们随时都可能从地区控制网络中"逃匿"出去。在这一意义上,现代社会真如U. 贝克所说的那样,是一个始终"暴晒"在不可预测的多样化风险之下的"风险社会"。灾害的影

第六章　挑战新型风险

响也通过复杂的社会媒介作用表现为多种形式，并反复出现预想不到的连锁反应。因此，受害扩大及其控制都是全球范围的、大到无法可见的庞大系统。

在灾害研究领域，20世纪70年代以后倍受重视的城市基础设施系统和近年来受到特别关注的信息网络维护系统，就是这一庞大系统中的一部分。信息通信网络的成熟这一现象，如果从信息化时代的网络恐怖行动、流言蜚语的瞬间扩散、通过计算机网站和通信网络实施的跟踪暴力这些方面来看，就是所谓个人信息被盗。这也与新型危险有着直接联系。信息化越是发展，人们的选择和决定就越依赖于信息，现在，各种机构的灾害应对几乎为信息网络系统所左右，甚至信息本身也可能成为灾害扩大化的根源。而另一方面，信息化社会的发展必然促进全球化的发展。

全球化冲击着区域社会，跨国公司越来越庞大，其所在地区根本无法了解该企业战略及其选择、判断的过程；另一方面，对跨国公司来说，在多文化背景下，社会正当化的规则及其建立过程越来越复杂，为了在国际竞争中求得生存和发展，必须把适应多样性文化的管理作为重要的经营战略。作为判断跨国公司经营战略的基准，必须考虑更多的因素，其中特别是多样且变动的文化。但这一方面，从组织运营的角度来看，则暗藏风险。如果多种文化之间的相互接触或异文化应对失败，就容易成为文化冲突的导火索；而跨国公司若为当地居民所憎恶，就会给企业行动带来莫大的负面影响。

人际关系断裂、极度自卫、缺乏丰富社会关系的现代人以及压抑的社会结构，正反映了人们彼此憎恶的循环。

在这样的过程中，形成了脆弱地区和脆弱人群。这种社会的结构性弊端，在灾害发生的瞬间会暴露得淋漓尽致。放眼全球，世界各地的灾害损失大多发生在上述循环之中。而与那种机制的无休止斗争，具体表现为以"第三世界开发"和"减灾"为主题的防灾行动。在全球化进程中，现代社会的风险越来越难以控制且规模越来越大，因此防灾减灾必须持之以恒。

[参考文献]

秋元律郎編，1982『都市と災害』（現代のエスプリ181号）至文堂．

岩崎信彦・浦野正樹他編著，1999『阪神・淡路大震災の社会学』第1—3堂，昭和堂．

浦野正樹，1995「被災者の生活再建への道程―高齢者を取り巻く課題」『季刊自治体学研究』第65号．

浦野正樹，1996b「阪神・淡路大震災の災害体験から学ぶ」『関東都市学会論集』第2号．

浦野正樹編，1996c「特集＝都市コミュニティの再認識」『すまいろん』1996冬号．

浦野正樹・土屋淳二・大矢根淳編，1996『阪神・淡路大震災における災害ボランティア活動/早稲田大学社会科学研究所研究シリーズ（都市研究部会）第36号』．

浦野正樹，1999「都市と危機管理」藤田弘夫・吉原直樹編『都市社会学』有斐閣ブックス．

第六章 挑战新型风险

藤田弘夫・浦野正樹編，2005『都市社会とリスク』（シリーブ / 社会学のアクチュアリティ第 8 巻）東信堂．

ベック，U., 1998『危険社会』東廉・伊藤美登里訳、法政大学出版局（原著 1986）．

早稲田大学社会科学研究所編，1990『都市災害と地域社会の防災力』早稲田大学社会科学研究所研究シリーズ 23.

「災害の社会学的研究への招待」早稲田大学ホームページ http://db2. littera. waseda. ac. jp/saigai/index. htm

（浦野正树）

第二节 对核灾害的认识和应对

"地震引起的灾害＝震灾、台风引起的灾害＝风灾水灾等自然灾害"，因其灾害因都是自然现象，故都被称为"天灾"；与此相对，由人（或社会诸系统）的活动引发的灾害则为"人祸"。本节以"人祸"为考察对象，其中包括由现代高度发展的工业、技术系统的故障或错误引发的灾害，特别关注核事故引发的灾害。

一、核灾害的特征

作为世界上唯一遭到过原子弹轰炸的国家，日本有着广岛和长崎两次核爆炸的经历和记忆，所以对核灾害特别敏感。不过，核灾害毕竟不像震灾、风灾、水灾等自然灾害，经历过那么多次，并在那些经历的基础上形成灾害文化。所以尽管

第六章 挑战新型风险

知道一旦发生核灾害，就会造成无法计量的损失，但还是很难形成具体的减灾对策。以下聚焦于核灾害这一新型灾害，看看它究竟是一种怎样的灾害。

首先，核灾害具有以下特征。

第一是致灾因子的"无法感知"。核灾害不同于自然灾害之处，首先就在于放射能或放射线这一核灾害的灾害因为五官所不能感知。[①] 检测放射能或放射线，必须依靠专门器材，还要具备说明检测数据的专业知识。因为核灾害"无法感知"，所以即使核灾害已经发生，但周边居民在得到灾害通告之前，连正在发生什么情况也不会知道。

第二是人们"对原子能的恐惧"。听到"放射能"这个词，很多人就会联想起广岛和长崎的核爆炸或核爆炸实验中的放射雨，最近有不少人还会联想起切尔诺贝利核事故（1986年）和JCO核燃料处理工厂临界事故（1999年）。总之，关于放射能，几乎所有的人都会有这样的印象："不清楚它究竟是什么，但知道它非常可怕"。

第三是即使有过核爆炸经历的日本也"还未形成核灾害的灾害文化"。在日本国内，因原子能机构的核事故而对周边居民采取避难措施的实际事例至今还只有1起，即JCO核燃

[①] 放射能这个概念，是指某种放射性物质发出放射线的能力；而所谓放射线，一般指具有高能量的电磁波、束子线。因此，关于放射能，不存在人类五官能否感知的问题，它本来就是"看不见"的。使用放射线的场所，有比如医院或诊所的X光检查室等。放射性物质与非放射性物质相比，在外形上有什么区别？这靠我们肉眼是难以判别的，在这一意义上，它是"看不见"的无形存在。

料处理工厂临界事故（参见后面的专栏"JCO核燃料处理工厂临界事故与核灾法"），因此尽管相关机构对从事故认定到避难措置启动这一过程中的细节也做了明文规定，但仍然无法确切把握真的发生核灾害时居民能按照那些规定程序了解信息和采取应对行动。这是因为核灾害的经历还很少，所以还无法对居民行动的一般倾向做出归纳。

第四是事故或灾害"责任主体明确"。自然灾害的责任主体是很难确定的。当然，有时可以从早期对策的不及时，追究造成二次受害的责任主体；或可以从社会系统的脆弱性，追究相关机构没有履行职责、默认脆弱性、放弃社会系统改善等方面的责任。可是，核灾害的场合，其责任主体是非常明确的，因此指责、批判的"靶子"也是非常清晰的——除了发生事故的那个机构，行政主管部门的监督责任也一并追究。

二、核灾害应对过程

1. 第10条通报和第15条通报

这里，对核灾害应对过程做一概观。JCO核燃料处理工厂临界事故的三个月后，日本制定了《原子能灾害对策特别措置法》（通称《核灾法》），对相关机构在核灾害发生时的应对行动做出了规定。

首先，各原子能机构（核电公司、核燃料加工企业等）在其所在地附近检测出超出一定量的放射线能，或接到发生临界等原子事象的报告等状况下，必须立即向主管大臣和相关部门领导报告。这就是所谓"第10条通报"（《核灾法》第10条规定）。各相关机构接到通报后，按照规定到紧急事态援助中心（off-site center）。《核灾法》指定了21处紧急事态应急对策据点设施，散布在各个设有原子能机构的都道府县中；同时，当地自治体得到报告后，必须立即设立警戒总部或灾害对策总部。而各媒体机构在察知到这种紧急动态后，会立即着手相关信息的收集和报道。

在紧急事态援助中心的大会议室，设置称为"机能组"的各相关部门集中办公室，各机能组在那里收集各种信息，并即刻进行分析；适时召开各机能组代表联席会议，商讨对策，并根据商讨结果，发布避难指示等指令。一般设置7个机能组：设备组负责核电站等机构内部状况的调查和分析；放射线组接到设备组的调查数据后，负责通过大型计算机（SPEEDI）计算放射能的扩散状况；居民安全组得到放射线组的计算数据后，立即与集中在那里的当地自治体、消防、警察等方面共同商讨和制定避难计划；医疗组负责对设备组成员以及一般居民中受到强辐射的人员或受伤者实施急救；总括组负责对各机能组提供的报告进行集中分析，并适时召集各机能组代表联席会议，形成统一决议；宣传组负责公开发表联席会议决议；运营支援组负责提供各种必要的援助，以保障各机能组工作的有序进行以及代表联席会议的顺利召开。

当事态比"第10条通报"所规定的更为严重，原子能机构发生放射能异常外泄时，必须立即直接向内阁总理大臣报告；而内阁总理大臣必须及时发布原子能紧急事态公告，明确划定应该实施紧急事态应急对策的地区范围，把原子能紧急事态明确地通告给该区域内的常住居民和临时居民。这就是所谓"第15条通报"，也即《核灾法》第15条规定"。

即使发生原子能紧急事态，也不意味着居民必须立即到外地避难。因为在必须采取避难等措施之前，事故也许还有处理和弥补的可能性。对于居民来说，紧急事态公告并不等于避难警报。在核灾害时，居民应该怎样理解"内阁总理大臣原子能紧急事态公告"发布的意义，并应该采取怎样的应对行动？下面来看这个问题。

2. 各种避难措施

当事态发展到必须采取避难等防护对策的时候，居民们应该怎样应对呢？对策一般有三个步骤："退避到屋内"、"退避到钢筋混凝土结构的屋内"和"避难"。最初是"退避到屋内"，这是指关闭门窗等所有开口部位和换气扇，人留在屋内。必须采取这种对策时，即使正值夏季，也不能开空调；而如果这时正好在汽车内，就必须关闭所有开口部位后，尽快驶离该地区。第二步是"退避到钢筋混凝土结构的屋内"，据说钢筋混凝土结构建筑物的遮蔽效果较强、封闭性较好，所以在封闭

第六章 挑战新型风险

的钢筋混凝土结构屋子里,既可以减少受到的辐射量,还可以减少经呼吸进入身体的放射性物质。日本的核电站大多位于渔村、渔港附近,那些地区的居民住宅一般都是木屋,所以当有关部门下达"退避到钢筋混凝土结构屋内"指令后,必须尽快组织居民退避到学校、行政办公厅等场所的钢筋混凝土结构建筑物内,并关闭建筑物的所有开口部位和换气扇。"避难"是最后的步骤,当根据数据预估放射物将在较长时期持续外泄,并判断留在当地无法避免受到超过安全指数的辐射时,就必须向居民发出"避难指示"或"避难命令",并有计划地安排各居民点的居民乘坐避难巴士去避难场所。放射性物质的扩散范围会随着风力和风向发生变化,所以必须根据这些数据慎重决定避难巴士的出发时间和途经路线。另外,一旦实施避难,还必须考虑到许多后续问题,比如居民对于回家的不安和渴望、当地可能遭受的各种"风评被害"(对于核污染达到必须让居民"避难"这种严重程度的地区的认识)*等。

那么,居民是怎样看待和理解上述紧急事态援助中心内的动向和指示的呢?首先,由于放射能和放射线不是五官所能感知的(不达到一定程度,不热的话,也不会感到疼痛),居民只有在从媒体得知设置紧急事态援助中心的信息之后,才会感觉到有什么异常。其后,居民在通过媒体(电视、广

---

* "风评被害"是指因灾害、事故、虚假报道、无根据的传言,或者正确报道的缺失,而使本来没有直接关系的人也遭受到损失。——译者

播、当地有线电视等）逐渐得到越来越具体的信息的同时，也从当地行政方面的"同报无线"以及宣传车广播得到"正式信息"，而"内阁总理大臣原子能紧急事态公告"会经由媒体得到更广泛的传播。总之，即使所有相关机构都会根据《核灾法》做出应急对策，其中包括按照既定规则有序地向居民发布灾害信息和避难指示，居民个人及社会的反应也未必会与既定规则一致。另外，事态本身的发展不一定像预估的那样，也就是说，核事故或核灾害的发生和发展完全可能与所有"说明书"或"指南书"里写的那些过程不同。

3. 紧急核辐射医疗体制

在避难等防护对策解除之后，居民可以回归原来的生活。可在此之前，必须彻底清除一切可能的核污染。为此，需要展开紧急核辐射医疗活动。首先，在避难所就要对避难居民进行核污染检查，并根据必要进行核污染清除。其次，要分发碘片，让人们服用。上述两项是在避难所等场所实施的初步紧急核辐射医疗。但在受到相当程度的核辐射，或虽经过初步核辐射医疗，但仍有核污染残存危险的情况下，还要将这些人员送到"二次核辐射医疗机构"进行进一步检查和治疗。再次，对于被诊断为因大量核辐射而发生机体障碍，必须接受专门治疗的患者，必须立即把他们转送"三次核辐射医疗机构"或放射线医学综合研究所。根据"核灾法"的规定，近年来我国加紧完善紧急核辐射医疗体制，在各地区形成了"三次核辐射医疗机构"群。

4. 创伤后应激障碍与风评被害

在核灾害中，关于人体核污染，可以启动上述紧急核辐射医疗体制进行紧急救治；而受到核污染的社会，即使灾害已过，相关受害还会持续，甚至可能比之前更扩大更深刻，这就是"受害者心理受伤"和所谓"风评被害"。

"受害者心理受伤"有多种不同表现，比如有人总是觉得哪里不舒服，并老是担心"这不会是核辐射的后遗症发病了吧"；有人担心核辐射给自己身体的影响还会延续到胎儿甚至会影响孩子一生的健康。这种对于健康的强烈不安，最终会导致深刻的应激反应。不仅普通居民，不少原子能防灾事务相关人员也会发生这种"受灾者心理受伤"症状（就防灾事务相关人员也身居灾害现场这一点来说，他们也是受灾者）。他们比普通居民有着更丰富的原子能相关知识和经验，但是他们或者在现场亲眼目睹受灾惨状；或者因工作关系进入最危险的场所，"暴晒"在放射线之下；或者成为居民及媒体过度期待或要求的焦点；或者因工作量急增，身心难以承受重负，可依然抱着强烈责任感而勉强支撑着坚持工作；或者还肩负着家人、亲友的期待和担心（比如，有的家人或亲戚出于关心对他们说："暂时还是不要小孩为好"）……，在种种精神压力之下，最终患上创伤后应激障碍。

而"风评被害"这种现象表现为由于人们担心受到核污染，因而不敢吃核事故地区所产的农作物和水产等，从而使核事故地区的受害长期化。为减少人们的担心，有的县发行保证本地区农作物安全性的"安全证书"，但坊间还是会流传种种传说。所以核事故或核灾害后，要恢复当地农产品的销售额，需要经过相当长的时间。换言之，"避难"的解除，绝不意味着核灾害的结束。

三、防御核灾害所需要的"风险沟通"

　　JCO 核燃料处理工厂临界事故之后，日本政府致力于完善应对核灾害的法律制度和社会系统。可是，在不仅普通居民，甚至连原子能机构工作人员都极端缺乏核辐射知识和核灾害经历这种现实状况中，上述核灾害应对过程终究不过是"纸上谈兵"的假设，远未达到从多次经验形成一般行动倾向的程度。因此，有必要从为数不多的关联事件（包括与原子能相关的事故或灾害）或类似现象中抽取出能帮助人们感性地把握核灾害的要素，并把它们与当地情况相结合，制定符合当地实际情况的核灾害应对方案，组织居民和相关部门工作人员反复进行"图上演习"。

　　至今为止，在核灾害应对训练方面，已经从自然灾害应对训练的先例中，借鉴和凝练了各种训练办法。模拟演示型训练是其中之一。与在模拟训练场地进行实际状态的模拟训练不同，这是一种在桌子上、图纸上，对被给予的事态做出应对行

第六章　挑战新型风险

动的训练方法。以紧急事态援助中心训练为例，通过对可能出现的如各机能组之间在意见协调上耗费时间，或者不能迅速、准确把握避难诱导体制等状况时该如何应对的训练，发现和把握事前准备的各种方案所存在的问题等。如有个训练问题是，当居民安全组已经根据放射线组的计算数据决定了发布避难指示的区域范围后，医疗组方面提出，由于（让有可能遭遇核污染的人员服用的）碘片不足，希望居民安全组重新考虑要求避难的区域范围。从中可发现，医疗组的要求是本末倒置，正确的办法是必须事前准备好满足最大量需求的碘片。

另外，在训练的假定条件方面，对作为对象的风险要素本身的变化也必须给予充分考虑。比如媒体方面提出应该假设导弹攻击等恐怖行动引起的核灾害；但与之相比，考虑当重大地震诱发原子能设施（核电站、核燃料加工设施等）的重大事故时应如何应对这一问题更具现实必要性。而现在这种类型的核灾害应对训练计划还很不完善。另外，2007年新潟县中越冲地震时，东京电力公司柏崎刈羽核电站曾发生火灾，这件事当时曾引起多方面的关注，那里观测到的摇晃程度高于日本全国大多数核电站、核再处理等原子能设施设计时所假定的摇晃程度。据说在设计时对原子炉等重要机器的强度留有了充分余地，因此核电站在安全性能方面绝对没有问题。可实际情况可能未必如此。比如，集中到紧急事态援助中心从事紧急应对任务的工作人员，他们中有人可能在震灾中发生伤亡，也就是说，即使核电站本身没受到损伤，但应对机构相关设施等受到损失从而不能正常运作的可能性也是非常大的。所以，无论我们的核电站技术已有多长的历史，如果不认真、谨慎地进行安全确认和相关宣传，它也可能导致该系统自身失去信任。所以，不仅要关注硬件系统设计上的安全性，还必须清楚地意识到人及其相关问题在该社会内部的位置和作用，并在此基础上构建核灾害的防灾体制。

从防御核灾害的角度考虑该社会内部的人及其相关问题，下述问题是至关要紧的。在紧急事态援助中心实施训练的各机能组，甚至居民安全组中，看不到一个当地居民代表。居民安全组成员尽是常设消防机构（消防署、消防协会）、当地警察或当地行政机构的人员，熟悉当地各居民点的地理特征以及当地权力结构的消防团、青年团等一般居民组织都被排除在外。在防灾训练现场，近年来，各种利益相关者参加训练的重要性和有效性问题成为热点话题。毋庸置疑，居民是核灾害防灾训练所不可缺少的"投资人"。可是，如上所述，在全国各紧急事态援助中心的训练中，几乎都没有吸纳普通居民参加各机能组，普通居民只是被安排参加设施外部组织的研修和训练。在这一方面上，应该学习自然灾害防灾训练的真髓，构建"开放的"、"现实的"防灾训练体制。只有通过这种训练行动的积累，才可能从根本上提高原子能机构所在地区的核灾害的防灾能力。

[参考文献]

原子力安全技術センター，1998『緊急時の人間行動—原子力災害に備えて』（毎年改訂）．

『地域とのリスクコンミュニケーションに基づいた原子力防災体制・訓練方法に関する研究』（平成 16—18 年：研究代表者・大矢根淳）原子力安全基盤機構・原子力安全基盤調査研究．

（大矢根淳）

专栏

JCO 核燃料处理工厂临界事故与《核灾法》

大矢根淳

1999 年 9 月 30 日上午十点半刚过，位于茨城县东海村的 JCO 株式会社（以下简称"JCO"）东海事务所的转换实验楼发生了核临界事故。在转换实验楼，加工核燃料再利用机构委托的高速增值原子炉"常阳"的燃料。在核燃料加工方面，JCO 没有遵循国家规定的操作指南，而是采取了"黑指南"的方法，而事故当天采用的操作程序比"黑指南"更离谱，最终酿成临界事故。所谓临界，是指核分裂反应像在原子炉内那样连续发生的状态。在这个事故中，在并非原子炉设施的工厂的一角，出现裸露原子炉的现象。

在这个事故中，不仅没能及时发现临界现象持续发生这一状况，而且到事故最终得到制止,一共花了20个小时。这期间,很多人遭到核辐射。直接操作的2名员工因高剂量核辐射,最终导致多脏器功能衰竭而死亡。因事故而来到现场的三名救急队员、担当临界事故制止操作的员工和政府部门工作人员也都受到核辐射。另外,由于JCO地处街区,所以周边居民也有很多受到核辐射。经专门机构认定,那次事故中受到核辐射的人员共有667人。

临界事故平息后,事故造成的损失由于"风评被害"而持续和扩大。当地特产红薯干的销售量锐减、价格骤降、营业额激减,为此当地村民成立东海村农产品损害赔偿对策协议会,向JCO要求损害赔偿。

在核灾害中,清晰地存在作为责任主体的企业,这一点与自然灾害不同。水户地方检察厅起诉JCO及其6名职工,并做出刑事裁判:判处JCO罚款100万日元;判处东海事务所所长刑期3年、缓刑5年,罚款50万日元;判处6名职工2—3年不等的刑期,均缓期执行。JCO被取消核燃料加工资格,铀的再利用也被废止。

在灾害对策基本法的框架中,核灾害防灾对策的功能在于,原子能设施万一发生事故时尽可能减少对居民的影响的对策。也就是说,《灾害对策基本法》只考虑到核电站等原子能设施的事故,而把核燃料加工工厂的临界事故置之其外。因此,接受JCO核燃料处理工厂临界事故的教训,为推进核灾害发生后早期对策的迅速化、国家和地方公共团体的合作、强化国家体制以及明确企业责任,1999年12月制定了《核灾害特别措置法》(简称《核灾法》)。

第三节　应对迫在眉睫的巨大自然灾害——首都圈直下型地震和东南海·南海地震

自然灾害的规模不是连续的。如果把灾害的规模分成小、中、大和巨大四个等级，各等级之间有1个数位的差异。若从死亡人数来说，小灾害是两位数，中灾害是三位数，大灾害是四位数，巨大灾害是五位数及以上。从经济损失的角度来看，小灾害是数百亿日元的程度，中灾害是数千亿日元的程度，大灾害是数兆日元的程度，而巨大灾害达数十兆日元以上。以这种分类为标准，阪神·淡路大震灾是大灾害，确切地说，它属于大灾害中比较大的那种，但还算不上巨大灾害。历史上，日本曾多次遭遇巨大灾害，大约每百年数次，最近一次巨大灾害是大正12年（1923年）的东京大地震。

以前，完全没办法预测什么时候会发生巨大灾害，但随着地震研究的发展，已预测日本在21世纪很可能发生多次巨大地震灾害。据专家预测，30年内发生东海地震的概率为87%，发生东南海·南海地震的概率为50%—70%。另外，专家们还指出，首都圈直下型地震和大阪上町断层地震的发生概率虽还不清楚，但确实是可能发生的。据说，这些地震一旦发生，都会死者超过万人，经济损失达到数十兆日元以上。另外，洪水灾害方面，1947年凯瑟琳台风导致利根河决堤，造成87万户住宅浸水，经济损失达到35兆日元；2005年卡特里娜飓风袭击美国新奥尔良一带，掀起巨大海潮，直冲到东京湾、伊势湾和大阪湾。这样规模的洪水灾害在21世纪还可能发生。还有，富士山在江户时代宝永年间喷火后就一直沉寂，而如果再次发生那种规模的喷火灾害，就可能造成很多人的死亡和巨额经济损失。

对那些预测在不远的将来会发生的巨大自然灾害，应该如何应对？本节以首都圈直下型地震和东南海·南海地震为例，思考这方面的问题和课题。

一、首都圈直下型地震和东南海·南海地震的受害规模

如上所述，在不远的将来日本可能面临多种巨大自然灾害，而其中地震是人们研究得最多的。地震具有在同一地点间

第六章 挑战新型风险

隔一定时间反复发生的特点，所以比较容易对未来的震灾可能造成的损失做出假设。为此，以国家防灾部门、特别是中央防灾会议为中心，对未来的震灾损失进行预估。损失量会由于地震的规模、发生的时间（如是现在或是10年后、20年后等）、季节、时刻等前提条件以及预估方法不同而有很大不同；另外，由于新干线列车翻车、核事故等诱发灾害尚无先例，所以对那些损害做出预估比较困难。所以，有必要注意不同的损失假设或预估之间会存在差异。灾害损失假设或预估，是为了通过调查，弄清楚在什么地方，可能会有怎样程度的灾害损失，从而使社会整体做好计划，形成一种共通认识：灾害发生之前，应该做什么；灾害发生之时，应该做什么；灾害发生之后，应该怎么开展复旧复兴活动，等等。

表6-1是中央防灾会议最近进行的灾害损失预估调查结果。假设发生首都圈直下型地震（东京湾北部地震，里氏7.3级）会造成的"最糟糕的结果"：死者11000人；全毁建筑物96万栋；直接经济损失67兆日元，间接经济损失45兆日元，总计112兆日元；55%的死者和77%的全毁建筑物是由于蔓延火灾造成的。这说明，对首都东京来说，如何应对蔓延火灾是最重要的课题。根据这项首都圈直下型地震损失预估，死亡人数将是阪神·淡路大震灾的两倍，而经济损失更高达阪神·淡路大震灾的六倍。

下面再看关于东南海·南海地震造成损失的预估："最坏

的情况下",死亡 16000 人,全毁建筑物 96 万栋,经济损失 57 兆日元;54% 的死者死于海啸灾害,而如果灾害发生在深夜或凌晨,预估有 8600 人死于海啸灾害;另外,如果在事先也没能有任何预知的情况下发生东南海地震,预估会有死者约 10000 人,经济损失 37 兆日元;而如果东南海地震和南海地震同时发生,就可能造成 25000 人死亡,经济损失 81 兆日元。

表 6-1:巨大灾害损失预估(大致是最坏情况)

地震名称	死亡人数	全毁建筑物栋数	经济损失额度(含直接和间接)
首都圈直下型地震	11000 人	85 万栋	112 兆日元
东海地震	10000 人	46 万栋	37 兆日元
东南海·南海地震	16000 人	96 万栋	57 兆日元

注:阪神·淡路大震灾造成 6434 人死亡,直接经济损失 10 兆日元。
资料来源:中央防灾会议资料(内阁防灾担当 HP)。

二、如何减少灾害损失——减灾目标和防灾战略

而根据灾害损失预估的顺序,可以发现采取怎样的对策,能够在怎样的程度上减少灾害损失。例如,灾害损失预估的顺序如下:预估地下岩石基盘的哪里发生多大程度的变动;然后预估这会造成大地多大程度的摇晃;再预估那个程度的摇晃可能造成多少建筑物倒塌、有多少人会因此伤亡。这样计算后,就能够知道,如果重建住宅或者进行抗震性能增强维修工

第六章 挑战新型风险

程,就可以少倒塌多少房屋,由此减少多少人员伤亡和经济损失。另外,如果有更多的人能够在刚感到大地摇晃,或在得到紧急地震速报后,趁大地严重摇晃之前马上就避难的话,就能减少海啸灾害遇难者人数。

基于上述考虑,国家(特别是中央防灾会议)定下减灾目标(即在今后多少年内,减少灾害损失百分之多少),并为达到减灾目标而制定地震防灾战略和完善必要的对策系统。中央防灾会议进行过灾害损失预估的地区,几乎都已制定减灾目标。现在提出的减灾目标是:对于今后10年内发生的首都圈直下型地震,要求死亡人数减少50%、经济损失减少40%;而对于同样是今后10年内发生的东海地震和东南海·南海地震,要求死亡人数和经济损失都减少50%。

为达到减灾目标,需要采取很多对策。以首都圈直下型地震为例,住宅等建筑物的抗震性能强化率要从目前的75%提高到90%;家具固定率要从目前的30%倍增到60%;通过培育自主防灾组织、加强防灾教育等手段,把早期灭火率从现在的72.5%提高到96%;还要通过城市规划,改造商店和住宅密集的街区,把不燃空间率(一定区域中空地和耐火建筑物所占的比例)提高到40%以上;通过倾斜及塌陷等危险地块对策,将整修危房户数提高到目前的1.3倍。而对于东南海·南海地震,在上述首都圈直下型地震减灾对策之外,还必须一方面通过普及安全地图和进行海啸训练等途径,提高海啸危险地区居民的海啸防灾意识；另一方面加固海啸防潮堤，完善防灾系统。

上述各项目标中很少有单靠行政就能做成的，几乎都要依靠居民以及地域社会整体采取对策，即所谓自助和共助。诸如避难所的耐震性能强化工程以及海啸防潮堤的加固工程这样的防灾项目，只要通过预算，行政方面就能去组织落实；而对于很多要靠居民和整个地域社会共同努力才能完成的事情，行政方面只能呼吁、说服以及诱导（如给予资金补助等）。总之，减灾目标的实现，需要居民和地域社会自身的努力。

三、怎样实现减灾目标——住宅抗震化和海啸避难行动迅速化

为了实现减灾目标，特别是减少人员伤亡的目标，最有效的对策就是提高住宅抗震性能和能够迅速采取海啸避难行动。那么，这两者是否能够实现？

推进住宅抗震化，无非通过两条途径，即或重建住宅，或对住宅实施抗震性能强化工程。1981年5月以前建的住宅都是按照老的抗震性能标准，抗震性能很弱；把它们拆掉，按照新抗震性能标准重建的话，抗震性能就能提高许多。日本木造住宅使用寿命，理论上说有50年左右，但大多数房主都会在人生历程的重要时刻或继承房产时重建，所以实际使用时

第六章 挑战新型风险

间一般只有20—30年。而且，越老的住宅，寿命越短。这样，随着1981年5月之前所建住宅的重建，住宅抗震化自然就推进了。如果所有的住宅都以30年为重建周期的话，到2011年6月就不再有按照旧抗震性能标准建造的房子了。换言之，2011年6月以后不会再有阪神·淡路大震灾时造成重大伤亡的那种老旧住宅，因而那以后减灾目标就比较容易实现。

可现实中，老旧住宅并不可能那么简单地退出历史舞台。据预测，三重、和歌山、德岛和高知四县在未来的东南海及南海地震中会受到很大损失，而在那些地区至今依然有许多居民住在按照旧抗震性能标准盖的房子里：20岁以上居民的39%；70岁以上居民的55%；60—69岁居民的49%；50—59岁居民的40%。可以看到年事越高，住在按照旧抗震性能标准盖的房子里的比例也越高这样一种倾向。并且，住在按照旧抗震标准盖的木造住宅里的居民，只有6%略强接受过专家对其住宅做抗震性能诊断。他们不愿接受专家的抗震性能鉴定的理由主要有："不管住宅抗震性能有多强，大地震真来了，还是避免不了受害"的比例最高，达到34%；其次是"不懂抗震性能诊断"和"即使抗震诊断结果是必须要重建，或实施抗震性能强化工程，也出不起这笔费用"（各30%）（东京经济大学，2005）。为实现这项减灾目标，必须提高接受专家抗震性能诊断的比率，推进住宅重建和抗震性能强化工程的实施。为此，有必要向居民说明专家抗震性能诊断的申请方法，宣传加强住宅抗震性能的有效性，并提供必要资金援助等政策。

由此可以推知，在东京等年轻人比例较高的大城市，今后十年内，大量老旧住宅将重建，住宅抗震化可以达到较高水平；而在老龄化程度相对较高的地区，住宅抗震化这一减灾目标的实现还面临相当大的困难。

下面再来看迅速采取海啸避难行动这方面的进展情况。据有关方面预测，三重、和歌山、德岛和高知四县的部分地区，在地震发生后10分钟内可能遭遇超过10米的海啸冲击。而调查结果显示，当地居民中，对于"晚上很晚的时候在家里遭遇连续1分钟以上的地面摇晃时会采取怎样的避难行动"这个问题，选择"尽快避难"的不足19%，81%都选择"不立即避难，先看一下情况发展再说"；36%"在通过广播得知大海啸警报后"才会马上去避难；22%"从邻居那里听说或得到来自市町村的避难劝告或避难指令后"才考虑去避难，还有23%即使到这个时候依然"犹豫不决"。另外，调查结果还显示，认为"在海啸到来之前无论如何要跑到安全场所"的人也只有38%。这些数据表明，即使在危险地区，居民的海啸避难意识也还非常低下（东京经济大学，2005）。而实际上，2004年9月5日纪伊半岛南海冲地震时，在发出海啸警报的地区，避难率也只有8.6%（东京经济大学，2005）。按照这样的现状，要实现迅速避难这一目标还是任重道远。今后必须采取各种对策，一方面利用海啸安全地图，加强海啸避难意识启蒙教育和实战避难训练，另一方面加速海啸避难大楼等指定避难场所的建筑。

四、迎接明天可能发生的巨大灾害

即使撇开减灾目标不谈，依然能够设想一旦发生那些巨大灾害，会造成多么严重的损失。谁也不能保证在减灾目标没有实现之前，就不会发生那些大地震；相反，那些大地震"即使明天发生，也不足为奇"。那么，当那些灾害真的发生时，应该怎么办？比如，如果发生首都圈直下型地震，首先必须收容超过1万名的死者，对18万人进行抢救治疗，对1000处以上同时发生火灾之处实施紧急灭火和阻止火势蔓延，在数万个场所同时展开对被埋人员的紧急搜救，对1万名以上被封闭在电梯里的人进行紧急救出。而几乎与此同时，还会出现多达700万人的庞大的避难人群，其中约有460万人会涌向公共避难场所。另外，如果地震发生在白天，就会有1000万以上的人口要从东京市中心回家，其中约有650万人会一时回不了家。对于如此庞大的避难人群和回家困难人群，必须满足最低限度的衣食住需求。如果不能提供最低限度的衣食住保障，可以想象，必然像阪神·淡路大震灾及新潟县中越地震时那样，以高龄老人等灾害时要援助人员为中心，发生大量灾害关联死亡。毋庸置疑，光依靠区市町村行政及消防、警察等防灾机构肯定无法应对上述现场救灾活动。在住宅区、商业街、工作单位，所有受灾者都必须行动起来，参加上述救灾活动。所以，居民们在平时就必须准备好参加这些救灾活动所必需的用品（如可移动水泵等），并经常进行必要的训练和演习。

而在发生东南海·南海地震的情况下，除不会有庞大的人群回家困难之外，其他情况与首都圈直下型地震场合基本相同，只是还必须考虑可能由于海啸、滑坡、地球板块滑动以及地面大面积塌陷，以海岸地区和山区为中心，会形成大量（数百个）"孤岛"的情况。在这些"孤岛"地区，由于通信中断，连自己这个地区已与外界隔绝这个情况都不能马上了解；而即使知道了这个情况，也只有靠小型船只从海上与外界联络，或靠直升飞机从空中与外界联络，所以伤病员的转送，水、食物、药品的运送都极为困难。如何应对这种孤立地区的救灾问题，与广域援助相关，应事先就与预定援助地区的都道府县经常保持信息交换。无论怎样，东南海·南海地震不同于首都圈直下型地震，受灾地区范围极广，如何构建全国性的援助体制是一个极其重大的课题。

总之，巨大灾害必然带来与中小灾害完全不同的社会影响，它会①产生庞大的应急应对需求，但②防灾机构的应急应对能力则可能由于相关设施、器材受损或相关人员遇害而弱化，从而③只能满足一部分地区的应急应对需求，其结果，可能使受害进一步扩大和深刻化，④受灾者想要通过自救填补防灾相关机构的能力不足，却由于缺少必要器材、缺乏专门知识和组织能力，其应急应对能力十分有限。也就是说，量变（受灾规模）要求质变（必要的应对系统）。

五、制度如何适应灾害的进化——老龄化、人口缩减和巨大灾害

灾害也在进化。这是因为即使自然现象与过去相同，但由于社会的变化，灾害的方式已发生很大变化。思考相对于灾害的脆弱性问题，首先不能不提出人口老龄化和人口减少的问题。灾害不仅使个人遭受住宅、财产的损失，还破坏道路、生活设施、避难所、医院等，给社会基础设施带来极大损失。而社会基础设施一旦遭到破坏，又会延误救灾行动，或影响适当的治疗活动，或使避难生活变得更加困难。平时体弱多病的老年人，即使在灾害中获救，但由于在之后的生活中得不到恰当的应对，很可能危及生命。也就是说，有可能发生大量灾害相关死亡。另外，随着靠年金维持生活的老年人的增加，靠自己的能力难以重建灾害中毁坏的住宅的人也会越来越多。因此可以想见，在现行体制下，越来越多的受灾者会先后把避难所作为自己的栖身之地。在上述情况下，必须用税金提供平均每户1500万日元的费用，而这些"账单"大多由年轻人"埋

单"。但事实上，有很多受灾者没能住进避难所或临时简易住宅、灾害复兴住宅，在这一意义上，就不能说税金得到了有效使用。

因此，有必要开发新的路径，设计新的制度。例如，可以考虑灵活利用空置房屋，以缩短受灾者在避难所的时间，或帮助他们自力复兴。即使当下，日本空置房屋的比例大概高达10%，而这一比例今后还可能进一步上升。事先与这些空置房屋的产权人订立灾害期间使用协议，灾害一旦发生，就可以紧急借用，以安置受灾者。通过这种方法，不仅可以缩短生活环境恶劣的避难所生活，同时还能减少建造据说1户就要300—400万日元成本的临时简易住宅。另外，还可以通过灵活利用灾害期间土地担保融资制度或《灾害救助法》、扩充《受灾者生活重建援助法》、设立都道府县住宅复兴援助基金制度、基于共助原理的住宅共济制度、地震保险、义捐金等的捆绑等方法，使更多的受灾者能够依靠自己的力量重建住宅。当然，还有很多方法值得考虑。总之，期望在巨大灾害来袭之前，确立起合理有效的制度。

灾后的地区复兴也是难题之一。在人口减少或人口过疏的地区，一旦发生巨大灾害，在那些居民聚落功能接近临界点的所谓"限界聚落"，道路、公共基础设施即使恢复原状，那个居民聚落也可能在10年后就不复存在。其结果，复旧投资几乎等于打水漂。而这个账单也要由年轻人来"埋单"。随着日本人口的不断减少，不远的将来，这样的现象也可能发生在大都市的周边地区。在人口迅速增长的年代，曾经发生关东大地震，它成为加速城市化的契机，促进了人口由破落的商业手工业者居住区向新兴的山手地区的迁徙。但在人口减少的时代，发生逆向移动，即重新向市中心集中的可能性却更高。灾害会加速社会倾向，换言之，灾害可能成为加速社会变动的契机。而一般认为，灾害影响大致在10年后才会告一段落。依循这个思路，作为社会整体，有必要从10年后的状况着眼考虑灾后复兴问题。可是，越是上年纪的人，越是不喜欢变化，希望恢复到灾前状态。因此，不能不考虑如何协调这个矛盾。诸如此类在人口增长时代未曾遇到的问题还有许多，必须把它们纳入新制度的设计方案。

毫无疑问，日本将在本世纪经受巨大灾害的洗礼。为减少灾害损失，把灾害影响控制在最小范围，以下四点可谓至关要紧：其一，实施地震防灾战略，切实落实减灾目标；其二，做好各种培训和准备，使受灾居民成为防灾机构的补充力量，可以依靠自己的力量及时进行灭火、人员搜救、伤员急救等应急问题的处理；其三，未雨绸缪，制定灾后复旧复兴计划，其中要特别考虑到人口老龄化和人口减少时代的社会需求；其四，国家整体要维持能够承受巨大灾害打击的健康体质（如财政安全性等）。

[参考文献]

地震調査推進本部・長期評価HP　http://www.jishin.go.jp/main/p_hyoka02.htm
国土交通省HP　http://www.mlit.go.jp/kisha/kisha05/01/010524/02.pdf
内閣府防災担当HP　http://www.bousai.go.jp/
東京経済大学，2005「4県（三重県・和歌山県・徳島県・高知県）共同地震・津波県民意識調査　報告書」平成17年3月，pp.192-195.

（吉井博明）

第四节 灾害全球化

一、全球化世界与灾害全球化

所谓全球化,一般理解为"世界规模的社会关系及其相互依存性开始强化的过程"(A.吉登斯,2001)。在全球化不断进展的世界,"地区性事件"和"全球化事件"已紧密相连,甚或难以区分。某地区气候异常以致农业歉收,会导致世界农作物价格上升;而全球化的经济动向,也会左右各地劳动雇佣状况。

在全球化的发展进程中,灾害这一"地区性事件"越来越具有"全球化事件"的性质。在这一意义上,所谓灾害全球化,并不是灾害本身变化的结果,而是变化了的世界所孕育和产生的一种灾害现象。

"灾害"与"环境破坏"之间的界限,随着全球化的进展而愈益模糊。"风险社会"论,正是一个在这种背景下"灾害"和"环境"问题的综合性视角。吉登斯把"风险"区分为自然灾害等"外来风险"和"人为风险"(A.吉登斯,2004,76页)。"人为风险"是现代工业的产物,现代社会在创造富裕生活的同时,也增加了风险性。如核电站是"人类生产能力和创造力的顶点",而正是核电站把"危险的世界"与"能够安心地生活的世界"之间的"界限彻底抹去了"(U.贝克,1998,1—2页)。因此可以说,"风险内含破坏阶级构成的回飞镖效应。风险面前,富人也罢高官也罢,皆无安全可言。"(U.贝克,1998,29页)。

自然的"外来风险"和"人为风险"之间的界限也在逐渐消失。如无可遏制地不断发展的温室效应这一现象,人们已经确认它是一种"人造风险";而温室效应正在世界各地引发超大型台风等异常气候现象,比如造成超大型台风的发生。又如地震波的长周期波动会使超高层建筑发生强烈的横向摇晃,对石油容器等大型建筑物也有特别的影响,所以地震这种"外来风险",一旦在大城市发生,就必然造成至今未曾有的巨大损失。自然的"外来风险"和"人为危险"重合发生的案例不胜枚举。

二、灾害全球化

灾害全球化意味着什么?

第六章 挑战新型风险

在产业全球化的背景下,灾害造成的经济影响会波及全球。随着经济全球化的进展,发生在某地区的灾害,其影响会扩大到全球各个地区,如工业原料基地或零部件生产基地所在地区的灾害,会给该制造业带来全球性的影响。总之,全球化已经使产业世界成为一个统一体,发生在局部地区的灾害会切断全球性的产业链。

信息全球化是一种最显著的全球化现象。某地发生巨大灾害的新闻,会在瞬间传播到全世界。大众媒体追踪海啸直到非洲东海岸,并把这一海啸信息传播到全世界。通过电视或互联网,全世界的人都"间接体验"了2004年12月苏门答腊地震海啸,于是为灾害之严重和灾害损失之惨重所震惊的人们从世界各地,以不同的方式给受灾者送去救灾援助。那次海啸发生后数周内,仅各国政府公开的援助额就达20亿美元,折合成日元的话,超过2300亿日元。这个援助金额创下了历史纪录。

全球化还促进了以劳动力移动为中心的人口跨国移动,其规模之庞大,已超越普通人的想象力。比如,从印度尼西亚到马来西亚的劳动者约有150万人;在中国青岛,来自韩国的劳动者超过10万人;在日本,来自非洲西海岸的人们经营着汽车零部件出口业。因此今天,无论世界哪个地方发生灾害,受灾者中包含有海外移民这一情况已经成为常态。在苏门答腊地震海啸的受灾者中,还有很多到泰国度假的欧洲游客。如上所述，由于人口的跨国移动，地区性灾害产生了全球化受灾者。

全球化还推动了基本人权概念的全球化。在国民国家时代，基本人权"只是在国家的框架里受到保障"，而其他国家的国民则在保障对象之外。但随着跨国移动人口越来越庞大，基本人权概念也开始"跨国整合"。其结果，对灾害援助方式产生很大影响。曾几何时，对于受灾者的援助只是以"各国的基本人权"为基础，而现在其基础已经转化为"全球化标准规格的基本人权"。而且，如果受灾国实施的援助活动不符合"全球化标准规格的基本人权"，就会受到国际性的批评。

在全球化的进程中，国际组织也有了急剧发展。全球化初期阶段，形成了联合国等政府联合形式的国际机构；而现在，与这种国际机构并列，国际性的非政府组织也得到极大发展。在苏门答腊地震海啸灾害时，不少国家的非政府组织的捐款额高于该国家政府的捐款额。再看活跃于受灾地各救灾活动中的救灾者的构成，在过了必须靠军队运送物资和医疗援助这个阶段之后，非政府组织的救援人员就大量增加。就这样，随着国际组织（包括政府的和非政府的）的发展，灾害援助逐渐成为跨国行动。在国内资源贫乏的第三世界国家，在全球化时代之前，对受灾者的援助曾经很不完备，而现在如上所述，通过国际援助，能够为受灾者解决更多的困难。但是，全球化所带来的并不都是积极的效果。E.吉拉德在一份受灾地调查报告中曾指出，当灾害援助过于集中于特定灾害的特定受灾地区时，就会产生"泡沫援助"现象；而同时则可能出现尽管也有大量受灾者，但却"被忘却的受灾地"，而那些受灾者自然也就成为"被忘却的受灾者"（E. 吉拉德，2005）。当然，出现那种情况，也可能与政治原因（如朝鲜的洪水灾害和粮荒）或军事原因有关（如阿富汗、乌干达的绵延不断的内战和恐怖行动）。但无论怎样，就对受灾地的国际援助这一点来说，毕竟是不公平的，也是过于随意的。这个问题，与大众媒体的宣传也有关系。大众媒体报道的方式、提供的信息、"描绘"的受灾场景，这些都会左右对受灾地的国际援助。这是国际援助的公平性问题，但现在还没有对国际援助的公平性进行监督的机构。

还有一个问题，这就是即使救援物资能够被顺利地送到受灾地，但提供救援物资的国家的善良初衷未必能在受灾地得以实现。其原因是复杂多样的。首先，生活节奏和发展（灾后恢复）速度内在于各个社会自身之中，很多受灾地的生活节奏和发展（灾后恢复）速度比发达国家缓慢，而超越当地的生活节奏和复兴能力的援助会造成社会变形。比如，如果复兴援助超越了当地经济发展水平和劳动力规模，其利益就会被受灾地以外地区的企业和劳动者分享，这样，复兴援助就背离了援助者旨在推动受灾地当地经济的最初愿望。这样的援助，就可能成为"泡沫援助"或"泡沫 NGO"，其结果，会使受灾地地方经济陷于混乱,最终使复兴事业不能顺利开展。而且,还可能使相邻的受灾地几乎得不到援助,成为"被忘却的受灾地",从而存在进一步扩大地区格差和阶层格差的危险性。上述问题的产生,与国际灾害援助过程中存在的受灾地援助接收代理方(当地政府、地方NGO、地区自治体等)、受灾地所在国家援助接收代理方(政府、国内NGO、企业等)、国外援助提供代理方(联合国等国际机构、各国政府、国际NGO、企业等)之间的沟通不顺畅有直接关系(名古屋大学环境研究科,2005—2007)。

三、灾害全球化背景下的灾害研究

在全球化的背景下,日本的灾害研究也逐渐把国内外籍居民以及海外灾害纳入视野,主要在以下五个领域展开。第一,阪神·淡路大震灾之后,灾害时如何保障外籍居民的安全成为灾害研究的一个新的重要课题,其中,紧急时刻面向外籍居民的信息传递问题最早受到关注(佐藤和之,1996、2000)。第二,海外日本人的危机管理问题也被提上了议事日程,其研究领域不仅包括自然灾害中的安全问题,还包括在犯罪活动或恐怖行动中的安全问题。第三,第三世界国家和地区的灾害问题也成为灾害研究的新领域,从紧急救援,到复兴援助以及帮助受灾地提高防灾能力,都是研究者关注的问题。第四是关于其他先进国家的灾害问题的研究。与关于第三世界国家和地区的灾害问题的研究不同,这一研究领域的重点不在援助问题,而在于以下两个方面:一是在技术方面,为提高相关防灾能力,汲取国外的土木、建筑、核电站等相关技术及其灾害时的经验;二是在社会方面,围绕紧急应对的社会系统、社会防灾能力等问题展开国际交流。第五个领域是综合以上四个领域的研究及其成果,推出"联合国防灾 10 年"等国际防灾研究项目。下面主要介绍第三个领域,即关于第三世界国家和地区的灾害问题的研究。

在关于海外灾害的研究方面,自然科学的研究历史较长,有较多的积累;而社会科学的领域尚起步不久,还处在探索阶段。

关于环境问题,U. 贝克曾指出,"环境问题被看作自然和技术、经济和医学的案件。而令人震惊的是,从各方面影响人类的健康和生活的环境负担和自然破坏尽管只发生在高度发达的社会,而在那些社会却缺乏对它们进行社会思考。更奇怪的是,竟然谁也没有发现这种社会思考的缺乏"(U. 贝克,1998,33 页)。他发出警告:"那种无视人类,或者不问其社会意义的自然研究","不把社会中的权力结构、分配结构、官僚机构、支配规范以及合理性问题作为考察对象,必然流为空谈,或者毫无价值"(U. 贝克,1998,31 页)。在这一点上,灾害研究与环境问题研究同出一辙。

在自然科学领域，无论灾害发生在哪个国家哪种社会，都可以把它看作同一种现象。但是，自然灾害的受害方式因社会状况而异。灾害发生之前的社会状态不同，受害的表现方式也不尽一致。如由于发达国家的社会系统相当复杂，灾害的社会影响往往经历多重波及过程，影响到社会的各个角落。在这一意义上可以说，"社会越发展，灾害越进化"。相反，第三世界的社会结构比较简单，受害的波及度较低，受害的表现方式也比较单纯，但对人们的生活而言，受害程度却更为深刻。

随着灾害全球化的发展，关于灾害的比较社会学研究才凸显出其在灾害研究中的重要地位。现阶段，对灾害与U.贝克所说的"社会中的权力结构、分配结构、官僚机构、支配规范以及合理性问题"之间究竟有着怎样的关联这个问题，尚未达到明确的认识。

四、对第三世界的灾害援助战略

灾害全球化对灾害研究提出了与以往不同的要求。对在灾害研究以及防灾制度和技术方面都达到较高水准的日本来说，应该把灾害研究的视野从日本扩展到世界，尤其是第三世界，进而应该使那些研究成果能够实际地有助于受灾地防灾能力的提高。

要让防灾研究成果在第三世界的防灾实践中发挥作用，首先要解决两个问题：一是如何帮助受灾地提高防灾能力；二是一旦发生灾害，怎样向受灾地提供紧急救援和灾后复兴援助。

为提高第三世界受灾地的防灾能力，首先可以向他们提供防灾技术。以工学领域而言，其核心是防灾技术转移；而在社会学领域，有必要推进防灾社会系统的技术转移，只是与工程技术不同，一个国家的防灾社会系统是不能以相同的形式转移到其他任何一个国家的，因此必须帮助受灾地制定能够提高当地社会防灾系统水平的具体方案。

因此，为提高第三世界受灾地的防灾能力，在确立世界规模或国际性的防灾体制的同时，还必须建立植根于受灾地本土社会的防灾体制。所谓"植根于受灾地本土社会"的防灾体制，其要点就在于防灾体制的具体模式必须适合受灾地区所特有的社会条件。例如，苏门答腊地震海啸灾害之后，各发达国家都试图建立印度洋海啸监视系统和警报系统，但如果不能帮助当地各居民共同体建立警报传递系统、完善避难体制、实施避难训练、充实避难场所的话，那些海啸监视系统和警报系统就不可能实际有效。

在日本，灾害援助论研究尚未真正展开。其主要原因在于，长期以来，日本的对外灾害援助几乎都是政府行为，而且偏向于硬件方面的援助。而现在，在全球化的推动下，世界灾害援助的重心已开始发生转变：从政府援助向非政府组织援助转移；从硬件援助向软件援助转移（UNCRD，2004）。

一般而言，第三世界国家和地区在平时各种资源和财源就不太充足。因此，当灾害发生后，应该向受灾地提供哪些方面的紧急救援？过了急救阶段之后，又应该如何帮助受灾地复旧复兴？诸如此类的问题，都是必须认真研究的。而从这样的视点展开研究的案例还很少。下面看一下苏门答腊地震海啸后班达亚齐街区复兴的状况（木股文昭等，2006）。

大约在灾害发生一年之后，班达亚齐的商业街开始复兴，曾经洋溢在街头巷尾的活力也逐渐恢复。在USAID建设的临时店铺里，店家重新开张；而这些店家以前是在旧中央商业街的。尽管灾害已经过去了一年，但旧中央商业街依然疮痍满目：在海啸中毁坏的建筑物还歪斜在那里，污水形成一个又一个水荡，垃圾遍地，整个环境又脏又乱。

可是，由USAID临时店铺形成的商业街已生机勃勃。在班达亚齐这个地区，让这些小商业经营者靠小额资本尽快恢复买卖，是灾后复兴中的重中之重。通过小额资本在日复一日的商业活动中的流通，资金得以蓄积，逐渐形成重建建筑物的资本，这样就能带来店家的真正复兴。而这商业的复兴，又能激活渔民和农民的生产活动，从而使整个地区获得复兴。

这个事例暗示着对发展中国家灾害援助的一种模式，即重要的不是援助重建商业街的建筑物，而是帮助受灾店家尽快重新开始商业活动。帮助受灾者尽快开始和恢复因海啸而失去的职业活动，通过自己的生产或流通的职业活动逐渐蓄积资本，最终恢复灾前经济活动水平，这才是最为关键的。换言之，灾害援助应该以帮助受灾者自立为第一要务。无论给予多么高额的援助金，帮助受灾地重建道路、港湾、水道设施，但如果这种援助不与受灾者的收入相结合，不能有效帮助受灾者早日恢复经济自立的话，这种灾害援助对于受灾地重建是起不到积极作用的。

总之，最重要的最有实效的灾害援助，首先是能够增强受灾者自身复兴力量的援助活动，其次是能够增强受灾地经济活力、能够促进受灾地行政组织完善的援助活动，此两者缺一不可。这里姑且把这两者分别表述为："对受灾者自身营生能力的援助"（Empowerment）和"对居民共同体这一基层地域社会自我复原基础的援助"（Community-Based Projection Disaster Recovery）。

[参考文献]

木股文昭・田中重好・木村玲欧，2006『超巨大地震がやってきた』時事通信社．

名古屋大学環境学研究科，2005—2007『2004年北部スマトラ地震調査報告 Ⅰ—Ⅲ』名古屋大学環境学研究科．

佐藤和之，1996「外国人のための災害時のことば」『言語』25—2，大修館書店．

佐藤和之，2000「『災害時の外国人用日本語』マニュアルを考える」『日本語学』19—2，明治書院．

A. ギデンス，2001=2004『社会学　第4版』而立書房．
E. ジラルデ，2005「世界から忘れられた被災者たち」『National Geographic』（2015.12）．
U. ベック，1986=1998『危険社会』法政大学出版会．
UNCRD, 2004, 'Sustainable Community Based Disaster Management Practice in Asia', UNCRD.

（田中重好）

专栏

国际紧急援助活动的全球化和多样化

地引泰人

与以往的灾害相比较，发生于2006年12月26日的苏门答腊地震海啸灾害给人们留下两个深刻的印象：一是灾害受害的全球化；二是国际紧急救援活动主体（Actor）的多样化。

首先，地震及海啸的受害区域波及印度洋周边非常广泛的范围，约造成28万人死亡。死者国籍也体现了这次灾害的全球化特点，不仅有受害区域的国民，还有来自欧美等地的游客，如美国人约5000名、瑞典人约2000名、德国人约1000名、英国人约200名、日本人约40名。

其次，苏门答腊地震海啸灾害发生之后，不少国家的政府以及联合国等国际组织都派出人员到受灾地开展国际紧急救援活动。这次国际紧急救援活动主体的组织构成呈现多样化的特点，不仅有不少国家政府和联合国组织，还有许多国际NGO，都在紧急救援活动中发挥了重

第六章 挑战新型风险

要作用。

根据联合国人道问题协调事务所（UNOCHA: the United Nations Office for the Coordination of Humanitarian Affairs）的登记资料，参加这次国际紧急救援活动的组织达 86 个，其中主要包括：各国政府组织 20 个、联合国组织 26 个、政府间组织 1 个、开发金融机构 4 个、国际 NGO30 个等其他组织。UNOCHA，顾名思义，是承担国际紧急救援活动协调事务的机构。但实际上还有很多参加这次国际紧急救援活动的组织，并没有在 UNOCHA 登记。特别是与印度尼西亚有很深关联的民间企业，不仅提供救援物资，还派出救援人员，如"法伊扎"（ファイザー）公司提供了医药品、"爱库森摩"（エクリンモービル）公司派遣了医疗队、微软公司帮助建立了失踪者数据库，等等。在此过程中，甚至出现了活动主体过多、援助资金过多（Too many actors, too much money）这种情况。但是无论怎样，在苏门答腊地震海啸灾害国际紧急救援活动中，不仅有各国政府和联合国的组织，还有大量国际 NGO 和民间企业活跃其中，这毕竟是一个新现象。

当然不能忘记，确实存在活动主体的组织构成越是多样化，援助活动的协调越是困难这样的负面因素。因此，对受灾地状况不熟悉的活动主体越多，越是必须加强同受灾地所属国家的政府、该国的 NGO 的联系和沟通。而随着协调事务的复杂化，就有可能发生紧急救援活动不能顺利地按照初衷实施的状况。

第五节　防灾系统的边界

一、战后日本防灾系统的建立

二战以后，日本遭遇过许多次灾害，每次灾后都对防灾对策和体制进行反省，一个一个地弥补灾害中暴露出来的缺陷，不断完善防灾系统。其结果，虽然还存在许多弱点，但与二战刚结束时的状况相比较，可以说日本国家以及各地区的抗灾能力都有了长足进步。首先，以伊势湾台风灾害为契机，通过治理山地、整修河道及堤防、大坝等，防灾硬件得到充实和完善。其次，诸如为强化居民住宅和办公楼等建筑物的抗震性能而修订建筑基准法、为把安装自动喷水器和火灾报警器义务化而修订消防法，一系列防灾相关法令法规的完善也为提高地区防灾能力发挥了积极作用。

就防灾体制来说，1960年制定《灾害对策基本法》之后，在此基础上不断完善，其中，以消防为中心的专门防灾机构方面最为显著。从消防常备率来看，1960年只有13.2%，1985年上升到91%，现在已达到98%左右。而从消防员数量、防灾装备和技术水平来看，消防常备实力也有了着实的增强。阪神·淡路大震灾之后，新设立了紧急消防救助队，进一步充实了全国性救灾援助体制。国家设置了防灾责任大臣一职，完善了以内阁府为核心的防灾管理体制，还有，诸如实际运作部门在灾害发生后立即成立紧急工作小组等应急组织体制也已形成。很多都道府县还设置了危机监理官一职，确立了灾害发生时的紧急领导体制。

另外，在不幸出现受灾者时的救助救援通过《灾害救助法》实现法制化，最近又在《受灾者生活重建援助法》中得到进一步扩充，形成了包括从灾害发生后不久的避难生活到生活重建这一过程中的援助结构。

日本防灾系统的不断完善是许多要素的综合结果，如战后经济高度发展带来财政实力的增强、防灾技术的发展、基于议会制民主主义的民意反映系统的有效性、推动舆论的大众媒体功能的发挥、灾害观从"天灾论"到"人祸论"的转变，等等。还有一点必须指出，从1960年到1995年阪神·淡路大震灾发生之前这整整35年里，日本非常幸运地没有遭遇（巨）大自然灾害。这一幸运，也是日本经济得以高速发展，并在较长时期内维持繁荣的重要自然条件。

二、灾害环境的变化——巨大灾害风险的上升

可是,这样的幸运不可能一直持续下去,日本曾经享受的"灾害稳定期"即将结束。据说,阪神·淡路大震灾的发生,预示着以东海地震、东南海·南海地震为峰值的西日本地震活动拉开序幕:近50年内,东海地震、东南海·南海地震的发生概率都在50%以上,而且在那些地震发生之前,还极可能发生2—3次与阪神·淡路大震灾相同规模的直下型地震;同时,东日本地震活动也即将进入活动期,在从神户延至新潟及东北地区的这一"斜线集中地带"也可能发生大地震。

再把视线转向风灾水害。受温室效应的影响,发生巨大风水灾害的可能性越来越高。卡特里娜飓风导致的巨大海潮,极有可能发生在东京湾、大阪湾和伊势湾。每小时降雨量超过100毫米的暴雨已频频发生;大河决堤也绝非不可能;宝永火山大喷发以来一直沉寂着的富士山据说又进入活动期了。而新潟县中越冲地震灾害的经历又使人不难想象,上述自然灾害一旦发生,都可能引发核电站重大事故。总之,发生已有防灾硬件所无法抵御的巨大灾害的风险性正与日俱增。

三、社会脆弱性的深刻化

战后六十年来,日本逐渐完善了以设施及设备等硬件为

第六章 挑战新型风险

核心的防灾系统。这一硬件防灾系统确实比较成功地"封闭"了中小灾害的破坏力,从而有效地减少了灾害损失。如半个多世纪来,发出大雨警报或洪水警报后,再造成严重损失的情况很少;震级6级及以下的地震几乎都未能造成毁灭性破坏。而与此同时,灾害本身的"非日常化"和人们在灾害应对方面越来越依赖于专门机构,这也是不容忽视的客观事实。结果,与城市化的进展相伴随,在中小灾害经历中创造出来、积淀下来的地方灾害文化迅速衰退。消防(水防)团员数量的锐减,就是一个象征性现象。战后初期,全国各地消防团员总数曾达到200万人,而到2006年,只剩下90万人,减少了一半以上。另一方面,自主防灾组织中可以替代消防团的人员也有减少,防灾教育和防灾训练本可以弥补灾害文化的衰退,但除个别地区之外,这两者都没能积极展开。似乎不得不承认,基层地域社会的防灾能力确实在不断衰退。其结果,越来越多的居民完全不知道自己居住的这个地区曾经发生过怎样的自然灾害,这些灾害到底有多危险以及灾害发生时应该怎么办,这种"异常"事态在全国大多数地区都处在"进行"状态。

值得注意的是,随时可能发生巨大灾害的日本社会正在发生历史性重大转换。2006年,日本人口自进入近代以来第一次转向负增长。人口减少还与急剧进展的人口老龄化相伴随,而人口老龄化使对灾害的脆弱性更加深刻。灾害中,老年人容易遇难;而且由于老年人大多身患疾病,有不少人在灾后避难生活中缩短了生命；此外，多数老年人虽说都拥有住宅这一"存货"，但月收入却很少。也就是说，人口老龄化使日本社会正在演变成一个依靠"存货"的社会。可是，灾害从这些人手里夺取了他们的"存货"。月收入很少的人一旦失去住宅这个"存货"，就几乎不可能靠自己的力量重建。就是说，面对灾害，多数老年人十分脆弱。因此，人口老龄化使面对灾害的社会脆弱性更加深刻。不仅如此，在人口减少的过程中，还形成了许多居民共同体的功能难以为继的"边界聚落"。现在，这种"边界聚落"还只是局限于偏僻山区，而随着人口减少的加速进展，到本世纪中叶，在大都市周围地区也会出现这种现象。这种"边界聚落"一旦遭遇战争，就很难复兴。

另外，人口减少还可能造成国家财政力量的下降，其结果，经济高度发展时期建设的道路、港湾、水道、电力、煤气等社会基础设施就很难维持，更谈不上发展。防潮堤、河堤等防灾设施的维持和修建都需要庞大的经费，如果这一资金难以保证，并且如果这种状况持续不变的话，日本社会的灾害脆弱性就会越来越深刻，最终完全无力抗御灾害。

四、信息化和国营化

信息化是20世纪后半叶逐渐凸显的一种长期的稳定的社会倾向。最早引领信息化的是电视，电视把极具视觉冲击性的画面展现在人们眼前，唤起人们对受灾地的关注，激发人们对受灾者悲惨状况的同情，促使人们踊跃捐送救援物资和善款，投身志愿救援活动。现在即使说灾害已经成了一种参加型的媒体活动，似乎也不过分。与此同时，围绕灾害对策，特别是对受灾者的救援，在通过舆论要求国家和政府发挥强有力的领导作用方面，电视起了积极作用。电视对准受害最大的现场，把背景逼真的图像向全国乃至全世界同步且反复播放。通过这样的播放，把"可怜的受灾者、可怜的受灾地"和"有能力却行动迟缓的国家"这种立体印象"植入"人们的大脑，从而让国民都能认识到，能够推出真正有实效的对策的，正是国家这唯一的"富裕而有能力"的主体。这种舆论造成灾害对策国营化。灾害对策国营化这种倾向，其实并不只局限于日本，几乎存在于所有发达国家（NAPA）。

因特网和移动电话的普及，不仅没有改变灾害的"舞台化"倾向，相反，这些新的双向型媒体与电视、报纸等传统的大众媒体在灾害这个"舞台"上，互相补充、互相配合，进一步强化灾害对策的国营化。

五、全球化的影响

在前一节已经看到，在经济全球化的背景下，灾害也表现出全球化的趋势。灾害全球化不仅表现为苏门答腊地震灾害中的那种"受灾者全球化"和"信息（图像）和救援活动的全球化"，还表现为"生产系统障碍的全球化波及"。如位于新潟县中越冲地区的汽车零部件工厂在新潟县中越冲地震中损失惨重，致使位于其他地方的汽车装配工厂无法正常开工生产。也就是说，在今天这样的全球化时代，对跨国企业以及与跨国企业有直接或间接业务往来的企业来说，无论在哪里发生的灾害，都不再是与己无关的事情。如果日本因为巨大灾害受到严重损失，对其他国家也会造成深刻影响这样的危险性越来越高。假定东南海·南海地震使日本的世界性汽车零部件工厂遭到严重损害，那么，海外很多汽车工厂也很可能不得不停工。再假设日本为调拨灾后复旧复兴所需的资金，大量抛售所持美国债券，那恐怕会引发一连串各种事件。同样，发生在其他国家的巨大自然灾害也会引发全球化影响。如卡特里娜飓风破坏了墨西哥湾中西部原油管道，致使全球原油价格暴涨，其影响几乎波及到世界上所有的人。总之今天，只要你生活在地球上，无论地球的哪个地方发生灾害，不管你愿意与否，你都不可能割断与它的关联。

六、防灾系统的拓展

综合考虑上述情况，防灾系统今后应如何进一步完善？以预测本世纪会发生的那些巨大灾害为重点，思考如何能够

第六章 挑战新型风险

尽可能降低受害程度的综合防灾对策，赶在那些灾害发生之前做好应对准备——这应该是防灾系统方面最要紧的事吧。至今为止，在完善防灾系统方面，始终是采取灾后找问题、扩充防灾对策这种"反馈式"方法；今后，除了继续采取这种方法之外，还要向事先发现问题的"前馈式"方法转换。这是因为在日本，巨大灾害造成无法弥补的深刻危害的可能性正与灾害脆弱性相互呼应，与日俱增。为此，首先必须尽可能详细地预测那些可能发生的大灾害的真实状况。关于地震和海啸，应该以政府的地震调查委员会和中央防灾会议为主，有计划地推进这项工作；关于其他巨大灾害的状况，也必须做出尽可能详细的预测。

其次，必须综合探讨对策，改善对于巨大灾害的脆弱性。灾害脆弱性越高，不仅意味着灾害造成的损失越大，而且意味着灾后的复元·恢复力越弱。因此，为了降低脆弱性，需要在减灾和提高灾后复元·恢复力两方面齐头并进。上述国家地震防灾战略是典型的减灾对策，它具体表明，为减少巨大地震造成的损失，应该实施哪些对策、应该分别在怎样的程度上实施这些对策；可这些对策分别应该由谁来承担和实施这一问题还没有做出清晰的规定。在上述"国营化"潮流中，国家的责任越来越得到强化，这无疑有其必要性，但关于自助、共助与公助的责任分担以及互动协作的问题，却作为难题留存了下来。比如，为了推进住宅抗震化，住宅所有者、地区的工程公司、都道府市及国家等各个方面究竟应该怎样具体配合，这个问题至今仍含糊不清。为实现住宅抗震化目标的有效政策手段，可以说还处在摸索阶段。大河决堤、巨大海潮、海啸、火山喷发等灾害对策方面也是这样，包括土地使用规则在内的强有力的对策是有效的，但这些对策的社会合意的形成却是个重大而艰巨的任务。

另一方面，增强复元·恢复力的对策也十分重要。最近，以大企业为主，很多单位或部门都热衷于制定"可持续发展计划"（Business Continuity Plan），但似乎并不怎么考虑那些计划是否切实有效。各地在灾害之前就制定复旧复兴计划的工作还刚刚起步。另外，近年来，越来越多的人考虑到万一遭遇灾害，能够靠自己的财力修复或重建住宅，而购买保险或参加共济会；不过，也还是有不少人既不买保险，也不参加共济会。当然，更有必要实施《受灾者生活重建援助法》，通过公共援助来增强受灾者的"恢复力"。

无疑，要改善脆弱性，不能只把焦点对准防灾系统，还要采取对策，遏制形成脆弱性的主要原因。诸如延缓人口减少的速度以及缩小人口增长期扩大化了的国土利用范围，以降低维持基础设施的成本等举措，应该都是有效的对策吧。另外，可以设想，随着人口减少，在大都市会出现"回归都市中心"的人口移动现象，因此这种大都市圈的防灾对策应该充分考虑和利用人口减少和"回归都市中心"。再有，健全国家和地方的财政也是巨大灾害对策的一个重要环节。如果在有巨额财政赤字的状态下遭遇巨大灾害，就会像大正关东大震灾后那样，很可能发生经济危机。

防灾系统的关键，在于国家推进体制的方式。而究竟应该采取怎样的方式，也是今后需要探讨的重要问题。现有推进体制的基本方式，是以内阁府为主要协调部门、各省厅互相配合。是这种方式好，还是参照"9·11事件"前的美国模式——设置像联邦紧急事务管理署那样的以自然灾害对策为核心职能的防灾厅，并像联邦紧急事务管理署与美国总统直接联系那样，防灾厅直接与总理大臣联系——为好？抑或设置国土安全局这种拥有强权、综合管理国土安全问题的部门更好？这一点也可以说是前沿问题。

21世纪的日本，已步入危机四伏的风险社会。今后的路该怎样走？全民共同努力，创造出能够解决这一重大问题的智慧，已刻不容缓。

[**参考文献**]

NAPA (National Academy of Public Administration), "Coping with Catastrophe: Building an Emergency Management System to Meet Peoples' Needs in Natural and Manmade Disasters", FEMA contract EMW-93-c-4097, 1993.

（吉井博明）

第七章　灾害社会学的新视角和新观点

第一节　防灾福祉社区

第二节　灾害中的性别问题

第三节　风险社会中的志愿者活动与公共性

第四节　灾害社会学研究的实践

第一节 防灾福祉社区

一、地域社会的灾害和防灾

对日本来说，20世纪90年代是多灾多难的十年，也是形成防灾及复兴的新理念和行政对策的重要时期。"防灾福祉社区"，就是在这个时期产生的概念。本节围绕这个概念，分析地域社会应该如何提高防灾能力。

首先从究竟应该怎样把握灾害开始谈起。如上所述，本节的核心概念是"社区"，所以就从"社区"这个视角来重新理解"灾害"和"防灾"。

把"灾害"和"防灾"放在一起讨论，这往往是行政政策实施过程中的话题，而且大多是面向具体个人提出问题：对于可能发生的灾害，您和您的家人做了怎样的应对准备？可是，地震、水灾、泥石流灾害、火灾、公害等灾害往往是在一定范围内发生的,所以生活在同一地域的人们是一个命运共同体。在很多场合,直接面对灾害的,既不是行政体,也不是一个个孤立的个人,而是生活在同一个地域的"人们"。因此,防灾,理所当然地"还是应该在地域社会进行,还是要依靠社区这种居民共同体"。也就是说,作为居民共同体的社区,才是防灾的关键。下面,就从这一视角来看灾害和防灾问题。

二、何谓防灾、何谓福祉

所谓"防灾",顾名思义,就是防止灾害。那么,"灾害"是什么呢?

根据《广辞苑》(第5版)的解释,灾害乃是"由于异常自然现象或人为原因而使人们的社会生活或生命财产遭受损害"这样一种情况。这个定义似乎只是"站在为政者的立场",或只是一种"纯研究者的纯客观化解释"。

对于普通人来说,所谓灾害,意味着由于自然的或物理的原因,人们平时的"安心和安全"霎那间彻底崩溃了。我们把地震、台风、大雨、泥石流、河水泛滥、火灾等各种自然的或物理的现象对生活造成的威胁称为"灾害"。在荒无人迹的深山老林发生的雪崩、在远离人群的大海上发生的暴风雨,如果它们没给人带来任何伤害和损失,我们就不会把它们称作

第七章　灾害社会学的新视角和新观点

"灾害"。另外，即使对人的生命财产造成损失，但假如那是人们明知危险依然冒险的结果，那也不是灾害，而是事故。总之，那些被认为是安全的，但安全性却被突然摧毁了——这才是我们所说的灾害。

而即使没有造成实质性伤害——如台风的逼近给人们的生活带来各种障碍、危险和不安——那也属于灾害的范畴。在这个意义上，防止灾害，即所谓"防灾"，就是指减少或缓和自然现象所带来的不安、危险和恐怖。如果如上所述，把防灾理解为去除自然的或物理的现象造成的不安、危险和恐怖，那么我们就可以发现防灾和福利的接点。所谓"福祉"，是人们对幸福的追求。对人类来说，最基本的幸福无非是能够令人安心的安全状态。在这一意义上理解福祉，那么，防灾显然就是对福祉的追求，是实现福祉的前提。换言之，防灾是在人与人的关系中、人与自然的关系中构筑安心和安全，而那也即是对福祉的追求。

"防灾福祉社区"这一概念的提出，就是基于上述防灾与福祉的关系。地域社会的状态会改变灾害的状况，防灾的责任要靠社区来承担，防灾的目标必须在于追求社区成员的福祉。那么，怎样才能形成防灾福祉社区呢？

在遭遇灾害之前，人们往往没有灾害意识。因此，在防灾领域，首先需要付出极大努力，来唤起人们对灾害的关注。而若当地刚刚遭遇过大的灾害，或附近地区刚刚发生过大的灾害，人们就会非常热衷于"防灾"话题。可这热情维持不了多久，就会像一阵风似地过去。于是，有些人会在反复的防灾教育或训练中形成疲沓意识；有些人会对"防灾"感到厌倦，听到要训练，就会发牢骚："怎么又要训练？"还有些人甚至盲目乐观："反正不会再发生灾害了"。事实上，翻来覆去地重复老一套防灾训练，确实可能事与愿违，反而使基层地域社会放松对灾害的警惕。

而另一方面，福祉目标与日常活动直接相关，因而容易持续展开；福祉活动具体而且多样化，如对"要援助者"进行认定和家访、组织募捐、举办联谊活动等；福祉活动大多都是非常实在而低调的，不像防灾活动那样兴师动众。于是，"防灾福祉社区"就成为"防灾"领域的新理念，其要义在于：一方面以"防灾"为目标实施"福祉"；另一方面把"防灾"作为实现"福祉"的手段。

"防灾"与"福祉"的连接点，还不仅仅局限于上述地域活动战略上的有利之处。实际上，现代社区要解决自身的问题，必须同时追求"防灾"和"福祉"这两个目标的实现。为理解这一点，有必要了解社区与灾害、防灾、福祉之间的关系及其历史。下面，一边解说灾害与福祉的关系史，一边回顾日本近代以来地域社会的演变，并在此基础上思考"防灾福祉社区"在现代社会的意义。

三、灾害和风险的变型与地域社会——防灾社区史

日本，人称多灾之邦。对日本人来说，地震、海啸、火山喷发以及几乎年年都会发生的台风和水灾都像家常便饭。而另一方面，就如创造了利用河水泛滥的农业生产方法（"轮中"这种在由河水冲积而成的低洼湿地用堤坝圈起来的居民聚落就是其典型之一），日本人也以善于与自然灾害和睦相处而著称于世（富山和子，2006）。

解读日本的灾害史，地震、火山喷发造成的毁灭性灾害为数甚多，而在包括荒年、饥饿等大灾害中，很难说我们的祖先做得完美无缺。在史学领域，近年来，努力挖掘史料，解读历史上重大灾害的研究有了长足的进步，灾害案例的真相也在漫长的时间过程中逐渐变得清晰（国立历史民俗博物馆，2003）。

年复一年，日本人在生活中利用大自然，同时也被大自然玩弄。至战后，在昭和30年代（1955—1964年），日本人与大自然之间的关系发生了重大变化。

在日本，防灾曾经是以居民聚落（"村"或"町"，这里统称为"社区"）为主体进行的，而近半个世纪以来，防灾成为以行政为主，居民个人的自助及自我责任为辅的行为。那么，历史上日本防灾的原型，即以村或町为主体的防灾是怎样的？它又是怎样变化的？下面，对此做个简单的勾画。

本来，村或町这种居民共同体是防灾的核心主体。例如，连续下大雨，有可能发生泥石流灾害时，村或町就召集居民，组织居民巡逻队全天候巡逻警戒。这样的组织形式，在战争期间，特别是可能发生空袭时也曾经发挥过不可替代的作用。道路损坏了，当地居民自发组织人员进行修建；邻村受灾，每户人家按照乡规民约派出人力以及捐钱捐粮予以救援。在日本历史上，村或町就是这样的防灾福祉社区。这是因为村和町这种地域社会，本来就是由居民的共同生活构成的。具体地说，为保证居民用水的水源或防范火灾（历史上，日本街市的建筑物大多为木屋，所以防火曾经是町的最重要的任务），在农村地区还包括保证农业用水、农业劳动的互相协作等，就是这些共同生活的网络连结起了"村"或"町"这种居民共同体（关于这方面的问题，铃木荣太郎的《日本农村社会学原理》和《都市社会学原理》有详细的描述和分析）。村或町这种地域社会还承担为穷人提供生活保障、帮助居民举办婚葬祭奠等人生仪式等职能。另外，在农村地区，村落内部团结非常坚固，如水资源不足时，河川上下游的村落会处于敌对立场；发生洪水灾害时，围绕何处开堤泄洪的问题，河川两岸村落之间的利益关系会泾渭分明。因此，在有些地区，历史上河川上下游或两岸的孩子之间甚至都非常敌对。

日本历史上的"村"或"町"，可以说是"防灾福祉社

第七章 灾害社会学的新视角和新观点

区"。但是，战后，大约在昭和30年代（1955—1964年），这种"防灾福祉社区"开始解体。追究其原因，首先就在于行政承担起了防灾的核心责任。

1959年（昭和34年）的伊势湾台风，是一场夺去5000人生命的灾害，而也正是它促成了《灾害对策基本法》的制定（1961年）和日本现代防灾行政体制的确立。要理解行政何以成为防灾主角，首先需对其背景有所了解。这一时期，日本经济开始走向高度成长，产业结构也开始转型。日本第一产业人口在总人口中的比例，在1955年（昭和30年）还高达41%，而到1980年（昭和55年）已下降到11%。这是因为，在这一时期，一方面由于贸易自由化导致农产品价格下降，在广大农村和山村地区，依靠世代相传的生业已无法维持生计，为此大量人口流向城市，守着山林和农地的人以及机会都大幅度减少；另一方面，在政府的支持下，农林业通过扩大经营规模和机械化，逐渐实现了产业化。而农林业之所以能够实现这一转型，又是由于水坝建设、河川修整以及以这种水利工程为基础的农林场建设和土地改良。随着零散的小块农地被整合为大面积农田，人们被从战前那种以人力为基本的农业中解放出来；随着与农田改良并行的防灾设施的完善，人们摆脱了曾经肆虐横行的小灾害的控制。但与此同时，我们生存和生活的舞台变得太大了，以致一旦发生灾害，其危险性也大大增加；再加上城市的扩大（也称为"郊区化"）把以往不住人的地方（主要是山林和低地）变成了住宅地，这也使灾害呈现更加多样化的态势。

这一时期，在城市地区还时有公害发生。公害的加害者，最初是责任一目了然的企业，渐渐地因汽车废气而扩大到普通市民；而核事故等事故的严重影响，更使人们惊觉现代技术创造物具有难以估量的危险性。这样的灾害，已经不是个人或地域社会所能应对的事态。

在战后半个世纪里，日本的社会生活发生了相当大的变化，变得越来越复杂。在这一背景下，曾经支撑着居民生活基础的"町"或"村"渐次失去了存在的必要性，人们理所当然地依靠乃至依赖行政，于是渐次形成防灾责任全部由行政承担这样的社会框架（田中重好，2006）。

但是如上所述，灾害往往在特定地区重复发生，所以防灾，既是个人及其家庭的事，也是行政的事，同时还是基层地域社会或居民共同体的事。读者中也许有人正是因为意识到了这一点，才阅读这一章节的吧。灾害带来的危险和不安，大多是我们个人难以抗衡的。而防灾尽管确实是行政的重要任务，但连行政主管也开始意识到，光靠行政是无法应对灾害的。当然，过于严重的灾害，也不是地域社会或居民共同体所能应对的。但无论如何，把一切都委托给行政部门，风险往往会更大（参见后述专栏"社区建设与地域社会的防灾能力"）。

四、防灾福祉社区建设

从昭和末期、约20世纪80年代末开始,日本逐渐意识到蕴藏于社会内部的各种风险,其中最富代表性的,一个是"少子老龄化",另一个是"环境问题"。从时间上看,至20世纪90年代前期,主要围绕"少子老龄化"问题,完善社会福祉制度以及展开各种以居民为主体的社会福祉活动;自20世纪90年代后期以来,在"少子老龄化"对策得到继续充实和完善的同时,"环境"渐次上升为核心概念,制定环境政策、实施环境保护活动以及从各个层面推动环境保护成为时代的最强音符。

日本人口少子老龄化的进度非常迅猛。以老龄化率(65岁及以上人口在总人口中的比率)为例,1960年(昭和35年)为5.7%,1990年(平成2年)上升到12.1%,2005年(平成17年)高达20.1%,现在大约已位居世界第一。在如此急速的老龄化过程中,"老年人由谁来照顾"这个问题,作为社会福祉新问题的特写,吸引了全社会的关注。尤其值得注意的是,在日本型福祉社会理论的框架中,与机构养老并列,在行政和企业的援助下,以家庭为主照顾老人这种居家养老方式成为老年人福祉的基础。

而在上述理论框架中,地域社会被认为是支持居家养老方式的最有效手段，并由此形成"福祉社区"的理念。这一理念主张，重新开发日本传统地域社会中的"居民互助"这一社会福祉资源，并把它整合进现代社会框架之中，从而构建福祉社区。

各个基层地域社会千差万别。在人口过疏地区，老龄化也更为深刻，从而缺乏必要量的社会福祉承担者；而在人口过密的大城市，很多地区只是人们的居住之地，连近邻关系都尚未形成。

上述地域特性，对于防灾具有怎样的重要意义？这个问题在1995年1月17日发生的阪神·淡路大震灾中一目了然。以神户市为中心的受灾地中，长田区和滩区等老龄化程度高、低收入者多的地区，受害程度更为严重。总结阪神·淡路大震灾及其后的多次灾害经验，日本社会逐渐确立起这样一种新的防灾观点：必须在充实和完善社会福祉的过程中推进防灾事业，必须把防灾计划与福祉计划紧密结合起来。"防灾福祉社区"是一个目标概念，它把上述日本地域社会所呈现的新的脆弱性（即地域社会应对巨大而复杂的灾害的能力低下）与少子老龄化过程中产生的地域社会新课题（即如何确保老年社会福利）这两者整合为一个社会问题加以考虑，并试图通过重建社区这一现代居民共同体来解决这一社会问题。

第七章 灾害社会学的新视角和新观点

五、提高地域社会解决问题的能力

进入 21 世纪之后,"防灾福祉社区"的内涵得到进一步丰富,目标也更加具体化,这是因为与防灾和福祉这两者相关的对策和活动项目都有了大幅度增加。

上面讲到,20 世纪 90 年代以来,人们意识到环境问题是日本社会的另一个重大风险。近年来,人们越来越关注环境问题,同时也开始发现灾害及防灾问题与环境保护之间的密切关系。人们认为,近半个世纪以来的社会变化,促使自然环境本身发生更大变化,地球温暖化就是其中的一个典型。环境变化以形形色色的灾害形式,给人们以猛烈冲击——这样的预测、不安、恐惧形成了漩涡(阿尔·戈尔,2007)。

在山村,过去建造的林野,因人手不足而疏于管理。在一些人口过疏地区,甚至连农耕地也荒废了。延续了几百年的土地利用状态,正在发生重大变化。河流方面,通过建造大坝、整修河道等方法建立起水利系统,但那并不能解决所有河川问题,特别是河川生态系统的破坏已经引发自然环境恶化。因柏油、水泥而变得坚硬的土地上,住宅、商店密集,越来越多的人感受到,在这样的城市,每天生活、工作的环境都是十分严酷的。另外,全国的海岸线都已遭到侵食,曾经的沙滩正在消失,取而代之的是水泥。

在这样的背景下，环境问题开始与防灾和福祉问题一样，受到重视。构成传统日本社会基础的"村"或"町"这种小型生活系统，给自然环境的负担较轻，与生态系统的关系较为和谐。相反，现代生活系统则给自然环境造成过重负担，破坏了本该和谐相处的生态系统，使自然环境对人类来说不再是安全、安心的了。因此，今后，必须与环境生态学的课题一起，去推进防灾福祉社区目标的实现。

对我们来说，当前要务就是重新恢复地域社会在这半个世纪中逐渐丧失的"解决问题的能力"。可是，由于支撑我们生活的系统太大，从而增加了系统破绽所带来的危险性，因此必须调整小型系统解决问题的方式。现在基层地域社会内部存在的问题，除了防灾、福祉和环境之外，还有教育、抚养孩子、防止犯罪以及地方文化承继等所有过去由地域社会承担的各种职能。地域社会的问题就在地域社会内解决——提高地域社会解决问题的能力，这是构建防灾福祉社区的根本。而这样的实践，只有在地域社会中进行。当然，行政方面和专家们也必须开发这种"问题设定＝问题解决"型的地域项目，并在具体实施这些项目的过程中，实现与地域社会的携手合作。

[引用及参考文献]

ゴア，アル，2007『不都合な真実』ランダムハウス講談社.
倉田和四生，1999『防災福祉コミュニティ―地域福祉と自主防災の結合』

ミネルヴァ書房.

国立歴史民俗博物館編，2003『ドキュメント災害史 1703—2003』.

鈴木栄太郎，1940（1970）『日本農村社会学原理』著作集Ⅰ・Ⅱ卷，未来社.

鈴木栄太郎，1957（1969）『都市社会学原理』著作集Ⅵ，未来社.

田中重好，2006『共同性の地域社会学』ハーベスト社.

富山和子，1993『日本の米』中公新書.

（山下祐介、菅磨志保）

专栏

通过"图上训练"，提高地域社会防灾能力

菅磨志保

地域社会实施的防灾训练，其主流还是照搬训练大纲。即预先确定时间和地点——如在发生过灾害的那一天，在附近的公园集中，进行消防器械使用、应急救护等的实战演习。可现实的灾害，其发生的时间无可预期，具体的地点和状态也无法预测。阪神・淡路大震灾正是一个"不可预期"的现实，它远远超出预测的受害程度，使人们不能不感叹自然的破坏力之强大、舒适的城市生活之脆弱以及个人力量之渺小。这种灾害经历极大地影响了防灾对策，人们意识到有必要通过训练，培育对意料之外事态的想象力和对紧急事态的应对力。近年来，人们也已经开发出多种新的训练模式。

"图上训练"就是其中之一，它在阪神・淡路大震灾后受到普遍关注，

并已在较大范围得到普及。这种训练模式的原型是自卫队等"专业救灾人员"的"演练"及"指挥所演习",也可以说是那种训练的简易版,其特点是在地图上模拟演示受灾状况及应对方案。近年来,"图上训练"不仅成为地方行政组织的防灾训练的必要项目,而且也成为居民自发组织的防灾训练的重要项目。其具体内容也越来越丰富,如"灾害想象游戏"(Disaster Imagination Game, DIG)是在地图上绘制城市结构和受害假定状态,想象自己所在街区可能发生什么灾害、会有怎样的受害状况、应该如何运营和适应避难所生活,等等。

在社区进行这种"图上训练",其首要目的在于,使参加训练的居民能够形成尽可能正确而具体的"灾害印象"。这种训练的优点在于,它采用研讨会的方式,每个参加者都是研讨的主体,参加训练的居民在共同研讨的过程中建立起一种相互信赖的关系。对于提高社区应对灾害的能力来说,这种居民间的信赖关系是一种比居民个体灾害应对技术更重要的资源。

这里介绍一种家庭成员或近邻共同参加的图上训练项目。这个项目与上述灾害想象游戏稍有不同,它不仅要求参加者把"灾害印象"绘制在地图上,而且要求参加者制作"受灾剧本",本人、家人、近邻都必须在其中担任一个角色。通过这种训练,参加者不仅能够了解灾害及受害会是一种怎样的状态,而且能够知道面临那种状态时应该怎样应对(日本防火协会,2003)。

关于训练的程序,可以想象一下戏剧或电视剧剧本的制作流程,那将有助于我们把握训练程序。主要环节如下:①确定图上训练的主题(如在家里遭遇地震,第一时间应如何应对;又如在基层地域社会应该设置避难所)。②根据训练主题,选择作为"舞台"的地图(例如家里的房间布局图、学区地区等）。③确定参加者在"舞台"上的角色（如家庭成员4人、小学老师A、邻居B、C、D）。④想象各个角色可能遭遇的受害状况，制作"受灾剧本"。⑤完成"受灾剧本"后，在"舞台"上配置"道具"。⑥依据"受灾剧本"，进行实际表演。⑦最后，反思演剧过程，其中没能顺利演好的环节，就是灾害应对中的薄弱点。把这个薄弱点，设定为下次图上训练的主题。通过这种反复的、逐步深入的图上训练，不断充实和完善灾害对策。

上述图上训练项目的关键，在于制作正确反映现状的"受灾剧本"（具体地说，是上述①—④环节）。为了制作具有"现实性"的"受灾剧本"，要从地区行政部门制定的"受害预想报告"等文献中，抽取出有关自己所在街区的受害状况的相关数据，还要在自己所在街区的各条街各个角落都实际走一走，确认哪里是危险场所，哪里有避难场所等。

上述操作过程，包含着对防灾事业的重要启示。说到"防灾"，很多人往往把它理解为"对于特别事态的对策"，把它作为与日常生活无关的另一个世界的问题。其实，这些人的真实想法是不愿意在忙忙碌碌的日常生活中，再为不知道什么时候会发生的灾害花费时间和成本。但是，在我们想象灾害这种"非日常"状况的过程中，可能发现被认为是理所当然的"日常"生活所掩盖的危险性；在我们制作"受灾剧本"的过程中，也许能够觉察"非日常"的灾害就存在于普通生活的延长线上，或潜藏于日常行为的背后。而如果有了这样的发现和觉察，就可以说已经实现了这种训练的重要目的。

能够形成具体的"灾害印象"，也就能够知道该地域社会应该着手实施的防灾课题。那些课题的解决，大多都超越了一个人或一个家庭的能力，而必须依靠社区的力量。通过训练，如果居民们能够认识到大家面临共同的问题，并对这一共同问题有较为全面的了解，这就容易推进实际的防灾行动。正是因为图上训练项目具有这一可能性，所以才值得我们去关注。

[参考文献]

大矢根淳，2000「災害とは」東京ボランティア・市民活動センター編『市民主体の危機管理』筒井書房．

(財) 日本防火協会編，2003『婦人防火クラブリーダーマニュアル（日常編）』所収「簡易図上訓練」の実施と訓練用「被災ミナリオ作成」の方法
http://www.n-bouka.or.jp/leader_manual/nichijyo/4/t_01.html

专栏

社区建设与地域社会的防灾能力

山下祐介

在日语中，由片假名构成的"コミュニティー"一词，是英语"community"的音译；而"community"的意译，一般采用汉语词汇"地域社会"或"共同体"。但在日本城市社会学的理论框架中，"コミュニティー"这个概念有其特定的含义。一般认为，以20世纪70年代的石油危机为起点，日本城市社会进入一个重大转型期。大致从那个时期开始，日本城市社会学把在之前漫长的社会历史过程中构成地域社会结构基础的旧秩序，称作"传统共同体"；并为与之相区别，把作为现代地域社会结构基础的新秩序，称作"コミュニティー"*。

奥田道大把社区的基本特征概括为两点：一是"主体性行动体系"

---

* 本书中，我们把这个"コミュニティー"译为"社区"。——译者

（这一点与"传统地域共同体"相同）；二是"普遍主义价值观"（而"传统地域共同体"以"特殊主义价值观"为特征）。奥田道大认为，地域社会在城市化的过程发生如下演变：随着旧秩序的解体，"传统地域共同体"分解为一个个独立的"自我"；而在应对和解决城市问题的过程中，独立的"自我"又被重新组织

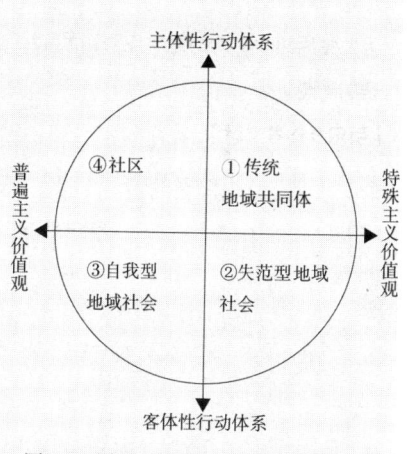

图 7-1：奥田道大的地域社会分析框架

起来，逐渐成为"社区"（参见图 7-1。奥田道大，1983）。可见，与"地域社会"这一反映社会实际状态的概念相比较，"社区"这个概念包含着理想和目标的要素。而"防灾福祉社区"这个概念，正是在这种社区设计及建设的背景下应运而生。

在关于社区设计及建设的讨论中，有一个与防灾密切相关的概念，即"地域防灾力"。自然灾害未必只是一种物质能量，受灾地区的社会文化特性能够极大地改变灾害及受灾的状态。安倍北夫把这种灾害中的地域社会媒介特性，称为"地域防灾力"。他认为，可以从三个层面上讨论"防灾力"的特性，即"地理的物理的特性"、"社会的人的特性"以及"社区这种人和人的结合、连带性、亲密关系以及协商"（安倍北夫等，1990）。在这一背景下，所谓"防灾福祉社区"的目标，一言以蔽之，即在于"提高地域防灾力"。而在地域防灾力的测定方面，近年也有很多尝试。特别值得指出的是，根据近年的研究成果，地域防灾力不仅关系到灾

害发生后第一时间的紧急应对，而且对之后的复旧复兴过程也有非常重要的影响。

[引用及参考文献]

安倍北夫他，1990『都市災害と地域社会の防災力』早稲田大学社会科学研究所（都市災害部会）研究シリーズ23.

奥田道大，1983『都市コミュニティの理論』東京大学出版会.

第二节 灾害中的性别问题

一、"灾害与性别"问题概论

灾害在一瞬之间带来"非日常"状态,可它又决非与"日常"无关。灾害的受害通常集中在平时就薄弱或脆弱的环节,所以也可以说,灾害带来的"非日常"状态只是"日常"状态的延长。那种社会弱者或脆弱之处,光是本来就"腰腿不便"、存在问题这一点,就注定其很难抓住重新站起来的机会。也就是说,灾害成为一种契机,凸显了各种社会矛盾或社会问题,扩大了社会格差,而社会性别问题只是其中之一而已。

在1995年的阪神·淡路大震灾期间,笔者亲眼目睹至今为止一直提倡的"男女平等"和"男女共同计划社会"的理念是怎样被"吹跑"的。以"因为是非常时期"为借口,一次又一次地推迟履行对妇女的承诺。在传统性别分工继续存在的前提下，男女共同参加复旧复兴是不可能的，至少是不可能充分的。因此也可以说，这场大震灾暴露了日本在男女共同计划社会以及人权问题上的不足。

以下，对阪神·淡路大震灾时女性受灾者曾面临怎样的困境做一概观，同时思考今后必须采取怎样的措施以保障女性受灾者的权益。

1. 发生了什么——基于社会性别这一敏感视角的考察

（1）死亡人数：女性比男性多1000余人

阪神·淡路大震灾的死难者，包括"灾害关联死亡"，共有6434人。在身份得以确认的死亡者中，男性2720人，女性3704人，女性较男性多1000余人。从年龄来看，越是高龄，女性死亡比例越高。而从死亡原因来看，约有5500人是被倒塌的建筑物压死或其他直接死亡，另有920余人死于肺炎、心脏功能不全等"灾害关联死亡"。与之后日本国内发生的相同规模的地震相比，此次大震灾中压死或窒息死亡的人数相对更多，呈现"住宅灾害"状态，而有数据显示，很多居住在老城区老朽住房里的高龄女性老人在这次大震灾中丧生。

本来，难以靠自己的力量避难的人，更应该受到保障，能够居住在安全性能更高的房子里。可现实相反，母子公寓这种公共住宅也在地震中倒塌了，大震灾彻底暴露了社会弱者在住宅问题上的贫困程度。灾后，虽有不少房东答应重建公寓，可由于新建公寓租金昂贵,老年租客大多没法回到原来生活惯了的地区。

另外,虽然没有确切的统计数据,但有医生报告说,灾害关联死亡者中,女性大多是在避难所病故的,而男性大多是在住进临时简易住宅或复兴住宅之后因孤独而亡故的。"是男人,就不能发牢骚、说丧气话"这种日本社会风气中所反映的灾害与社会性别的问题,也应该作为男性问题研究的对象。

(2)女人不能叫苦

女性受灾者即使在灾害发生时好不容易躲过一劫,保住了生命,但之后仍需面对各种困难。

在人员混杂的避难所,她们没法安心睡觉;而如果要给孩子喂奶或要换衣服,就更加不便。在最初送达受灾地的救援配给物资中,大多没有奶粉以及卫生巾等女性必用品。临时避难所里没有抽水马桶,很多妇女为了减少上厕所的次数,就尽量少喝水,不少人因此而患病。如果自家住宅在地震中没有受损,那些女人可以有幸避免去避难所,可由于水电煤气中断,幼儿园、学校以及养老机构暂时关闭等原因,作为家庭主妇,她们要整理地震后一片狼藉的家,要外出打水、购买食物,还要照顾家里的老人小孩,总之,她们要承担起所有的家务。而在灾害发生不久的那个时候,在公共交通暂停、自家车不能使用(有的是因为自己没有驾照,有的是因为车被丈夫开出去上班了）的状况下，妇女们事实上很少有机会到外面放松一下心情或收集一点有用的信息。

很多家庭由于这次大震灾强化了成员间的连带感，可也有不少家庭发生了"震灾同居"、"震灾离婚"等问题。接纳只穿了一身衣服逃出来的亲戚，这是理所当然的事，可在一起住得时间长了，双方都会有精神压力。特别是接纳和照顾丈夫的亲戚，突然被要求履行"儿媳妇"的责任，处在这种情况下的妇女，心理压力骤然倍增，可却无处吐露烦恼和郁闷。

听说当时有很多妇女跑到"女性咨询窗口"去发牢骚："这样的事，实在太令人难以忍受了。这么想，是我太任性了吗？"可是，她们如果在家里或者工作单位发这种牢骚，都会被看作"不可理喻"，并还会受到指责："那么多人死了，你连这么点事都不能忍耐吗！"阪神·淡路大震灾期间，很多妇女有过这样的经历，她们很长时间自我压抑着过日子。

阪神·淡路大震灾时积累起来的关于"灾害与女性"的经验教训，直到十年后的今天，才开始被认真地讨论。

（3）女性先遭解雇男性强做英雄

"倒塌房屋的瓦砾下还有活人被埋着，可一个西装革履的男人，竟像平时那样上班去了。真是令人诧异！"有位女性受灾者说起阪神·淡路大震灾发生当天亲眼目睹的景象，至今依然愤愤不平。

阪神·淡路大震灾发生的那天，靠街坊邻居的互相帮助，

第七章 灾害社会学的新视角和新观点

搜救出了很多人，而也有人在灾害发生后的第一时间马上赶往工作单位。这些人中，有的在职务上确实担负着必须紧急到岗的职责，如公务员、医院工作人员、水电煤气等基础设施维修人员等。可是，那些西装革履的普通公司的职员究竟为什么把到公司上班放在第一位呢？

据说当时，那些第一个赶到工作单位的人不仅得到上司的表扬，而且被媒体捧为"英雄"。而另一方面，那些由于没有交通工具，或者由于家人需要照顾等原因不能出勤的女性员工则遭到非难，说她们"关键时刻，派不上用场"。

大阪、神户一带，有近10万人在那次大震灾中失去工作，而其中绝大多数是非正规就业的女性。由于很多女性不加任何抗议或辩解，就接受了解雇，所以没法确切把握遭到解雇的妇女的人数。另据妇女中心等民间团体反映，前去咨询的女性中很多不了解法律所规定的劳动者权利，不知道自己"是否加入雇佣保险"，有的甚至由于"没有订立劳动合同，所以不知道自己属于什么身份"。这些情况表明，在日本有很多女性在平时就安于没有保障的、缺乏稳定性的就业形态。

在灾害现场，那些不顾家人和家事，不眠不休地埋头工作的人受到称颂，被作为"美谈"盛传。我们并不是要否认这些人的善良和尽责，但是这种风气则不能不让人担心从事复旧复兴工程的人员有可能发生"过劳死"。而且，一直在工作单位工作，对家人家事不管不问，这也可能导致家庭关系不和。

355

然而由于媒体的宣传作用,这种风气似有扩大趋势[1]。

现在,各单位都在制定"灾时工作持续计划"(BCP),这是保证重要的生产线在灾害情况下依然运转的计划。制定了这样的计划,就能判断各个阶段必要的工作岗位和所需员工人数。总之,希望要求"员工从灾害发生的第一天起就必须克服一切困难(即使发生交通堵塞),保证每天出勤"这种紧箍咒似的"社会风气"能够稍稍稀薄一些。

(4)难以摆脱的性别分工魔咒

遗憾的是,阪神·淡路大震灾发生后不久,"男主外,女主内"这种传统的性别分工又开始复活,并得到强化。甚至来自全国各地的志愿者中,也存在"男人干力气活,女人管烧饭"那种分组倾向。

更成问题的是,上述灾后初期避难生活中"男人干力气活,女人管烧饭"的分工模式后来一直被延续下去,直至在复兴计划中也不考虑男女平等。要从灾害重创中重新站立起来,第一步就是要获得大量信息,亲自参加与自己相关的事情的决策过程。但是,妇女、老人、残障者以及外国籍居民显然很少有参与的机会。

震灾之前,兵库县的审议会等政策决定部门中,女性的比

---

[1] 说起来,是件私事。大震灾发生后不久,某日在某报纸上看到一则报道,其中引用一位男士的话:"自(灾害发生)那天以来,我把家人的事都抛在脑后,一心扑在工作上"。"'被遗忘的家人'看到这段话,该多伤心啊",我这么想着,又细细读了一遍那篇报道,不料想讲那话的男士竟然是与我同单位工作的丈夫。当然,他完全没有理由说那种话,而只是"就是那种顺应'美谈'吧"。

例为 17.9%。可是震灾之后，"阪神·淡路大震灾复兴计划策定委员会"的 50 名成员中，女性只有 7 人，仅占 14%；神户市"复兴计划审议会"的女性比例更是低至 7%，100 名成员中只有 7 位女性。各领域的检讨委员会几乎都是这样，其中产业复兴和交通基础等领域完全为男性垄断。假如决策部门不是如此重男轻女，假如决策部门能够吸纳女性的视角，那么，对女性创业者的投资融资以及无障碍街区建设都可能取得比现在大得多的发展吧。在通过"创造性复兴"，建设比大震灾之前更适宜居住的社会这一复兴计划的决策过程中，女性参与者如此之少，这是非常令人遗憾的。

这种女性参与不足的现象不仅表现在行政决策方面，而且表现在地域社会活动决策方面。譬如，在"街区建设协议会"上发言的，几乎都是男性居民。其实，实际做事的——如护理受灾老人、修建街区花坛、恢复社区活动等，则是女性居民占多数。她们可能是不好意思在公开场合发表自己的意见吧。针对女性的这种特性，要授权给她们，让她们积极地说出自己的见解。为此，要采取各种有效办法，如举办只有女性参加的研讨会，或进行问卷调查，总之要努力地"于无声处听有声"，了解不喜欢或不善于公开发表自己意见的女性的意见。

2. 深化"男女共同计划"——平时就把"男女共同计划"纳入社会系统

在包括神户市在内的阪神地区，有北野、六甲山、芦屋等

227 不少女性特别喜欢的旅游地，早在地震之前，就是全国著名的"漂亮市镇"。不过，"女性喜欢的市镇"与"女性参与的市镇"是两个完全不同的概念，前者只是把年轻的或有购买力的女性作为市场活动的对象，而后者则把保障以"女性视角"为首的多样性作为市镇建设的目标。

"男女共同计划社会"不是一种仅仅在时间充裕的平时所进行的（对女性的）"善意之举"或"施舍"，它要求无论在何种状况下，都必须维护女性的权利和健康，都必须保障女性的社会参与。灾害期间的性别问题或女性问题在于，只是在有人投诉后再采取应对之策，结果，不能及时采取积极有效的对策。在灾害期间，由于各种各样的原因，很多场合下，受灾者没法提意见或抗议，或者即使提了意见、表示了抗议，但没法传递到有关部门。正因如此，所以必须在平时就对灾害期间可能发生的事态做出科学预测，把相关的预防对策和善后对策纳入防灾应急系统。

一般说来，受灾地治安情况较差。而受灾者出于特殊心理，为缓和灾害的打击，会无意识地排斥不好的传言。另外，他们也可能是因为讨厌反复无常的同情，想要维护自己家乡的声誉。这种想法可能成为家乡复兴的原动力，但也容易转化为对丑闻的掩盖和对举报者的反感。

在阪神·淡路大震灾期间，有没有发生过以女性为对象的性暴力事件？这是人们经常议论的问题。也许真有过那样的事，但周围出于"不能有这样的事"的考虑而把事情的真相掩盖了，总之，到警察部门报案的事件中，没有一件性暴力。但是，根据坊间传闻，确实有人因为代受害者举报而受到攻击，被指责为"恶意诽谤"。

在海外，考虑到可能发生对女性的性暴力事件，很多难民营会在"难民营生活指南"中设定相关对策条例。日本也应该在完善相关预防对策的同时，充分理解受灾地居民的复杂心理，健全由冷静的第三方从外部介入的体制。

3. 从长远考虑——着眼于提高所有人的生活质量

我们想从两个视角思考和分析"灾害与社会性别"这个问题：一是保护女性的视角——在灾害期间这种混乱时候，必须切实保护女性，使之不受各种暴力侵犯和歧视，同时还要努力满足女性的特殊需要；另一是挖掘和发挥女性自身能力的视角——女性绝不只是需要保护的存在。

因此，不能仅仅关注灾害发生后不久这个阶段，而必须把包括那之后的更为漫长的复旧复兴阶段以及那之前的防灾减灾阶段这样一个完整的过程纳入视野。女性也是复旧、复兴和减灾的主体，如果她们的智慧和建议不能在各个阶段的对策中得到反映，就不可能实现真正的复兴和减灾。

很多人把防灾看成是男人们的工作。地域社会组织的防灾训练几乎清一色是"男主外，女主内"模式：男性居民包揽一线的实践活动，女性居民负责煮饭烧水和护理伤病员。可是，谁也不知道灾害什么时候发生。如果在大多数男性居民都外出上班的时间发生灾害，那由谁在第一时间进行搜救、避难所开设运营等应急工作？所以如果真的为地域防灾着想，必须对女性居民也进行早期灭火、搜救、组织和指导援救活动等方面的培训。

在复旧援助活动中，改变价值观念，正确评价周围地区的坚持和努力，这也是十分重要的。灾害期间，很多人都非常热情，往往认为不到第一线参加应急救助和复旧援助，就没有意义。可是，就像家庭生活需要每一个家庭成员的努力一样，在救灾活动中，为保证第一线救援活动的顺利展开，后方的援助活动同样不可或缺。所以，应该给那些在受灾地周围地区默默地努力从事着援助活动的人们也戴上光环。而这种价值观念的转换，势必指向对女性在救灾中的作用进行重新评价。

另外，还有必要从女性的视角重新检视现行地域防灾计划和救灾方案，并加以修正和完善。行动不便而没法去避难所的高龄老人和残障者，是不是会被留在危险之处？越是在灾害时，"男女共同计划中心"越是应该发挥作用，但其工作人员在灾害期间是否只是忙于应付避难所运营和救灾物资分发？复兴援助对策中有没有不利于女性的条款？等等，诸如此类应该重新探讨的问题还有很多。阪神、淡路地区在实施《受灾者生活重建援助法》时，以灾害发生后三年半这一时间结点的户主为支付条件，于是，在那之后结婚的女性就被排除于对象范围之外。诸如这样的疏漏不应该再出现。

对于从事女性学或人权问题研究的人来说，很多问题表面看来似乎是个人问题，而本质上则是社会问题。关于灾害与女性问题的思考，从个别问题着手进行改善，其结果能够不问男女性别，使所有人的日常生活质量得到提高。

[参考文献]

神戸新聞社編，2005『守れいのちを 阪神・淡路大震災10年後の報告』神戸新聞総合出版センター．
清原桂子・中村順子・森綾子，2004『火の鳥の女性たち―市民がつむぐ新しい公への挑戦』ひょうご双書，兵庫ジャーナル社．
ウィメンズネット・こうべ編，2005（復刻版）『女たちが語る阪神大震災』．

（相川康子）

二、亚洲和发展中国家的自然灾害与性别问题

1. 亚洲和发展中国家的自然灾害及受害

（1）亚洲的自然灾害

亚洲是个多灾地区，风灾、水灾、地震、地球板块滑动、火山喷发、森林火灾，各种灾害频频发生。尤其近年来，灾害

发生的次数、受害人数、受害规模都见增长。而灾害对发展中国家的伤害更大，伴随急剧的城市化和人口增加，环境污染日益严重，落后的城市基础设施相对于灾害的脆弱性也日益凸显。

这里，先回顾一下过去一年里亚洲遭遇的灾害。在印度尼西亚，2006年5月，爪哇岛中部发生里氏6.3级地震，死亡人数超过6000人；同年7月，以爪哇岛西南冲为震源，发生里氏7.7级地震，造成645人死亡。在菲律宾，2006年9月，15号台风使186人丧生；同年12月，吕宋岛马荣火山附近发生泥石流灾害，有655人死亡。2007年5月，南亚地区进入雨季，连续大雨导致洪水、滑坡、泥石流等大规模灾害接二连三地发生，到8月底，死亡人数超过3500人，受灾者总数超过1350万人；而有报告说，巴基斯坦的受灾者75%是妇女和儿童，尼泊尔的受灾者也几乎都是妇女、儿童和老人。[1]在中国的东部、南部、东南部、西北部，6月以后也先后发生重大水灾，至8月底，死亡人数达1138人，受灾人口多达1亿2千万人。[2]

再来看一下最近时期亚洲灾害在世界灾害总体中所占的比例。如图7-2所示，灾害次数近40%，死亡人数超过80%，受灾者人数达到90%以上；而经济损失额相对较低，不到40%，这可能是由于美国在2005年8月的卡特里娜飓风中损

---

[1] 有关数据来源于受灾国的主管省厅、红十字会或IFRC的报告。
[2] 有关数据来源于中国政府或IFRC的报告。

失特别惨重，达到1250亿美元，此外还发生过中等规模的飓风灾害的缘故吧。

五大洲自然灾害状况比较（2000—2005年）

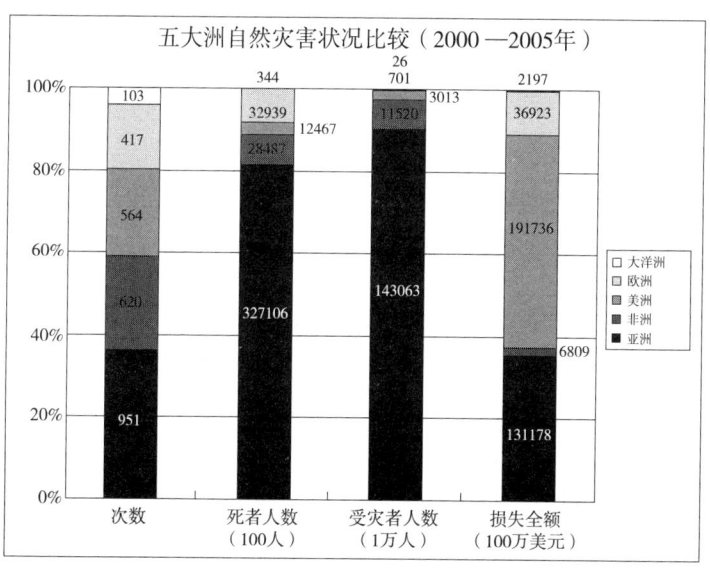

	次数	死者人数（100人）	受灾者人数（1万人）	损失全额（100万美元）
大洋洲	103	344	26	2197
欧洲	417	32939	701	36923
美洲	564	28487	11520	191736
非洲	620	327106	12467	3013
亚洲	951		143063	6809
				131178

图7-2：2000—2005年期间世界五大洲自然灾害比较
注：该图由亚洲防灾中心根据CRED和世界银行的资料制作。

（2）发展中国家的受害状况

图7-3进一步显示了人均收入状况与自然灾害造成的死亡人数的关联。2005年全世界死于自然灾害的总人数中，低收入国家（人均收入在755美元以下）占92%，中等偏低收入国家（人均收入为756—2995美元）占5%，这两者相加达到了97%。由此可见，人均收入越低的国家，死于自然灾害的人数越多。

在发展中国家，有时一次灾害造成的损失，就超过该国一年的GDP，如表7-1所示，1988年亚美尼亚地震造成的经济损失相当于该国1990年GDP的9倍，1996年蒙古在森林火灾中受到的经济损失接近该国前一年GDP的2倍。而阪神·淡路大震灾造成的经济损失是日本当年度GDP的2%。

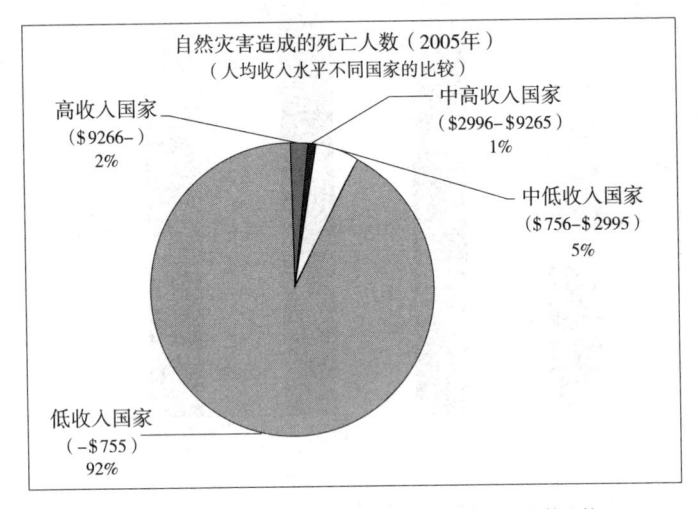

图7-3：2005年不同人均收入国家的自然灾害死亡人数比较
注：该图由亚洲防灾中心根据CRED和世界银行的资料制作。

表7-1：自然灾害造成的经济损失
（1960—2005年期间排名前7位）

国名	发生时间	灾害种类	经济损失额（亿美元）	GDP（亿美元）	灾害损失/GDP之比（%）
亚美尼亚	1988年	地震	205.00	22.57	908
蒙古	1996年	森林火灾	17.13	8.93	192
蒙古	2000年	寒潮	8.75	9.07	96

(续表)

马尔代夫	2004年	海啸	4.70	7.53	62
老挝	1992年	台风	3.02	11.28	27
尼泊尔	1987年	洪水	7.28	28.51	26
格鲁吉亚	1990年	地震	17.00	77.38	22

注：（1）该表由亚洲防灾中心根据CRED和世界银行的资料制作。

（2）GDP的数据，除亚美尼亚为独立后的1990年的之外，其余均为灾害发生前一年度的。

（3）2004年印度洋海啸中第二位受害严重国家是斯里兰卡，其灾害损失与GDP之比为7.5%（经济损失为15亿美元，前一年GDP为200.55亿美元）。

（4）阪神·淡路大震灾造成的经济损失与日本当年度GDP之比约为2%（经济损失9兆6000亿日元，受灾当年度GDP为504兆日元）。

（3）人类发展指数（HDI）、女性发展指数（GDI）与受灾者数量的关系

从联合国开发计划署提出的2005年各国人类发展指数（HDI）[①]与受灾人数的关系来看，如图7-4所示，HDI低的国家（35个国家）和中位国家（85个国家）的受灾者人数之和，高达世界受灾者总数的99%。由此可见，灾害对低HDI国家的影响更为深刻。

---

① 由一个国家的预期寿命、教育水准（成人识字率、大中小学毛入学率等）和实际人均GDP三大指数复合而成，是反映该国发展程度的综合指标。

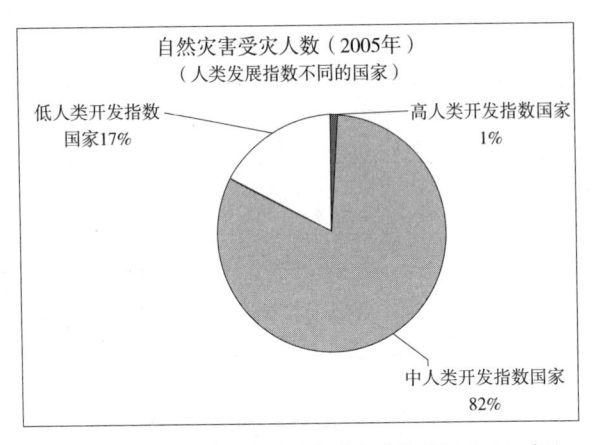

图 7-4：人类发展指数与自然灾害受灾者人数的关联（2005 年）
注：该图由亚洲防灾中心根据 CRED、世界银行和 UNDP 的资料制作。

其次，再看女性（性别）发展指数[①]与受灾人数的关系。GDI 低的国家和中位国家的受灾者人数之和在世界受灾者总数中的比例，和上述 HDI 的情况一样，也高达 99%。但低 GDI 国家受灾者人数达到世界受灾者总数的 36%，这一数据是低 HDI 国家受灾者人数在世界受灾者总数中所占比例的 2 倍多。

由图 7-4 和图 7-5 可以清晰地看到，受灾者集中在 HDI 和 GDI 较低的国家，而值得注意的是，与低 HDI 的国家相比，低 GDI 国家受灾者在世界受灾者总数中所占比例更高。

---

① 根据一个国家分性别的预期寿命指数、教育水准指数（成人识字率、大中小学毛入学率等）和估计劳动收入指数三大指数计算出的分值，是反映该国男女平等实现程度的综合指标。

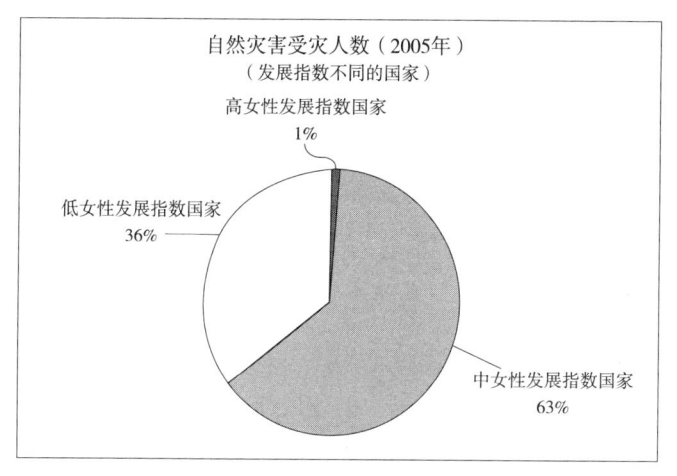

第七章　灾害社会学的新视角和新观点

```
自然灾害受灾人数（2005年）
（发展指数不同的国家）

高女性发展指数国家
1%
低女性发展指数国家
36%
中女性发展指数国家
63%
```

图7-5：女性发展指数与自然灾害受灾者人数的关联（2005年）
注：该图由亚洲防灾中心根据CRED、世界银行和UNDP的资料制作。

这并不只是亚洲特有的倾向，所以可以认为，对于灾害与受灾者的相关关系，女性的发展程度有着有意义的影响。

2. 发展中国家灾害中的性别问题

（1）灾害中女性受害状况

那么，在自然灾害中，女性究竟受到怎样的伤害？她们为什么更容易遭到伤害？对这些问题，今后应该采取怎样的对策？一般都把女性看作"灾害弱者"，认为自然灾害给女性的伤害大于男性，这一性别差异在发展中国家尤其严重。追究其中原因，以下情况不可忽视。首先，发展中国家的女性大多在家从事家务，因此一旦遭遇灾害，她们首先必须伸手救助孩子和老人，再加上即使在灾害这种非常时候，她们也恪守等丈夫回家的习惯，所以她们往往错失自己逃生的宝贵时间。其次，由于宗教以及社会规范的限制，有些国家的女性在避难所也不能与丈夫或其他家人以外的男性同席而坐，甚至不能接触想来救她们的男性救援人员的手或身体其他部位。再次，很多女性缺乏获取信息的手段，由于没有受过教育，连一个字也不认识，更不具备关于灾害本身以及灾害应对的相关知识。

2004年12月24日发生的印度洋海啸灾害的特点，首先表现为女性死者是男性死者的1.5—4倍，这形象地刻画了女性的脆弱性。如在印度尼西亚亚齐州北部的Kuala Cangkoy地区，那次灾害中死亡的女性有117人，占死者总数（146人）的80%；在印度泰米尔纳德邦古德洛尔的Samiyarpettai地区，537名死者中，女性391人，占75%。[①] 这次印度洋海啸灾害遇难者中女性比例如此之高的原因，首先在于灾害发生时，很多男性正好都外出打鱼了，因而躲过一劫，而大量的女性则留在家里照顾孩子和老人；其次是与男性相比，女性中不会游泳或爬树的人更多；再次，还有不少女性因为怀孕，或因来不及穿好衣服，从而不能迅速避难等。作为结果，幸存下来的人们失去男女性别平衡，使复兴困难重重，这成为这次海啸灾害的又一特征（参看表7-2）。

---

① 资料来源：Oxfam2005。

表 7-2：印度尼西亚亚齐州部分地区海啸灾害对男女人口影响的比较

村名	灾前人数	灾后人数	女性生存者人数	男性生存者人数
Gampong Baru	242	123	39	84
Meunasah Masjid	1110	159	45	114
Lamsenia	220	124	26	98
Dayeuh Mapplam	4500	270	79	191

资料来源：Oxfam2005。

可是不能忘记，灾害中女性死者多于男性这种情况并不局限于发展中国家。1995 年 1 月的阪神·淡路大震灾的 6434 名死者中，女性比男性多了 1000 多人[1]，其原因在于高龄老人的死亡率很高。[2] 1982 年 7 月长崎暴雨灾害中，死亡率与年龄成正比，女性尤其显著，男女死亡率之比，女性是男性的 1.5 倍。[3]

（2）避难生活与性别问题

灾害发生后不久的一段时期，大量的受灾者不得不到避难所过着避难生活。在避难所，女性会遇到许多女性特有的困难。为减少她们的困难，避难所在救援物资分配上，要特别

---

[1] 男性死者 2713 人，女性死者 3680 人（资料来源：兵库县数据库）。
[2] 死者的 49.6% 是 65 岁以上的老年人（资料来源：兵库县数据库）。
[3] 松田磐余等：《長崎豪雨における前回家屋居住者の被害と避難行動》(《地学雜誌》94，1985，第 45—53 页）。

考虑到女性的特殊需要，要设置男女分开的厕所和浴室，要为女性提供恰当的身心治疗，要加强对灾后恶化的公共卫生的管理，要为女性提供专门的健康和营养的指导和建议（如妊娠、生产、喂奶等），要确保女性的安全和人权。因此，配备女性政府工作人员、警官和医生等专业人员，实施以女性为对象的服务项目，这些都是极为重要的。

灾后避难生活中，女性的劳动负担和家庭责任往往有增无减。这是因为在这种特殊生活环境里，比平时更难获取饮用水和燃料，甚至连做饭、洗碗都要比平时花更多的时间和劳动力；再加上由于在受灾地找工作比平时更加困难，男人们不得不离乡背井外出打工，家里所有的事情全都要由女性承担。因此，构建女性参与避难所运营的组织机制，让避难所生活对女性能够多少轻松一点，这也是非常重要的事情。

在灾后最初的混乱时期，如果不采取措施，切实保护妇女和儿童的人权，他们很可能遭受人格和肉体的伤害。这种情况似乎并不局限于发展中国家，而是所有国家共通的现象。一般认为，这是因灾后异常状态引起的应激反应所致。为了防止这种现象，应该派遣性别问题和心理问题的专家到受灾地，不仅对女性，也对男性进行必要的心理疏导。

（3）灾后复旧复兴与性别问题

那么，到了复旧复兴阶段，男女之间又有怎样的社会性格差呢？在发展中国家，男性大多比女性更早回归职场。例如，

第七章 灾害社会学的新视角和新观点

1998年10月，洪都拉斯和尼加拉瓜等地的香蕉园遭受飓风袭击，损失惨重，当时大量女工被解雇，其中大多数2—3年后都没能回归职场。[①]又如印度古吉拉特邦在2000—2001年的旱灾中解雇了大量橡胶园工人，在2001年的地震灾害中又解雇了很多盐田工人，其后，男性工人都很快复工，而女性工人绝大多数就再也回不了职场。[②]

女性在灾后找不到新的工作，为生活所迫，甚至不得不出卖自己或孩子。所以，在复旧复兴时期，需要向受灾地派遣性别问题专家和专业职业训练人员等相关工作人员，为受灾者今后的生计提供咨询和建议，特别是要帮助女性（尤其是失去丈夫的妇女），使她们能够避免陷于极端贫困状态。

在灾后复旧复兴的过程中，绝对不可忽视下一代的教育，而在发展中国家，尤其要注意灾后女孩复学率低下以及因学校原因而造成的学业中止的问题。特别是在灾害中失去母亲的女孩，往往不仅要在家里取代母亲，操持家务，照顾弟妹，还要外出干活，以挣钱贴补家用。即使母亲健在，为减轻母亲的负担，也往往随意使唤女儿，使她们很难坚持学业。为避免

[①] 资料来源：Delaney & Shrader, 2000, Gender and post-Disaster Reconstruction: The Case of Hurricane Mitch in Honduras and Nicaragua Report prepared for the World Bank.
[②] 资料来源：Enarson, 2001, "We want Work": rural women in the Gujarat drought and earthquake. Quick Response Report #135, Natural Hazards Center, University of Colorado.

这种情况，可以采取增加女教师，或者派遣相关专家对女孩及其家长提供咨询服务。

3.发展中国家今后的防灾与性别问题

近年来，围绕发展中国家灾害影响的性别格差及其解决途径，国际社会从各个视角进行讨论和研究。2005年1月，联合国在兵库县神户市召开了"世界防灾会议"，通过了防灾指针"兵库行动框架"。"兵库行动框架"指出，女性参加灾害全过程的对策，将有利于提高社区的抗灾能力。其具体内容，可概括为以下三个要点：

其一，女性要参加以降低灾害风险为目标的政策和计划的制定过程。

其二，要充分考虑居民（包括妇女、老人、儿童、身体障碍者在内的所有居民）、宗教、文化以及生活基础等方面的特点，构建居民能够理解的、必要的，并有实施可能性的早期警戒机制。

其三，让女性等灾害弱者接受防灾教育和训练。

无论是发展中国家，还是发达国家，社会性别问题不是女性特有的问题，而是男性和女性都面临的问题，因此，解决社会性别问题的根本途径，就是男性和女性共同计划社会。而这体现在防灾方面，就是要让女性参加防灾计划及相关政策的制定、避难所和临时简易住宅的管理以及复兴计划的策划。为了防灾，必须在灾害发生之前就做好准备，家庭和社区都不仅

第七章 灾害社会学的新视角和新观点

要决定日常生活中的男女职责分工，还要决定灾害期间的男女职责分工。无论男女，都必须了解男女不同的特殊需求和弱点，理解女性的社会性制约。女性虽被称为"灾害弱者"，但她们在地域防灾活动中的影响力也与日俱增。[①] 今后在发展中国家，要加强男女共同参与社会的组织建设，并由此强化基层地域社会的防灾能力。

（角崎悦子）

三、妇女参与地域防灾活动及其未来

1. 妇女承担的地域防灾活动

在地域社会的日常防灾、灾害救援和复兴活动的第一线，活跃着很多女性，但很难想象她们是出于对社区建设、志愿者或NPO活动的兴趣。可是，女性的力量究竟是以什么形式发挥的呢？要全面地描述这一现象，并揭示其特性，真的是十分困难。

其原因就在于，防灾及灾害时的所有活动都与复杂多样的日常家庭生活、地域活动及其中的人际关系有着密不可分的关系。

另外，直到最近几年，人们才终于认识到，必须从女性问

[①] 近年来，在日本由妇女负责避难所伙食管理、给老年人送餐、垃圾处理、下水道和地板下空层消毒等活动的事例不断增加。

题或性别问题的视角思考或评价防灾政策、防灾活动以及救援内容。也就是说，在此之前，尽管妇女在防灾、救灾和灾后复兴活动中发挥了重要作用，但几乎看不到对妇女这种作用的有意识的记述、分析和评价。

长年以来，地域妇女会、女性防火俱乐部和地区红十字会服务团等自发的居民组织，一方面积极支持自治会和町内会的工作，参加地域防火活动和防灾训练；另一方面也独自组织多种形式的防灾教育和早期灭火及应急救援的训练（参见专栏"各种地区女性相关团体"）。当然，真的发生灾害时，那些妇女组织更是积极地活跃在救灾第一线。

尤其在消防车、救护车很难迅速到达的地区，即使在平时，这些女性组织的活动也直接有助于保障家人和邻居的生命财产。例如，婴幼儿和高龄老人在家里发生事故的概率较高，一旦发生事故，能否及时地采取正确的心肺复苏、止血、烧伤应急处理等急救手段，有时直接关系到生死存亡或会否遗留残疾的问题。另外，在没有常备消防组织的地区，居民消防团以及居民的防火和早期灭火活动就是火灾应对的关键。

妇女们积极地承担着集会、福祉志愿者活动等基层地域社会的所有活动，有些人还参与地区中的学校管理或公民馆运营，还有不少人担任地区的民生委员（参见专栏"灾害时期和灾后生活重建过程中的女性——阪神·淡路大震灾的事例"）。

特别是在人口密度过低或老龄化严重的地区，人力资源本

第七章　灾害社会学的新视角和新观点

来就有限，如果没有这些妇女活动，就根本没法进行社区建设。

2. 灾害时期活动个案

有记录表明，过去发生大规模灾害的时候，妇女会和红十字会奉仕团也积极组织或参加了救灾活动。就是说，不管活动规模大小，妇女们都以某种形式进行自助和互助的活动。以下仅介绍其中的几个事例。

（1）暴雨灾害

2001年9月，高知县西南部发生暴雨灾害。在大月町，住宅地板上下都进了水，而且全城停电，有些地方还由于道路阻截，成了水中孤岛。大月町妇女防火俱乐部联络协议会（包括9个地区，会员约有250人）的会员们给周围的老人做饭，并挨家挨户地送到老人家里；天晴之后，还帮助周围居民把榻榻米草席和家具搬到屋外晾晒、给浸水的地下空间进行消毒。她们不仅在自己的住宅区进行各种救灾活动，还组成若干小组，到灾情最严重的地区，为那里的居民提供各种援助。

（2）地震灾害

2007年3月，能登半岛发生地震。在穴水町，当地的妇女联合会响应社会福祉协议会的号召，与灾情较轻地区的妇女联合会联系，制定合作方案，到避难所承担烧饭、分配食物等工作；她们还和外地来的志愿者互相配合，给入住简易临时住宅的受灾者送生活必需品，还在简易临时住宅区的集会场所进行心理疏导等活动。

(3) 飓风灾害

2004年6月，飓风席卷佐贺市，造成重大损失。当时，佐贺市副校区妇女会立即出动，决定为受灾居民烧水做饭并清理受灾场地，挨家挨户分发相关活动的通知。该妇女会还作为消费者活动团体发出通知，呼吁居民在灾后维修住宅时要提高警惕，防止受骗，并提供如何写数日内可解约的合同的模版。

3. 面向未来——女性及性别问题视角的评价和展望

当然，妇女们在基层地域社会所进行的广泛的防灾、救灾以及灾后复兴活动，似乎未能完全摆脱传统性别分工观念的束缚。

尽管如此，这种以女性为主体、在生活与生命受到严重威胁时所展开的具体的互助活动及志愿者活动之积极意义，还是有目共睹，无可否认的。在这种涉及全部生活领域的活动中，在与其他自主灾害相关组织的关系中，妇女们主要是借助植根于多样化的地域社会关系及居民间相互信赖的"社会资本"，同时也创造出不少意义重大的居民活动方式和新的社会关系。

可以预见，今后，以地域社会关系为基础的妇女组织将以更加明确的女性立场，即使灾害期间，也会积极维护女性和其他灾害弱者的人权和福利；而在平时，她们也会积极参加有助于有效减灾的防灾活动，并努力推进基层地域社会的建设。实际上近年来，"灾害与女性及性别"这一问题，在日

第七章 灾害社会学的新视角和新观点

本各地都受到越来越多的关注。特别是在"母亲的灾害应激反应对儿童的灾害心理创伤及身心不适的影响"这一问题上，其改善和解决都需要女性的参与，因为只有通过她们的活动，PTA组织*与基层地域社会之间的积极配合才可能实现。

而当我们认真审视现状，就会发现参加救灾志愿者活动的男性，不管是哪个年龄段的，都有人积极参加烧水做饭的工作，而且无论其本人还是周围人，都无任何异样感觉；另外，近年来，担任地区民生委员或参加地域福祉活动的男性也越来越多。

但是，女性对于地域社会决策过程的参与程度还很低。在这种现实条件下，正是从日常生活的点点滴滴开始，辛辛苦苦、勤勤恳恳地参与地域活动的女性及其组织，推动着性别问题在地域社会层面的解决——尽管缓慢，但每一步都切切实实。

因此，地域社会的防灾对策和自治体政策，都应该导入女性或性别问题的视角。例如，在鹿儿岛县大口市，2006年遭遇暴雨灾害时，在大口市地区女性团体联络协议会的呼吁和组织下，很多人参加了为受灾者烧水做饭的志愿者活动，其中不少人是市行政部门的男性工作人员；他们在这一活动中，还学会了用手测量米饭的用水量，能够烧出软硬适中的米饭。还

---

* 学校教师与学生家长组成的教育团体，其目的在于为儿童和青少年创造更好的教育环境。——译者

比如，大阪府寝屋市妇女协议会在暑假时，以小学生及其家长为对象，进行应急救护、野外烧水做饭、缝制抹布等救灾培训，这对于防灾具有相当重要的意义。

还有，不难设想，女性如果能够参与基层地域社会的决策过程，就能够在这个平台上，逐渐培育危机状况下的判断力、对非常状态的应对力以及协调力。而依循这个思路，为提高女性的组织和领导能力，有必要对她们进行模拟灾害以及灾害应对的"图上训练"、"剧本型训练"等训练。

考虑到男女需求的不同，并为此采取修改或调整家庭及地域社会的防灾储备内容、制订避难所生活规范、积极把握女性在灾害期间的特殊需求、配置性别问题专业咨询人员等措施，这无疑是十分必要的。但另一方面，努力促进人们超越性别差异，使每个人在发挥个人能力的同时，与包括异性在内的他人互相协助，从而推动更加重视福祉和人权的防灾领域及地域社会整体的发展——这样的理念和构想，同样也是不可或缺的。

站在男女共同参与的立场，构建男女共同参与的防灾实践模式，促进自主防灾组织和防灾行政领域的政策决定过程中的女性参与，以及通过更具体的提案和实践活动缩小家庭及地域社会中的男女差别，弱化传统的男女性别分工意识，这些都必然有助于减轻灾害时女性以及其他灾害弱者的受害程度，维持家庭成员间的信赖关系，促进灾后家庭及地域社会的复兴。

即使在少子老龄化不断进展、代际价值观念差异日益扩大、居民日渐脱离地域社会的状况下，上述设想和实践也将有助于以居民为主体的"可持续发展地域社会建设"的不断发展吧。

[参考文献]

全国地域婦人団体連絡協議会，2004『第 52 回全国地域婦人団体研究大会　活動事例集』.
http://www.chifuren.gr.jp/kakuchi/jirei5.pdf
（財）日本防火協会『婦人防火クラブリーダーマニュアル』（日常活動編 / 訓練・実践編）
http://www.n-bouka.or.jp/leader_manual/index.html
浅野幸子，1999『シャンティブックレットシリーズ 1　被災地に学ぶ「まち」の未来—阪神淡路大震災とまちづくり支援の歩み』（社）シャンティ国際ボランティア会.

（浅野幸子）

专栏

《男女共同计划社会基本法》、"男女共同计划基本计划"与防灾

浅野幸子

为克服男女不平等，使男女两性公民能够在彼此尊重对方的人权的

基础上，发挥各自的能力，以应对少子老龄化等社会急剧变化，日本顺应国际潮流，把以法律的力量推进男女共同参与社会的建设作为21世纪最重要的国家课题之一，在1999年制定了《男女共同计划社会基本法》。

"男女共同计划会议"是一个与中央防灾会议、经济财政咨问会议同级的重要的政府会议，相关阁僚和民间议员在这个会议中就各种重要社会问题展开的讨论，成为政策制定的依据和基础。

2005年12月，内阁会议制定了"男女共同计划基本计划"，并将防灾（含灾后复兴）的内容明确纳入其中。2004年10月新潟县中越地震时，内阁府男女共同计划局的工作人员被派遣到受灾地，他们在第一线发现了防灾救灾及灾后复兴过程中存在的性别问题及其改善途径，这件事直接促成了把防灾内容纳入"男女共同计划基本计划"。

"男女共同计划基本计划"的实施方针中明确指出，"灾害期间的实际情况表明，这一期间增加的家庭责任几乎都集中在妇女身上，防灾（含灾后复兴）对策必须在把握男女两性不同需求的基础上加以推进。为解决受灾、复兴状态中的各种女性问题，必须明确地把男女共同计划这一基本立场纳入防灾（含灾后复兴）体制。"

其具体内容包含以下三个方面：①扩大防灾领域的女性参与（制定充分考虑男女不同情况的地域防灾计划、改变模式化的男女分工意识、扩大女性参与政策方针制定过程的机会等）；②坚持防灾活动的男女共同参与（充分考虑女性老人及外国籍妇女等女性灾害弱者的困难，灾害应对指南的制定过程必须坚持男女共同计划，开展男女共同计划的基层地域防灾活动、志愿者活动和与NPO及NGO合作的灾后复兴援助活动，向受灾地派遣消防、警察、自卫队等特殊组织的女性人员，成立女性消防团等）；③国际防灾援助活动要有男女共同计划（基于男女共同计划立场的国际援助活动）。

顺便指出，上述第三个方面，即国际援助方面的内容以日本政府在2005年1月召开神户联合国世界防灾会议（与会者包括联合国以及来自168个国家的政府、NGO组织相关人员）上发表的题为"防灾援助的出发"的报告为基础。这一报告，表明了日本政府在防灾问题上对发展中国家的综合援助方针，其要点包括每个个人安全保障及性别问题视角的不可或缺性、灾害各阶段的援助、灾后复兴中可持续发展视角的必要性等方面。

[参考文献]

内阁府男女共同参画局，http://www.gender.go.jp/
（男女共同参画社会基本法、男女共同参画基本計画）

专栏
新潟地震与我们

浅野幸子

为收集和记录在1964年（昭和39年）年新潟地震中陷于困境的女性受灾者的心声，以新潟县妇人联盟为核心，YWCA新潟支部、"友之会"北陆地区支部、新潟大学教育学部部分教师、新潟日报报社、新潟市教育委员会等部门和组织共同策划和实施了调查，调查结果汇集为《新潟地震与我们》（新潟地震と私たち）。

该著作以2000名家庭主妇关于亲身体验的笔记或述说为基础，分避难、宣传、救灾物资配给、市民性、社会性、计划、公职人员、习惯等专题，归纳了这些女性在灾害期间遭遇的困难和想到的问题，并在此基础上总结教训和提出建言。该著作中，还刊登了以1000名女性为对象的问卷调查的统计数据（问卷内容包括地震发生后最初时间的反应、平时的准备和智慧在关键时刻的作用、有用的或没用的救援物资等方面）。

该著作指出，"对策总部中没有一个女性成员，这是一种失策。如果对策总部中有女性成员的话，就会注意到受灾婴儿需要牛奶和尿布，而这也许能够减轻受灾母亲的悲伤和困难吧"。"应该反省为什么会忘了在地震对策总部中添加女性成员，为了大家的幸福，大家一起来研究如何发挥女性的力量吧。"（第60页）

1995年的阪神·淡路大震灾之后，也曾对女性受灾者的心声进行过收集和发布，但当时社会对这一话题的接纳度似乎还比较低。在神户妇女网络（ウィメンズネット・コウベ）主编的《女性述说的阪神·淡路大

震灾》(女たちが語る阪神・淡路大震災）中，分生活、就业、男女及家庭、精神与身体、老人问题、住宅、政治和人权、媒体等专题，以现实主义的手法再现了严酷的受灾体验、灾后家庭成员关系、传统性别分工模式的矛盾以及社会性的利益损害。

2004年新潟中越地震后，国家的防灾政策终于接纳了女性及社会性别的视角。2005年12月，相当于日本国家级女性中心的国立女性教育会馆邀请海内外专家学者，举办国际论坛"灾害与女性的能力（empowerment）"，围绕国际上关于灾害与社会性别的前沿研究、亚洲发展中国家的女性受灾现状与防灾及复兴问题、阪神・淡路大震灾和新潟中越地震灾害的经验等方面，与会者交流和分享了研究成果，而海内外专家、女性问题NGO、行政相关部门的交流网络也在这个会议上初步形成。

[参考文献]

新潟県教育委員会・新潟県婦人連盟・新潟県選挙管理委員会発行，1965『新潟地震と私たち』．
ウィメンズネット・こうべ編・発行，2005『女たちが語る大阪・淡路大震災』．
独立行政法人国立女性教育会館編・発行，2006『国立女性教育会館ジャーナル　第10号』．

专栏
社会性别

中筋直哉

20世纪80年代以后,"社会性别"这个概念在社会学等人文社会科学领域迅速普及。这一概念所揭示的是与生物学上的男女两性差异相区别的两性差异,这种两性差异为社会或文化所规定,并以社会或文化的方式表现出来。在常识上,生物学与社会文化上的两种性差是一致的,后者来源于前者。而"社会性别"这一概念则开启了对这种常识进行质疑和批判的可能性。确实,这一概念能够有效地揭示和解释未必是由来于生物学性差的各种社会或文化的男女差异,尤其是两性间的社会资源不平等分配以及支配从属关系。在这一意义上,"社会性别"这个概念可能导致变革或消除传统性差的政治运动。因此,站在墨守传统性差的立场,也可能视"社会性别"概念为危险之物,如最近在日本就发生了所谓"自由激进社会性别运动"的政治纷争。

可是,在社会学那里,"社会性别"这个概念能够拓展与政治运动不同的知识领域。例如,反思我们的生活,可以发现我们每天都在自明的意识中,做"因为是男(或女的),所以不得不做的事情",而不做"因为是女(或男的),所以不能做的事情"。而且,不同于年龄上的老少之别、财产上的贫富差别以及职业上的区别,它是不可改变的。也就是说,我们人类社会被这种社会的文化的性差区分为男女两个世界,男人和女人生活在彼此难以理解的世界里——即使置身于相同境遇,男女之间的看法和体验也截然不同。因此,在"在基层地域社会中生存"或"从灾害中重新站起来"这些过程中,如果不能理解社会性别问题,就无法理解人们实际是怎样生存着的。

只是,社会性别也不是固定不变的。它貌似自明、固定,而实际上是随着社会及文化的宏观变化而变化的。一个典型的事例——譬如,曾几何时,女性由于抚育孩子和照护老人而参与政治,而最近正是这些事情使女性孤立于社会,成为所谓"政策介入对象"。

[参考文献]

江原由美子,2001『ジェンダー秩序』勁草書房.

专栏
灾害时期和灾后生活重建过程中的女性

樋口博美

● 例1　单身女性老人结束独居生活，开始与儿子一家共同生活。

M老太（78岁），无业、单身（其丈夫在震灾前13年死亡）；在地震发生时居住的街区生活了50年；当时居住的是租赁房。

地震发生的瞬间，M老太还没来得及从被窝里钻出来，橱柜里的物品就伴着尘埃落了下来。大地的摇晃一停，她穿着睡衣，光着脚，逃到室外，往儿子一家居住的公寓跑。儿子住的公寓距离M老太的住所，步行约需15分钟。因儿子一家居住的公寓也严重受损，M老太便到町内的紧急避难所暂时居住。当看到有些邻居被家人或亲戚接走，M老太不安起来。在灾害发生的那一刻，M老太因为极度的惊吓和恐慌，几乎无法自主行动，那时的记忆也几乎全部失去。后来，M老太去了儿媳妇的娘家，那里距离她自己的住所需坐车2个小时左右，M老太与儿子一家以及其他亲戚总共14人一起生活了两个月，家务活全部由儿媳妇及其母亲包了下来，M老太每天就像飘浮在太空里，"那时都想了些什么，现在也完全不清楚"。待儿子住的公寓修复后，M老太就和儿子一家一起回到那个公寓。

半年后，儿子以与M老太一起居住为前提，购买了一栋独立住宅，并决定了搬家事宜。可那时，M老太希望回到自己原来居住的地区独自生活，想申请临时简易住宅。儿子和儿媳妇担心她日后从临时简易住宅出来后的居所，劝她还是在儿媳妇的娘家附近租个小单元，但M老太害怕一个人在

第七章 灾害社会学的新视角和新观点

人事不熟的地方生活。由于地震后马上就住到亲戚家里，所以M老太不能享受只有住在避难所或临时简易住房的人才能够享受的公共补助金。在地震中失去了全部财产，却只能领取义捐金，M老太说要一个人搬去临时简易住宅，实际上是因为这件事闹心。一方面为自己能够死里逃生感到庆幸，另一方面又因为儿子把什么都给自己安排好了而觉得欠了儿子，再加上对自己什么也干不了而感到焦躁，偏偏这时原来的房东又来说，"不打算再盖房子，也不想卖房子，把破损的房子拆了吧"。这在M老太的感觉中，就等于是断了她今后自立生活的最后希望可能。震灾后，原来住在一条街上的邻居有时会因街区重建的事情来和M老太联络，但对M老太来说，对那个生活了半个世纪的街区"自己已经什么权利、什么关系也没有了，街区如何重建或其他事情对自己来说，都没有任何意义了"。

最终，M老太决定与儿子一家一起生活。之后，原来居住的街区，"因为不再有回去的念头，所以也就一次也没有回去过"，有时要到那附近办事，都故意绕道，不经过那个街区。M老太的这一故意回避生活了半个世纪的街区的行动，不仅是出于对震灾的惊恐记忆，而且还有对震灾后无法恢复自立生活的清楚意识和无奈。能与儿子一家一起居住，客观上看，是件幸福的事情，但对于M老太来说，是经过矛盾和纠结而不得不做的无奈选择。

●例2 成为地域据点的女性民生委员

H女士（62岁），家庭主妇、夫妇家庭（丈夫，68岁，个体经营者）；在地震发生时居住的街区生活了33年；当时居住的是自有住宅。

H女士是家庭主妇，但担任地区民生委员已经有15年的历史。地震时剧烈的摇晃刚过，H女士的家里，"连冰箱都会跑路了"，家具倒塌，物品洒落，玻璃窗破碎，几乎没有可落脚之处。H女士在确认了丈夫平安无事之后，马上想到："啊呀，不知老人们怎样了"，就跑出去挨家挨户地确认自己负责"友爱访问"（每天挨家挨户巡回一次，"你好吗"、"没事吧"，问候一声，确认老人平安）的15位老人和町内其他老人的安全状况。在挨家挨户地确认这些老人安全状况的过程中，还指引居民去安全的避难所、搜救被埋在瓦砾下的居民、确认死者身份等。只是，光是确认老人是否安全这一事就花了好几天时间。不知从什么时候开始，街区内110户家庭中，留在自己家里的，只剩下H女士和另一位也在帮助邻居避难的N家的男主人。H女士家的房子也塌了一半，本来决定夫妻俩一起去避难所的，可街区内的邻居一会儿来人说"自己去○○地方"，一会儿又来人说"儿子来接我了"，就这样，H女士留在了自家的危房里，成为该街区的一个据点。

为了留在自己家里的H女士，她的两个儿子来家里进行应急处理。据说眼看着来找H女士联系或咨询的邻居一个接一个、没完没了，儿子们实在看不下去了，嚷道："我妈都要累倒了，拜托你们不要再来找她了！"但H女士劝住了儿子们，继续发挥着地域据点的作用。例如，针对最初盒饭只供应给住在避难所的人这一情况，H女士跑到区里反映，指出这种做法的不公平，呼吁应该给居住在家里的人也配给盒饭。当这一要求获准后，H女士连续一个来月，每天推着手推车去领盒饭，然后送到各户居民家里。

之后很长一段时间，H女士成了被领养儿童以及到外地临时避难或迁居到外地的居民们的联络点。一开始，丈夫也反对她这么做，后来见劝不住，就死心了，并默默地关心她。由于丈夫的生意灾后一直无法恢复，

第七章 灾害社会学的新视角和新观点

H女士一家的收入锐减,而对于靠年金生活的人来说,要坚持参与地域活动,就更加辛苦了。丈夫在大震灾三年后去世,现在H女士才意识到,当时丈夫要比自己辛苦得多。H女士是个行动先于语言的人,也许是天生性格使然,正是因为平时就较为全面地把握当地的情况,所以在灾害发生的第一时间和灾后复兴时期都能够迅速地采取适宜的行动。问H女士:"在町内会中,男性和女性,谁更热心于地域活动?"她回答:"当然是女性。因为男人们还要工作。所以地域活动中,女性必须要积极地做事。"地震过后两年,H女士又开始投入民生委员妇女部的活动。

专栏
妇女地域防灾相关组织

浅野幸子

[地区妇女会]

地区妇女会是以居民住宅区、自治会、町内会以及学区等地域社会为基础的妇女团体,与儿童会等团体一样,一般被看作是自治会、町内会的下属组织,而它们承担着包括防灾在内的各种地域活动。实际上,战后一段时期,它曾作为"社会教育团体",拥有独自的组织系统;在农村、山村、渔村,在日本全国各个角落,妇女们都组织当地的妇女会。而妇女会在民主主义和男女平等的观念、家庭和地域活动向组织运营的方法、广泛的社会及生活问题、政治问题等方面,学习、实践、创造出适应时代和社会发展的活动。在这些活动中,妇女们理所当然地会形成自己的朋友圈,而且能够形成独立女性的自我意识,开发和发挥自己的各种能力,使自我实现成为可能。日本的女性,在战后终于获得了参政权和市民权,从而使各地的行政委员会和审议会以及市町村议会都有了越来越多的女性委员或女性议员。

伴随战后经济高度增长所产生的矛盾,终于在生活领域的各个方面爆发出来——进入这一时期以后,在消费者运动、女性运动以及和平运动等领域,一方面开始形成从市町村到都道府县乃至全国联网的妇女组织,另一方面曾经在历史上发挥过积极作用的妇女组织继往开来,继续展开各种适应社会需求的活动(全国地方妇人团体联络协议会)。

[妇女防火俱乐部]

昭和37年（1962年），当时的自治省消防厅在"预防行政的运营方针"中指出，必须培育民间消防组织，其中特别是少年消防俱乐部和妇女消防俱乐部，在此基础上，形成由各地消防总署管辖的区域分片或消防团分团。妇女防火俱乐部中，有不少是独立的防火、防灾的特殊组织，也有不少其成员同时也是地区妇女会、农协或渔协的妇女部及其他女性组织的成员。

在专业消防人员或消防团员的指导下，妇女防火俱乐部开办妇女消防教室，还组织家庭主妇共同交流哪些不正确的用电或用煤气的方法容易导致家庭火灾，以及应该怎样正确地使用电或煤气。妇女防火俱乐部还进行防火诊断，并组织防火知识测验或竞赛，给优秀者以奖励。另外，当其他地区有灾害发生时，妇女防火俱乐部还通过都道府县妇女联合会，组织和实施募捐、赴受灾地救援等活动。

[地区红十字会服务团]

日本红十字会志愿者组织包括三种类型：以地域社会为基础的地区红十字奉仕团、以学校为单位的青年红十字奉仕团以及由无线电等技术的业余爱好者组成的特殊红十字奉仕团。地区红十字奉仕团在防灾活动中，特别注重应急救护训练和野外烧饭训练等方面。此外，平时还十分重视地域福利的整体建设，在街区环境清扫、育子援助等方面还形成各个专题俱乐部。在组织构成上，地区红十字奉仕团的成员往往同时参加地区妇女会。

第三节　风险社会中的志愿者活动与公共性

一、风险社会与志愿者活动

战后，经过六十余年，日本基本实现了物质极大丰富以及市民生活舒适方便的社会建设目标。但1995年的阪神·淡路大震灾是一个信号，它唤醒日本社会注意到自己实际处在非常危险的境地。地震灾害使一些曾以为极为坚固的建筑物倒塌，使理所当然地享受着的各种社会服务瞬间崩溃，这一严酷的现实，使人们对一直深信不疑并且越来越信赖的社会系统开始感到不安，而其中给人印象最为深刻的，就是国家及行政的危机应对能力的有限性。

而另一方面，在这大难临头之际，市民们自发地开展各种救援活动，从而使大震灾的这一年成

第七章　灾害社会学的新视角和新观点

为"志愿者活动元年"。大震灾期间的志愿者活动还推动了舆论，促进了NPO法（"特别非营利活动促进法"）的制定和中间援助组织的创立。可以说，正是1995年的阪神·淡路大震灾奠定了今天日本的志愿者活动、市民活动和NPO活动的基础。

国家及行政的危机应对在很多方面都走进了死胡同，而富裕舒适的生活的背后又蕴藏着巨大危机。巨大地震正在逼近，环境问题和福祉问题可能带来更深刻的危机。正如U.贝克所说，现代社会是风险社会。

在现代社会的危机面前，个人更加无能为力。可即使如此，我们的社会还是必须从个人意志着手来解决问题。志愿者活动——这里姑且把市民活动、NPO等活动都囊括在这个概念之中——它可以说是一种由各个个人自发地联合起来解决共同问题的新的行动结构。这种观点，是对志愿者活动的社会功能的一种理解或解释。本节首先从这一观点来分析志愿者活动。总之，现代社会需要人们去发现和应对社会问题的责任主体——国家及行政、企业组织、地域社会——力不能及的社会问题，而志愿者活动就是在这一过程中创建出来的一种新的能够解决这些问题的行动结构。

那么，灾害志愿者活动具有什么特征？首先，它与灾害这种非正常事态相关，既是一种在不同寻常的、混乱的、迫切的状态下防止受害扩大、减轻受害程度的活动，也是一种推动受灾社会复旧复兴的活动；其次，它既是一种以防止和减轻已预测到的受害为目的、在平时就进行的活动，也是一种为应对非常状态、尽可能顺利度过受灾生活的准备活动。下面，就按此顺序具体分析志愿者活动。

二、灾时志愿者活动

对个人来说，"受灾"这件事意味着以往的生活循环在那一刻突然被截断了（山口一史等，2007）。如果水、电、煤气等生命线设施也中断了的话，那就连每天的吃饭、排泄、卫生等维持健康所必需的行动也成为不可能了。如果学校或工作场所受灾，就不能继续在那里学习或工作，至少要有一礼拜的生活周期全部被打乱；如果被解雇，下个月就会没有收入；如果自家住宅倒塌了，整个人生设计就会乱套。所谓重建生活，也可以说，就是重新构建因受灾而截断的生活循环过程本身。

重新构建生活循环，首先必须依靠自己（自助原则），而个人无法应对的课题则不得不依靠社区成员之间的互相帮助（共助）和国家及行政基于法律制度的援助（公助）。在各种援助主体与受灾者的具体关系中，在不同的时间阶段，灾时志愿者活动的作用会发生具体变化（山下祐介等，2002）。

以地震灾害为例，上述"问题—应对"状况可以概括为以下几个方面（参见表7-3）。就对志愿者活动的需求而言，首先是解决水、电、煤气等生命线设施中断所带来的生活困难以及对避难所生活运营提供帮助，即所谓临时替代生活循环的日常社会系统的功能；之后，随着社会系统的逐渐恢复，替代社会系统的作用渐次缩小，取而代之的是在生活领域的各个方面（如临时简易住宅、街区建设、当地产业等）提供更长期的生活循环恢复援助。志愿者活动要发现各个具体生活领域中产生的新问题，并呼吁其他援助方面共同应对这些问题。

表7-3：社会问题的展开与志愿者活动的领域
（以阪神·淡路大震灾为例）

时期	紧急救命期（地震发生后一周之内）	避难救援期（1995年1月末—3月末）	生活重建期（1995年4月—）
课题	确保生命安全	确保维持生命所需要的条件→改善生活环境	在各个领域（如住居、地区社会经济、产业等）重建生活
社会问题	①医疗功能低下导致的问题 ②防灾专门机构（警察、消防等）早期应对迟缓导致的问题	①社会系统（行政、市场和水、电、煤气等生命线设施）暂时中断导致的问题 ②生活信息不足导致的问题 ③避难生活长期化导致的问题	（与社会弱者相关的各种问题）①由紧急援助体制缩小产生的社会弱者孤立化问题 ②因入住临时简易住宅产生的问题（居住环境恶劣、孤独死等）（与生活重建相关的各种问题）③"复兴街区建设"（住宅、商业街）的相关问题 ④经济及产业复兴的相关问题（经济萧条、失业问题等）

（续表）

	（专业志愿者活动）①搜救、抢救②医疗、安全、卫生③建筑物安全鉴定等（地区内互助活动）④基层地域居民（组织）进行的救助、救援及避难指引	①社会系统的替代和补充·救援物资的运送和分配·避难所运营援助·解决饮用水等维持生命所必需的问题·野外做饭援助②信息收集·地域小报制作等③其他（如组织鼓舞士气的活动、照顾社会弱者等）	（对受灾者的直接援助）①对社会弱者的援助（地域社会福利系统重建援助）②临时简易住宅入住者援助（友爱访问、日常生活援助等）（生活重建援助）③复兴街区建设援助（区划整理、住宅共同化等）④社区商业（发现生活意义、就业援助等）
志愿者活动的应对			

注：本表依据《震災ボランティアの社会学》第8页表格，略加修改（山下祐介等，ミネルヴァ書房2002）。

当然，灾害造成的生活循环破坏的具体形式，因灾害的种类及受灾地特性（如社会脆弱性）而呈现多样化，所以志愿者活动的作用也有所不同。然而，撇开个性，就共同特征而言，从作用或功能这一视角来看，主要可举以下两个方面：一是发现并应对以行政为首的诸主体未及时应对的问题，即发挥所谓"填补应对空白"的功能；另一是与相关方面携手合作，共同"创造新的灾害应对行动模式"。

灾害时期,会发生大量通常无法想象的问题,而很多市民到现场救灾,就使从多种视角发现问题成为可能。例如,平时是家庭主妇的志愿者到了断水的受灾地,可能会注意到洗涤问题;而喜欢宠物的志愿者则可能觉察到那些饲养宠物的受灾者入住避难所或临时简易住宅时的难处。在阪神・淡路大震灾中,志愿者及时发现受灾现场潜在的问题,并创造出适宜的应对问题的办法这一点,曾得到很高的评价。

另外,灾害期间,在行政或企业部门工作的人也会遇到许多超越平时职务内容的问题。例如,作为企业社会贡献活动的一环,流通行业的企业承担捐赠物资仓库管理,具有救灾所必需的专门技术(如保健、医疗、建筑、外语、手语等)的人员展开救援活动,这些都被称为志愿者活动。姑且不论这些活动在严格意义上是否属于志愿者活动,但是只要他们在救灾现场,作为"救灾志愿者"进行工作,就会超越通常的社会功能。素不相识的"志愿者"之间,要建立一种新的人际关系,要发挥创造和提供共同工作的路径这种功能(参见专栏"阪神・淡路大震灾中诞生的灾害版志愿者协调方法及灾害志愿者活动中心——以城市地区地震为例")。

三、平时志愿者活动——为非常时期做准备的活动、有助于减灾的行动结构

以下,再对平时进行的防灾减灾志愿者活动作一考察。

在地震、水灾等灾害频发以及市民活动和NPO人气渐旺的背景下，平时防灾志愿者活动也趋于成熟。1998年出台的NPO法规定灾害救援是NPO法人活动领域之一，而打出灾害救援旗号的NPO团体也活跃在各受灾地区的救灾现场。同时，原本主要在街区建设、福祉、环境保护等灾害救援以外的领域展开的市民活动，也各自扩大着自己的活动范围。

多种领域的NPO组织之间的联络与合作，逐渐形成备灾网络。特别是在被认为面临巨大灾害威胁的首都圈等东海及东南海·南海地震的假设受灾区，正在积极促进备灾网络的形成。这些网络在地理空间上，大多以都道府县为范围，也有的已发展成全国性网络，"震灾全国网络"就是其中之一。该网络最初是一个旨在把已有震灾中的经验教训编制成灾时行动指南（有关灾害发生时能有助于减灾的人、物、资金和信息等）的学习会，而随着灾害在各地的发生，学习会成员把有关灾害和救灾的知识及经验（如灾害版志愿者协调方法及灾害志愿者活动中心等）直接送到受灾现场，其活动内容也从单纯的学习扩展为救援网络活动。据该网络组织的一位成员说，"因为有了全国性的网络组织，某地灾害的经验就能得到最大限度的继承和利用"。

这种为非常时期准备的行动，通过与行政、企业等部门的携手合作，得以茁壮发展。

第七章 灾害社会学的新视角和新观点

在灾害 NPO 及其网络中，有的组织受行政部门委托，开展灾害志愿者培训等人才培养活动；有的以与行政部门共同组织防灾训练等形式，展开与自治体行政的合作。进而，2005年，内阁府设立"防灾志愿者活动讨论会"，各地灾害相关市民活动团体的负责人汇聚一堂，交流和分享来自灾害应对实践的真知灼见，设定今后应该着手的课题，对灾害志愿者活动开始具体的有组织的研究。目前正在研究的主要课题有"确保志愿者活动的安全和卫生环境"、"巨大灾害时广域合作和信息援助的方式"、"以往灾害应对的教训及反省"等。近年来，以"防灾志愿者活动讨论会"的研究成果为基础制定的指南或指针，都被有效地应用于灾害现场。

在总结和吸取以往经验的基础上，如何在事前确保灾害时必要的活动资源，这也是十分重要的课题。灾害时志愿者活动是单方面的资源付出（非收益性），所以其活动伴随很大的风险。现在，在资金和器材方面，已逐渐形成一种制度，即以共同募捐会为核心，企业可以以"社会贡献"的方式捐献资金或器材。另外，在人才培养方面，以社会福祉协议会为中心，培训具有救灾所必需的经验知识的人才，并在灾害发生时，把这些人派往救灾现场。

进而，减少灾害损失的行动也成为日常的基层地域活动，并以各种方式多样化地展开。因为不知灾害何时发生，所以在特定时间举行且需要特别成本的防灾活动，往往让忙于应付日常生活和日常工作的人"敬而远之"。还有，说"防灾"，就会让人感到灾害的阴影，这也成为人们不愿参加防灾活动的原因之一。

在从事地域防灾的防灾 NPO 团体中，有的组织注意到以往防灾活动只关注提高防灾能力这一局限性，而试图更多地从与日常生活的结合以及普通居民喜闻乐见的形式等方面着手，设计新的地域防灾活动方案，使地方行政和广大居民都能乐意参加。具体地说，如以小学生为对象的活动，组织小学生在学区内自由散步，观察周围环境，把自己认为应该注意的地点及问题记录下来，写成报告或绘制成地图（参见专栏"灾害 NPO 组织的防灾教育活动：'重新发现我们的街区'——在日常地域社会活动中实施防灾教育的个案"）；还比如，与地域福祉活动相结合，组织居民或帮助居民采取防止家具翻倒的措施；再比如，作为"安全、安心街区建设"活动的一个组成部分，把防范巡回制度化，或绘制街区防灾地图。

四、互助网的可能性和课题

以上，从灾时和平时两个视角，对灾害志愿者活动进行了考察。其中，值得特别强调的是，志愿者组织是在与其他相关团体的互相合作中进行防灾减灾活动的，因而一方面建立或

第七章　灾害社会学的新视角和新观点

强化了与这些相关团体的合作关系，另一方面蓄积和承继了灾害应对经验，这就为应对今后可能发生的灾害做好准备。

最后，关于灾时志愿者活动的特征，还想补充一点。

上面我们关注的是灾时志愿者活动是一种怎样的活动以及这种活动有什么社会功能，但在灾时志愿者活动的现场，引起人们更多注意和思考的，是援助者或支援者方面的问题。

志愿者不是当事人，但是必须尽可能地贴近受灾者，用受灾者的眼光来发现和解释问题。作为志愿者必须懂得，志愿者应该是努力理解和分担受灾者的痛苦，陪伴受灾者直到实现复旧复兴目标的支援者。

本职工作为福祉事业或开发援助事业的志愿者，日常工作就是助人活动，一直抱着与受助者的关系中产生的各种问题和苦恼工作着。而灾害时，随着助人活动内容的大量增加，由"帮助他人"产生的问题会更多，而且更加凸显。与此同时，由于时间紧迫和资源有限，人们更容易忽视设身处地地去理解受灾者的细微心理，而只是追求援助活动的效率。可是，作为志愿者必须记住，志愿者活动是一种以对对方的细致了解（如他（她）与事件有何种关联、如何被关联的、那些关系分别意味着什么）为前提的活动（参见专栏"最想传达的东西——灾害志愿者研究的体会"）。

如此思考各个具体援助活动的内容和方式，这实际上就是对志愿者活动的价值和意义的拷问。当我们思考市民自

401

发的主体性活动的意义及价值时，就不能不涉及到另一个问题——谁是公共性的主体、这一主体怎样实现着公共性？正是基于对这一问题的思索，形成了在整体中考察每一个具体的灾时志愿者活动的视角。

[引用及参考文献]

渥美公秀，2002『ボランティアの知』大阪大学出版会．

ベック，ウルリヒ著／東廉・伊藤美登里翻訳，1998『危険社会—新しい近代への道』法政大学出版会．

震災10年市民検証研究会，2005『阪神・淡路大震災10年—市民社会への発信』文理閣．

早瀬昇，1996「ボランティア論：市民参加・新たな公共部門の担い手」自治体学会編『まちづくりを問い直す—防災と自治』（年報自治体学第9号）良書普及会，pp.79-93.

山口一史・菅磨志保・稲垣文彦，2007「大規模災害時等における生活復興の有効な手段に関する調査」（財）ひょうご震災記念21世紀研究機構『ヒューマンケア実践研究支援事業研究成果報告書』．

山下祐介・菅磨志保，2002『震災ボランティアの社会学』ミネルヴァ書房．

山下祐介，2004「新しい市民社会の生成？—阪神・淡路大震災から10年後のボランティアとNPO」東京市政調査会編『都市問題』第95巻第8号，pp.69-83.

（菅磨志保、山下祐介）

专栏

阪神·淡路大震灾中诞生的灾害版志愿者协调方法及灾害志愿者活动中心
——以城市地区地震为例

菅磨志保

据兵库县估算，阪神·淡路大震灾发生的那一年，大约有137万名志愿者在受灾地从事救助和援助活动。由于这些志愿者活动，志愿者作为新的灾害应对主体，不仅得到社会广泛认可，而且进入"防灾基本计划"等法制文献，受到法律的肯定。大震灾发生当时，几乎还不具备一般市民参加救援活动的社会条件和活动结构。一方面有大量的受灾者在受灾地等待救援，另一方面又有大批志愿者想为受灾者提供救援，但缺少把两者连结起来的行动结构。为此，很多志愿者首先从找活动场所开始，他们在救灾现场从零开始构建志愿者活动体制，在灾时的混乱状态中，形成了根据受灾者需求调整志愿者救援活动的行动结构。

以往，曾经由社会福祉协议会或志愿者活动促进机构代理"志愿者活动协调者"的角色，对志愿者救援活动进行协调。首先，分别征集对志愿者活动的需求以及愿意提供帮助的志愿者，让双方先进行登记；然后根据登记在册的"谁需要什么援助"和"谁能够提供什么援助"的信息，对两方面进行协调好搭桥。

但是，大震灾发生当时，上述方式没能及时有效地起作用，其问题就出在那个"登记"手续。发生重大灾害之后，无论是对援助的需求还是具有提供援助愿望的志愿者，都一下子大量喷涌而出，并且对援助的需求又不断变化，所以要求尽可能地缩短从接到需求信息到启动援助活动之间的时间。在以往的志愿者活动的行动结构中，志愿者这一方，因为需要先登记，所以登记完后就只能"待命"；而承担登记手续的机构，必须负担"对登记了的援助需求进行匹配及通知"这样耗时耗成本的工作，这在人手严重不足的灾后初期很难及时并顺利地进行。

正是在这样的状况中，人们创造出了具有划时代意义的"可再贴"方式，即省略登记这一手续，每个需求都分别写在任务单上，并张贴在墙壁上；志愿者到那里看到有自己能够提供援助的，就把写有自己名字的"可再贴"便条纸粘在那张任务单上。这种方法的优点在于，可以同时兼顾志愿者活动的效率和对志愿者自发性的尊重。在"可再贴"这个方式中，一方面，省略了登记的麻烦，从而使紧急性高的需求可及时得到满足；另一方面，由志愿者自己直接选择援助任务，既可以不用耗费"待命"时间，又能够在"发现援助需求——应对——继续"的各个环节都更充分地尊重志愿者的个人意志。

大震灾期间，开设了很多不同类型的"灾害志愿者活动中心"，成为有组织地进行志愿者活动供需调整的据点。而其中特别值得一提的，是一种由在受灾地自治体行政部门工作的人自愿结成并自主运营的"灾害志愿者活动中心"，它们谋求把志愿者活动与当地自治体灾害应对事务有效地结合起来。在实际的救灾援助活动中，这种"灾害志愿者活动中心"大多成为当地志愿者活动的核心，它们发挥了志愿者活动供需协调的作用，同时在为受灾者及受灾地行政提供援助，以及行政部门与其他组织的合作方面都发挥了难以取代的积极作用。另外，它还是流动的个人志愿者活动的核心，形成了在志愿者"人员"变化的情况下，志愿者"活动"

依然能够自然地持续下去的组织结构。

其他具有志愿者活动协调经验的市民活动组织也在受灾地设置据点，发挥协调功能，接纳大量志愿者，并安排他们参加对他们来说最合适的援助活动。由大阪志愿者协会和福祉系统的市民团体结成的"市民援助会"以及曾经参加过国际救援活动的"SVA"、"和平之舟"等NGO团体都是可圈可点的典型。此外，受灾地已有的相关组织（如社会福祉协议会、YMCA、生活协同组合、日本红十字会等）和大学，也都发挥了志愿者活动中心的作用。

上述诞生于阪神·淡路大震灾救灾现场的灾害版志愿者协调方法及"灾害志愿者活动中心"的经验，在以后的灾害救援中继续发挥作用，并在不断完善的过程中逐渐常态化。

当然，作为不特定的大量的市民与救援需求之间的桥梁，"灾害志愿者活动中心"是不能光凭经验来运营的。它需要据点（场所）、通信器材、资金等活动必需的资源，它还必须与受灾地内外的相关团体建立合作关系，只有具备了这些条件，它才可能发挥救灾志愿者活动供需协调功能。而在创造这些条件方面，也有很多问题需要解决。如需在完善市民活动的社会基础（建立中间援助组织、制定自治体各种相关条例等）的过程中，逐渐形成行政不介入的、民间独立的资源调拨途径。近年来，又出现了很多超越"灾害志愿者活动中心"这一组织框架的援助活动。自"志愿者活动元年"以来，已经迎来第12个年头，灾害志愿者活动也已经进入新的阶段。

[参考文献]

大阪ボランティア協会，1996『震災ボランティア』．
菅磨志保，2006「災害時におけるボランティア活動の展開—阪神・淡路大震災レビュー」人と防災未来センター編『減災』Vol.2．

专栏

灾害 NPO 组织的防灾教育活动：
"重新发现我们的街区"
——日常地域社会活动中实施防灾教育的个案

菅磨志保

"NVNAD"（日本救灾志愿者网络）是一个在阪神·淡路大震灾的救灾活动中诞生的 NPO 组织。现在，它除了担任日本灾害志愿者活动全国网络"J-NET"的事务局工作，还从事地域防灾活动和防灾训练等事业。

"NVNAD"是因为与"环境地图"的缘分，才开始地域防灾事业的。某市的一所中学在一门课程中，组织学生在学区内的各条街道上散步，要求学生边走边观察，发现诸如垃圾一类的环境问题，回家后再思考解决这些问题的办法，最后把这些问题及其解决办法都集中起来绘制成地图，张贴在学校的墙报上。该学校的相关人员提议说："这个办法如果也能用在防灾方面……""NVNAD"注意到很少有面向孩子的防灾教育项目，而孩子是社会的未来。为此，他们接受了这个提议，并形成以孩子为对象的"防灾地图制作"这一防灾教育计划。但他们又担心，如果只是强调防灾的重要性，孩子们能否接受这个活动项目。于是，他们表面上不提"防灾"这个目的，而把"了解自己居住的地区，培育珍爱自己居住的地区的感情"作为这一活动项目的口号。这一项目的实际活动中，包括检查防火栓、灭火器等大量与灾害应对相关的内容。也就是说，虽然不说一句"防灾"，而通过自己发现的、注意到的一点一滴的具体问题，"若无其事"地接受了防灾教育。该活动项目的副标题"不言防灾的防灾"，也正意味着这一特点。

活动过程中，孩子们分成几个小组，把标有注意标志的地图分发给他们后，让他们以越野长途比赛的方式到学区内各街道马路行走。各小组都有大学生志愿者同行，为孩子们的安全提供保证，并对活动过程进行管理。要求孩子们把路上发现的问题填写进地图，并和拍摄下来的照片一起贴在模板上，进行汇报。孩子们一边走，一边寻找觉得有危险或值得注意的场所。在他们的发现中，也有一些诸如危险标志使用的是他们不认识的汉字、停车场让他们有压迫感等孩子们眼中的危险情况。

防灾是"危急状态下的紧急应对"，容易被人们与日常生活分离开来考虑。谁也不愿意去想严酷的受灾生活；平时的生活就够让人操心的了，谁都不想再为不知何时发生的灾害耗费心神吧。而上述防灾教育活动所追求的，就是超越这种认识的壁障，从日常生活、从自己周围存在的问题，形象化地感知"非日常"的灾害，并且是和伙伴们一起快乐地完成这个认识过程。从自己的脚下开始一点一滴地认真检查，其结果就是"防灾"——这就是上述"重新发现我们的街区"这一防灾教育项目给予人们的启示。

［参考文献］

日本防災協会，2003『婦人防火クラブリーダーマニュアル（日常編）』コラム．
渥美公秀，2002『ボランティアの知』大阪大学出版会．

专栏

最想传达的东西——灾害志愿者研究的体会

渥美公秀

灾害志愿者是一群在受灾者身旁做"正因为是志愿者,所以才能做的事"的人。那么,"正因为是志愿者,所以才能做的事",是什么事情?在充斥着市场原理主义的社会,若稍稍偏离廉价的成果主义及其评价方法一两步,就容易认为这种事情自身就是对生命的追求。与其追问它起什么作用,不如说是"在那里"这件事或者"不离开那里"这件事本身是有意义的。换句话说,灾害志愿者活动的意义就在于"活动"这件事本身。去到受灾现场,就能看到不拘泥于任何"短视的有用性",而只是"活动着"志愿者的姿态。譬如,他们只是陪伴在受灾者身边,在临时简易住宅无数次倾听同样的话。他们在这种没有任何"有用性"的事情里,感觉到价值的存在,并为此而活动。与灾害志愿者相遇的研究者们,在这样的情境中,应该学习什么、应该带回什么?从理论的角度来说,能够与现场的人们进行互动实践,这才是研究者的特点。可是,作为研究者,在那样的场合,首先不应该只具有理论视角和专业知识,也不应该只作为与多样化的学术世界沟通的桥梁。本来,受灾现场也许根本不需要什么研究。实际上,很多研究课题都是后来才意识到的。这不就可以了吗?

笔者曾经看到,有人曾经"强行"嵌入研究框架,一意孤行地用高深理论来评论受灾现场。令人难以容忍的是,在那种研究中,受灾地的人们

第七章 灾害社会学的新视角和新观点

被遗忘了。受灾现场，本不是为研究而存在的。正因为如此，在受灾现场，作为研究者，最重要的任务是，应该与志愿者们一起思索受灾现场最需要什么，并一起去努力提供和满足受灾现场的这种需求。然后，回到研究室，大发议论；回到家里，慎独读书。研究者，没有任何特别之处。在作为研究者之前，首先应该作为人而存在。

第四节　灾害社会学研究的实践

一、受灾地调查研究中友好关系的构建及研究实践

在受灾地，经常能听到"灾害调查"这样的话。在受灾地，一些自称是研究者的人，不顾受灾者的心情和实际情况，只按照自己的研究兴趣进行调查。对此感到不快的受灾者诉说，研究者的调查导致了"生活困难＝灾害"。电视台的记者或摄影师跑到受灾者家里，敷衍了事地打个招呼，连鞋也不脱，就进去（几乎是擅自）借用电源，在亮晃晃的灯光下取材之后就离开。对这样的人姑且不作为"人"来讨论的话，受灾地的人们又是用怎样的眼光看那些只遵从自己的学术使命感，陶醉于现场调查的研究者的呢？我们应该从中自律自戒。

第七章 灾害社会学的新视角和新观点

1. 构建友好关系的位相

在社会调查论中，首先强调要构建调查者与受访者之间的友好关系（rapport）。当然，这在灾害调查中，也是不言自明的。调查过程就是由"友好关系构建"→"实地调查"→"解析"→"还原"构成的。

不过，受灾地调查要求一种审慎的姿态，它与在街头进行市场调查完全不同。受灾者不是为给我们的研究提供数据而过那种严酷的受灾生活。他们为了重建自己的生活而努力奋斗着，所以当他们遇到调查者时，会拼命努力把这作为一个机遇，以获得有利于生活重建的某种信息和机会。通过一个适当的问候，建立一种友好关系，做完调查后就离开，回去写论文，积累自己的研究业绩——这种业绩主义的"完事就跑"式调查或击跑配合战术式调查（hit and run），属于必须严禁之列（佐藤郁也，1992）。那样撰写出来的调查报告，在作为受访者的受灾者眼里，只是研究者的自说自话，而不是他们所期待的重建生活的处方。

彼此了解对方的期待和立场，这需要时间。可是在受灾地，由于时间浓密而快速地流逝（据说这是因为"灾害使潜在的社会变化显在化并高速化"），所以只要调查者对受访者表现出诚挚的态度，双方之间就能很快地建立起友好关系。这里的关键在于，构建友好关系的过程本身必须包含受访者因与调查者相遇而感到的"喜悦"。也就是说，"还原"的一部分必须在"友好关系构建"之初就已经存在；拿到经过"实地调查"归纳而成的调查报告时感到的"再见的喜悦"是"还原"的本身，它会成为下一次"实地调查"的开始。换句话说，应该充分认识受灾地调查实际是一个"友好关系构建①"="还原①"→"实地调查①"→"解析①"→"还原②"="友好关系构建②"（→"实地调查②"）的循环过程。如果受访者在调查结束之后有想与调查者再见的愿望，那真是调查者在不知不觉中得到的好运。

2. 研究实践

这种样式的调查，大多能超越"研究者—受访者"这种关系结构，成为在互动中解释受灾状况，能动地作用于现状的研究实践型调查。通过与调查者的交流（调查），受访者得到梳理自己的灾害体验的机会。调查者把受访者的现状相对化后予以提示，在事态进展（可能性）中确立其位置。受访者通过与调查者之间的反复沟通，对自己的受灾生活拓展的可能性达到一种自觉意识，并开始尝试这种拓展。不是一次性的、击跑配合战术式调查，而是与受灾者的生活重建及复兴进程相伴随的调查，就是这样展开和积累起来的。

"友好关系构建"→"实地调查"→"解析"→"还原"这样的调查过程一次又一次地重复，后一项中的"友好关系构建"之前（调查之前）和"还原"之后（调查之后）尤其值得注意。下面，结合对研究实践的讨论，对调查前后予以探讨。

二、调查之前

研究者访问受灾地,首先要与受访者建立友好关系。但是在那之前,需要对一些事情做充分思考。首先要对自己来受灾地进行调查的目的有明确的意识,并且要能把这个目的清楚地表述出来。也许有人对此不以为然,但在笔者看来,这真的是最重要的。

自己为什么要站在研究者的立场上来受灾地?究竟想要调查什么?想弄明白什么?这是为了什么、是为了谁?……如果能在研究室里,充分地做好理论考察,梳理好先行研究,掌握调查的方法和技术,有了这样的准备,就能够在一定程度上弄清楚诸如此类的问题。做好这些事前准备,就能在现场发现那些表面上并不显露的问题。可是,也不排除由于事前的准备,反而看不到现场显而易见的问题这种情况。这样,所谓去受灾地之前的细致准备,除了要在理论上做好充分的考察,还要使自己的思维具有足够的弹性——到受灾地后,能够不带任何先入之见地、虚怀坦荡地看待现场的客观情况,并根据实际情况变更原来设定的问题,或调整调查目的。

终于向受灾地出发,开始进入构建调查者与受访者之间的友好关系的过程。可实际上,还有两个疏漏。

首先，构建友好关系，看似非常简单，其实未必如此。具体地说，如果说是来自某大学的调查研究小组，受灾地的人一般都会接受访问，他们即使内心拒绝参与调查，口头上也会应承下来。也就是说，不管怎样，初次见面时，彼此使用社交辞令也是很自然的。可是，在研究者方面，很容易把这当作受灾地方面真的同意接受访问了，于是说什么"受灾地已经接受我们调查研究了"，或者"我们已经进入受灾地了"。可实际上，在那之后，并不一定能形成深层次的友好关系。

其次，"友好关系构建"→"实地调查"→"解析"→"还原"这一过程周而复始的话，那么，研究者就永远只是"调查者"，受灾地的人们也就永远只是"受访者"而已。关于调查的知识，不是只属于研究者；关于受灾地的知识，也不是只属于受访者。这两方面的知识，都是在相互沟通的过程中，经过调查者与受访者的共同努力，由他们的互动协作创造出来的。如果这样，就不是"调查者"或"受访者"，研究者也好，受灾地的居民也好，都是为实现灾后复旧复兴目标而努力的社会集团的一员。反过来说，只有当调查者和受访者这两种身份或职能，随着友好关系的构建而消失的时候，才可以说开始进入调查了。

那么，经过周密准备，研究者以调查者的身份进入受灾地后，首先应该做什么呢？诚恳地拜访相关部门或相关人员，简单明了地说明自己的来访目的，这是必须要做的事，但不是首先应该做的事。无论何时何地，第一件事情都是应该站在受灾者身边，和他们一起看受灾景象，与他们一起思考受灾地的问题，同他们一起参加复旧复兴的活动。因为只有在这样的过程中，才能形成彼此了解和相互信任；只有在那之后，才可能对"受灾"有真切的理解。总之，在作为一个研究者去研究受灾者的生活之前，首先要反复拷问自己：作为一个人，在这样的境况中，我能做什么？这才是最要紧的。试想一下，那不是人与人相遇时应该做的最基本的事情吗？调查，只有以此为起点，之后才不会耽误时间。

三、调查之后

"友好关系构建"→"实地调查"→"解析"→"还原"这一过程经过几次反复之后，调查可告一段落。下面，我们就来谈谈这个时点的问题吧。最终，研究者要向在调查过程中给予自己帮助和支持的受灾地居民报告自己调查研究的结果。可是通常，人们会认为，调查报告写完了，调查不就终了了吗？不，也许你自己是以为调查报告已经送交给受灾地居民，可实际上，究竟谁看这个调查报告了？这里想讨论的就是，调查之后，调查报告还在手里这个阶段的问题。

如果是实践性研究，在研究成果尚未公开发表并回归实践现场之前，研究就不能终了。以"取这两个变数的相关关系，并没有意义，只是……"这样的研究结论为例，它果真具有普遍性吗？所谓变数是什么？所谓相关关系又是什么？有无意义，如何判断？……这个研究结论中，有很多含糊不清之处。也许有人会反驳，如果不用这样的术语，就写不出正确的调查报告。毫无疑问，正确性是必要的。可问题是，实践现场的正确性，未必就是研究者所追求的正确性。在"大大咧咧"的粗线条的现实中，好容易取得的"正确"的研究成果也许正好就是行不通的。于是，有的研究者埋怨受灾地居民缺乏知识，或批评他们不愿理解自己的一片苦心，感叹自己对他们估计错了。其实，受灾地居民不能接受研究者的调查研究成果，这是很正常的现象。受灾地不是为了研究者的研究而存在的，受灾地居民没有义务附和研究者所做的难以理解的说明。相反，正是进行实践性研究的研究者这一方，才有责任做清楚明白的解释吧。那么，遇到这种问题，究竟应该怎么做才好呢？

首先，进行受灾地调查的研究者有必要具备既能使用研究者之间通用的语言，也能使用受灾地居民以及研究者以外的人们之间通用的语言的这种"双语能力"（渥美公秀，2007）。研究者置身于研究者共同体，通常使用研究者共同体中通行的语言。他们使用研究者之间通用的词汇，用研究者的方法观察、理解世界，以他们特有的方法运用语言进行表达。

第七章 灾害社会学的新视角和新观点

在那种时候，研究者们的语言（＝研究者语言）使用，实际是以研究者共同体成员在很多事情上的互相默认、不言自明为前提的。另一方面，市民置身于市民共同体，通常使用市民共同体中通行的语言。他们使用市民之间通用的词汇，用市民的方法观察、理解世界，在每天的生活中用他们自己的语言进行沟通。市民之间，也有相互默认、不言自明的前提，也正是在这个基础上，才形成市民共同体。当然，市民是多样化的，所以由于"相互默认、不言自明的前提"不同，形成各种各样的亚市民共同体。而在市民之间使用的是多样化的市民语言。

通常，研究者语言与市民语言有很大区别。譬如，对于只使用日语的人来说，英语是他们不懂的语言；同样，对于只使用市民语言的人来说，研究者语言中有很多是他们不懂的。当然，也会有例外：虽然使用的语言不同，但也能彼此沟通。那种时候，是因为使用不同语言的人们共同拥有各自语言所默认且不言自明的前提。因此，只是把研究者语言置换为市民语言，并不能解决问题，而是必须理解双方语言的背景。在受灾地进行调查的研究者，有必要通晓受灾地市民语言的背景，而且要能够自在地使用双语。其实，研究者在成为研究者之前，曾经一直使用市民语言；在成为研究者之后，在研究之外的日常生活中，也还是使用市民语言。所以，有意识地站在实践性研究所涉及的那个受灾地的市民语言的角度，掌握那个市民语言并不是件困难的事情。为此，在调查过程中，必须与受灾地居民多交谈，努力争取精通他们的语言。

其次，还必须动脑筋思考怎样运用受灾地的市民语言，与受灾地居民进行沟通和交流。怎样说，才能让对方更容易理解？这并不只是把专门术语简单表述的问题。要以对方和自己都知道的事情为前提，来思考用怎样的语言表达。研究成果，并不只是发表在学术杂志上就可以了，也不是写成报告书就行了的。研究成果，如果无人知晓或知晓者寥寥无几，就没什么价值。所以有必要在媒体上积极发言，或以学术专著或论文集之外的形式让更多的人知道这个研究成果，这些都是调查之后该做的重要事情。比如，特定非营利活动团体"レスキューストックヤード（Rescue stockyard）"组织编集的《守护生命的智慧》（《いのちをまもる智恵》）和拙著《地震笔记本》（《地震イツモノート》）都是以小说和插图的形式反映灾害经验教训以及地震发生时人们行动的作品，其中还原的调查数据，是作者们依靠在受灾地构建起来的人际关系进行访谈所获得的。把这些向市民展示时，其效果显然不同于文献分析或统计分析结果。这是为了让研究成果能够得到受灾地居民以及将来可能遭遇灾害的人们的理解而进行的一种尝试。

在受灾地的"灾害调查"，并不是研究实践的全部。只是

第七章 灾害社会学的新视角和新观点

重要的问题在于：上面所提到的灾害调查的不足或缺陷并不是内在于调查这一方法本身，而因缘于在受灾地进行调查的研究者怎样面对受灾者。——即使说所有的问题都与这一点有关，似乎也不为过。

[参考文献]

渥美公秀，2007「研究をまとめる『バイリンガル』に」小泉潤二・志水宏吉編『実践的研究のすすめ―人間科学のリアリティ』有斐閣.

大矢根淳，2002「災害社会学の研究実践―『時空をこえた問題構造のアナロジー』を把握するフィールドワーク（比較例証法)」『専修社会学』No. 14.

佐藤郁也，1992『フィールドワーク』新曜社.

地震イツモプロジェクト編／渥美公秀監修・寄藤文平絵，2007『地震イツモノート』木楽舎.

いのちをまもる智恵制作委員会編，2007『いのちをまもる智恵』レスキューストックヤード.

（大矢根淳、渥美公秀）

附录　灾害及防灾信息一览表

　　本表主要收罗日本灾害及防灾问题研究领域中最重要的研究机构，其中有属于公共部门的，也有属于大学的。在早稻田大学地域社会及危机管理研究所的网页上，还能看到比这份表格更为详细的相关信息（URL:http://db2.littera.waseda.ac.jp/saigai/gaiyou.htm）。

　　在本表制作过程中，我们忠实地依据各团体公开发表的信息，但可能依然存在不准确或不完备之处。读者若有发现，请与早稻田大学学术信息数据库网页联系（http://db2.littera.waseda.ac.jp/app/index.html）。

附录　灾害及防灾信息一览表

机构名称及其网址	活动方针和主要内容	主要发行刊物
内阁府防灾事务主管 http://www.bousai.go.jp/	内阁府防灾信息主页。该主页包括"灾害紧急信息"、"共通信息"、"灾害预防"、"灾害应急对策"、"灾后复旧复兴"、"地震对策"、"火山对策"、"大规模水灾对策"、"记者发布或公布的信息"等栏目。该主页上还有面向灾害时要援助者的避难援助指南；面向普通市民和学校、企业、町内会、志愿者和NGO等团体的"大家共同防灾"网页以及防灾志愿者信息。	《防灾白书》《広報ぼうさい》（可在HP上阅读）等
政府资料普及调查会 政策信息平台——政府资料数据库（Web版） http://www.bousai.or.jp/	属内阁府主管。主要从事政府资料的整理、普及和调查研究。其主页上有面向会员的数据库和相关网站链接，还不定期地公布资料目录。	
总务省消防厅 http://www.fdma.go.jp/	总务省的外派机构。其主页上除提供消防和防灾行政的相关信息之外，还有灾害志愿者数据库、阪神・淡路大震灾相关信息数据库、灾害信息数据库。借助该主页，还能联机学习危机管理等知识。 http://www.e-college.fdma.go.jp/	《消防白书》（可在HP上阅读）

421

（续表）

法令数据提供系统 http://law.e-gov.go.jp/cgi-bin/idxsearch.cgi	由总务省行政管理局主管。主页以官报为依据，提供数据完备的相关宪法、法律、政令、敕令、府令、省令及规则。在主页的内容分类索引中，设有"灾害对策"一项。（电子政府综合窗口首页→http://www.e-gov.go.jp）	
信息通信研究机构 第三研究部门 信息通信安全研究中心 防灾减灾基础技术小组 http://bosai.nict.go.jp/	由总务省主管。研究内容主要包括两个方面：①具有强抗灾性能的通信：研究开发以满足灾害时各种通信需求的"非常时通信网络构建技术"；②在灾害时发挥作用的信息通信技术：研究开发能够在正确地传递和接受有助于防灾减灾的信息的同时，最大限度地利用灾害时有限的通信容量的"普遍通用防灾减灾通信技术"。 其主页上有专门介绍上述研究项目的栏目和相关网站链接。	
国土交通省防灾信息（国土交通省河川局防灾科灾害对策室） http://www.mlit.go.jp/bosai/disaster/bosai.htm	其主页提供防灾减灾的相关信息，包括最近主要灾害的信息、灾害应对相关信息；主页上还有相关机构网站的友情链接。	

（续表）

气象厅 http://www.jma.go.jp/jma/index.html	属于国土交通省管辖。其主页提供气象信息；防灾气象信息网页上除发表各种警报信息之外，还公布以往地震、海啸等气象统计数据。	
地震预知联络会 http://cais.gsi.go.jp/YOCHIREN/ccephome.html	该联络会由若干从事地震预知研究和相关事务的机构和大学发起成立，以促进地震预知实用化为目的，进行地震观测及地震预知研究成果的交流和研讨。参加联络会的机构或大学共推选出30名左右的委员。该联络会设在国土交通省国土地理院地理地壳活动研究中心内。	《地震予知連絡会報》（自1985年2月发行的第33卷起可在HP上阅读）
地震调查研究推进总部 http://www.jishin.go.jp/main/index.html	属文部科学省管辖。促进有关地震的综合且基础的政策措施的实施，调整相关行政机构的预算等，策划综合性调查观测计划，收集、整理、分析、评价及公布行政机关、大学等部门的相关调查研究结果。在其资料阅览室，可以看到地震调查研究相关资料。其网页上也有有关地震观测结果及地震相关文献的数据库。	

（续表）

防灾科学技术研究所 地震防灾研究前沿中心 http://www.edm.bosai.go.jp/default.htm	属文部科学省管辖。从事城市地震灾害减灾研究，主要包括三个方面：①研究开发提高医疗系统防灾能力的政策和策略；②研究开发应用信息技术的震灾应对危机管理技术；③研究开发国际上灾害减灾技术。其网页上有地震调查结果等相关档案。	
防卫省 http://www.mod.go.jp/	在防卫白皮书和网页上，提供有关日本国家防卫和自卫队的信息。派遣灾害救援时，尽可能及时地向国民提供自卫队的救援活动状况。	《防衛白書》
东京志愿者及市民活动中心（TVAC） http://www.tvac.or.jp	从事志愿者及市民活动咨询，信息事业、人才培育和研修事业、调查研究事业、交流事业的计划和组办，对志愿者及市民活动团体的资金援助，与民间赞助团体的合作及研究协议等。与东京灾害志愿者网联手，组织东京地区的灾害志愿者活动援助项目等。	《ネットワーク》（HP上可阅览部分内容）

附录　灾害及防灾信息一览表

（续表）

神奈川县民活动支援中心 http://www.kvsc.pref.kanagawa.jp/	从事与志愿者活动有关的交流促进、活动援助、信息提供、调查研究以及互动协作等事业，神奈川志愿者活动基金21、灾害救援志愿者活动等。在发生需要县行政部门设置灾害对策本部那种程度的大规模灾害时，可发挥灾害救援志愿者活动基地的功能，提供灾害信息，协调相关机构及团体的救援活动。其网页上有相关使用团体、援助机构和赞助团体等组织的互联网链接。	*JUNCTION* （HP 上可阅览）
静冈县地震防灾中心 http://www.e-quakes.pref.shizuok.jp/	根据"指导员"（Instructor）向导，在该中心有地震和海啸的模拟演示，能够实际体验火灾时的灭火作业等，还能通过展示模型、地震防灾讲座、影视节目等途径学习具体的地震对策。在该中心的二楼，设有图书室和公募防灾用品展示角。其网页提供东海地震第三次受害假设说明、外国语版的地震防灾指南、防灾专栏、办公室及营业所防灾案例集、防灾书架等。	《自主防災新聞》（静冈县防灾局发行，HP 上可阅览）

425

（续表）

京都市市民防灾中心 http://web.kyoto-inet.or.jp/bousai_s/	在该中心，可以通过地震、强风等灾害的模拟体验，学习有关防灾的知识和技术。举办防火管理、紧急救人等讲座和各种消防演习活动。还有多种灾害模拟体验设备。其网页介绍有关灾害时逃生及减灾的基础知识以及京都及其周边地区以往灾害的信息。也有外借录像带等的服务项目。	
兵库县 http://web.pref.hyogo.jp/	作为阪神·淡路大震灾受害地区自治体，实施各种复兴事业，并在网页上提供各部局复兴事业的信息。震灾复兴网页的内容，包括阪神·淡路大震灾发生以来的复兴过程、震灾记录、相关政策等，还有相关机构及团体的网站链接。	
兵库县国立图书馆 http://www.library.pref.hyogo.jp/	收集并公开震灾相关的文献资料。可通过网页检索藏书。设有震灾相关资料库"不死鸟数据库"。 兵库县内发行的杂志中有关震灾的文章的索引已实现数据化（正着手公开的准备）。	

（续表）

兵库志愿者广场 http://www.hyogo-vplaza.jp/	该机构的成立目的在于为兵库县志愿者活动提供援助基地。从事志愿者活动的交流及网络组织的组建，提供志愿者活动信息，进行志愿者活动的咨询、活动资金援助、人才培养以及调查研究等。设有NPO及志愿者活动相关图书资料的图书室。网页上有志愿者活动团体的网站链接。	《コラボレーション》（HP上可阅览，并可通过电子邮件传送）
神户市 http://www.city.kobe.jp/index.html	作为阪神·淡路大震灾受害地区自治体，实施各种复兴事业，并在网页上提供阪神·淡路大震灾的相关信息。	
神户市立中央图书馆震灾相关资料 http://www.city.kobe.jp/cityoffice/57/070/s_index.html	收集并公开震灾相关的文献资料。	
日本红十字会 http://www.jrc.or.jp/	主要从事灾害救护、防灾志愿者培训、国际活动、医疗事业、护士培训、血液事业等。灾害救援活动的内容主要有：医疗救护、救援物资分配、血液制品的提供、义援金的受理和分配、红十字会服务团及防灾志愿者在灾害期间救援活动的联络和协调。	《赤十字新闻》（HP上可阅览）、《赤十字国际ニュース》（邮件杂志）

427

（续表）

神户新闻社（震灾相关网站）http://www.kobe-np.co.jp/sinsai/index.html	在《神户新闻》上发布震灾相关信息。《神户新闻》的主页：http://www.kobe-np.co.jp。	
防灾情报新闻 http://www.bousaijoho.or.jp/	防灾及危机管理领域唯一的全国性报纸。采访对象的面非常广，包括从以中央防灾会议为首的全国性防灾机构，到学术领域、企业、民间、地域防灾领域，全面了解防灾动向。网页的"每日记事"栏目里，收集了旧杂志的相关文章，并有关于防灾街区建设大奖、灾害志愿者活动以及防灾团体等的介绍，由此可以了解民间团体活动等信息。	
地域安全学会 http://www.isss.info/	该学会从生活者的立场思考地域社会的安全问题，以提高地域社会的安全性为目的。活动内容主要有：召开研究成果发布会，编辑和发行《地域安全学会论文集》、《地域安全学会梗概集》，促进灾害调查和安全问题研究；主办开放式研讨会，出版图书，通过会报进行广告活动，向自治体行政部门和企业派遣专业讲师以及援助防灾活动等。	新闻通信（HP上可阅览）、《地域安全学会論文集》、《地域安全学会梗概集》等

附录　灾害及防灾信息一览表

（续表）

日本灾害情报学会 http://www.jasdis.gr.jp/	该学会以"灾害信息"为关键词，研究有助于防灾减灾的灾害信息及其传递和接收的方式，促进研究成果的实际应用。主要活动有：召开学会大会和研究成果发布会、出版学会杂志《灾害情报》和发行新闻通信（每年4期）、举办研讨会和会员学习会、向灾害现场派遣调查团以及研究会和网页的运营等。	新闻通信（HP上可阅览）、学会杂志《災害情報》（HP上可浏览目录）
日本自然灾害学会 http://www.soc.nii.ac.jp/jsnds/	从事有关自然灾害的基础研究、应用技术研究、防灾减灾系统调查研究以及自然灾害科学知识的普及，促进大学、政府和民间团体的自然灾害研究者及技术人员之间的交流与合作，培训相关研究和技术人员，主办自然灾害科学研究国际研讨会。此外，还举办学术例会和研究会，发行学会杂志及其英文版等。	会志《自然災害科学》和 *Journal of Natural Disaster Science*（两者HP上皆可阅读）
日本地震学会 http://www.soc.nii.ac.jp/ssj/	从事地震及地质现象的研究及其成果的交流和普及，为地震灾害的减灾防灾做出很大贡献。活动内容：①每年定期召开2次大会以及举办研讨会和学术演讲会；②发行学会杂志《地震》、信息杂志《学会新聞通信》以及演讲会文集等；③与其他相关学会联合发行英文杂志 *Earth Planet and Space*。	会志《地震》（HP上可阅览目录）、新闻通信（HP上可阅览）

429

(续表)

	东京大学地震研究所 http://www.eri.u_tokyo.ac.jp/jhome.html	其资源可供全国的大学共享。包括4个部门（地球流动破坏部门、地球动力部门、地球测量部门、地震火山灾害部门）、6个中心（地震预知研究推进中心、地球地壳变动观测中心、地球预知信息中心、火山喷发预知研究推进中心、海半球观测研究中心、八岳地球电磁气观测所）。网页上提供最近的灾害信息，并可与上述各部门各中心网页链接。	新闻通信（HP上可阅览）、年报等
269	东京大学生产技术研究所 城市基础安全工学国际研究中心（ICUS） http://icus.iis.u_tokyo.ac.jp/index-j.htm	该机构设在东京大学生产技术研究所内，从国际化的视野研究包括城市基础设备的完善和管理的工学安全问题，包括设备维持工程部门、城市防灾安全工学部门、城市基础信息动态部门。每年发行4期英文版新闻通信，向海外发布研究和调查活动的信息；此外，每年都在亚洲的大城市举办研讨会。	新闻通信（HP上可阅览）

附录　灾害及防灾信息一览表

（续表）

地域社会和危机管理研究所 http://www.waseda.jp/prj-sustain/	从现代生活条件变化的视角，把握"城市及地域文化的生成和变迁"和"街区建设和地域活动等集合行动"的实际状态，并在此基础上研究日渐脆弱的"地域应对力和危机管理的存在方式"以及支撑地域应对力的可能性和保障安心安全生活的条件。建立"灾害社会影响数据库"（http://www.littera.waseda.ac.jp/saigai/gaiyou.htm），公开部分研究成果。	
城市防灾研究所 http://www.udri.net.index.html	1997年在神户设立亚洲防灾中心。主要领域包括：防灾相关理论和基础研究、灾害个案调查及其基础上的防灾对策实证研究和技术开发、制定防灾对策及防灾计划相关的计划和方案、受委托进行防灾对策和防灾计划的相关调查研究、促进亚洲各国跨国防灾互助。	
消防科学综合研究中心 http://www.isad.or.jp/	收集及分析火灾等灾害相关的科学调查研究及信息资料，进行消防培训调查，以促进与消防相关的制度、技术、设施、设备的普及和完善，从而有助于提高社会公共福利水平。具体进行调查研究、统计处理、信息提供及市町村防灾培训事业等。	季刊《消防科学和信息》（HP上可阅览）

431

(续表)

京都大学防灾研究所 http://www.dpri.kyoto-u.ac.jp/default.j.html	其资源可供全国的大学共享。设有4大研究部门（综合防灾研究部门、地震和火山研究部门、地基研究部门以及大气和水研究部门）和6个研究中心（巨大灾害研究中心、地震预知研究中心、火山活动研究中心、斜面灾害研究中心、流域灾害研究中心以及水资源环境研究中心）。网页上介绍各研究部门和研究中心的研究信息。	
京都大学防灾研究所巨大灾害研究中心（DRS） http://www-drs.dpri.kyoto-u.ac.jp/	主要进行关于巨大灾害的调查和研究。主要研究领域包括巨大灾害过程、灾害危机管理、灾害信息系统、防灾学理论等。网页上提供巨大灾害相关信息库（自然灾害数据库、灾害史料数据库等）和灾害时紧急网页。	
佛教大学内藤研究室社会调查结果服务 http://www.bukkyo-u.ac.jp/mmc01/naito/cyosa.html	在网页上发布佛教大学现代社会学科内藤三义教授的社会调查研究成果，现已公开的研究成果有"阪神·淡路大震灾复兴公共住宅入居者生活实况调查"（1999年11月）、"港岛第6、第7临时简易住宅生活及健康实况调查"（1998年3月）、"临时简易住宅入居者生活及健康实况调查"（1997年1月）、"阪神·淡路大震灾中人权、生存、生活和社会保障等状况的调查"（1996年1月）。	

附录 灾害及防灾信息一览表

（续表）

兵库县震灾复兴研究中心 http://www.shinsaiken.jp/	直面受灾地和受灾者的现状，以"大家携手震灾复兴"为口号，进行相关调查、研究和政策提案（30条以上），同时向全国关心阪神·淡路大震灾的人们持续发送信息（中心的杂志《震灾研究中心》已发行到第122期）。	图书、研究纪要、新闻通信等
神户大学城市安全研究中心研究室 http://www.research.kobe-u.ac.jp/rcuss-usm/	研究课题主要有"城市安全计划与城市人类工学"与"建筑安全计划与避难行动科学"两大部分。与其他研究室、研究团体合作，实施有关阪神·淡路大震灾的访谈调查。	
神户大学附属图书馆震灾文库 http://www.lib.kobe-u.ac.jp/epb/	是震灾地范围内规模较大的震灾相关图书资料库。网页上可检索藏书，也能从地图检索相关信息。文献、照片、动画、音响等资料已实现数码化，可在网页上阅览。	
亚洲防灾中心 http://www.abrc.or.jp/	该中心的设立目的在于促进在灾害形态或防灾对策上有共同点的跨国或跨地区合作，特别是亚洲各国的防灾互助，包括各国防灾专家的交流。网页上有关于防灾及灾害的各种信息以及友情链接。	新闻通信、田野报告（都可在HP上阅览）

(续表)

271	兵库震灾纪念21世纪研究机构 http://www.hanshin-awaji.or.jp/	对"构建安全安心的街区"以及"实现共生社会"的状况进行调查研究，促进相关的学术交流和人才培养，支持以及具体实施"兵库安全日"活动，运营和管理阪神·淡路大震灾主题纪念馆"人类与防灾未来中心"、兵库县心理关怀中心等。其主页上有震灾复兴的相关网页URL集、"大学研究文集中的震灾相关论文的目录"、数据库"阪神·淡路大震灾经验教训资料集"。	《阪神及淡路大震灾复兴志》（阪神·淡路大震災復興誌）（1—10卷）、《街区复兴历程记录》（街の復興カルテ）等
	阪神·淡路大震灾主题纪念馆：人类与防灾未来中心 http://www.dri.ne.jp	以形成灾害文化、提高地域防灾能力和完善防灾政策为目的，呼吁市民为实现安全安心的、全体市民互动协作的减灾社会而贡献自己的力量。收集、展示和保存灾害资料、培训灾害对策专业人员、推进实践型防灾研究及其年轻的研究人员培养、实施灾害应对的现场援助、交流及网络化建设。在其资料室可阅览震灾及复兴相关资料，主页上设有"震灾及复兴数据库"以及"继续叙说震灾"专栏。	《未来》（MIRAI）和新闻通信（两者皆可在HP上阅读）；学术杂志《减灾》（減災）等

附录　灾害及防灾信息一览表

（续表）

美国科罗拉多州大学自然灾害研究中心（Natural Hazards Centerat the University of Colorado, Boulder） http://www.Colorado.EDU/hazards/	从事减灾防灾、灾害应对及灾后复兴的研究以及相关知识的普及。具有以所有灾害为研究对象的跨学科研究框架，积极致力于与世界各国的相关研究者、活动家及政府部门共享信息和进行合作研究，并培养年轻一代的灾害研究人员及专业工作者。其主页上有非常充实的联机文献数据库，公开发布灾害相关报告书和杂志等信息；另外，还有分类整理的网页链接，网罗了美国灾害研究行政机构和美国及其他国家的大学中的灾害研究机构。	*Disaster Research* 和 *Quick Response Reports*（可在主页上阅览）；另有 *Natural Hazards Review* 等

编者和执笔者介绍

编者介绍（均为本丛书作者）

大矢根淳（Jun Oyane，专修大学文学部教授）

庆应大学法学部政治学科本科毕业，同大学研究生院社会学研究科社会学专业硕士研究生毕业，同研究科社会学专业博士研究生课程学分修满。社会学硕士（庆应大学）。先后在未来工学研究所、电气通信政策综合研究所、防灾及情报研究所担任研究员，后又先后担任江户川大学社会学部助教、专任讲师和专修大学文学部专任讲师、副教授，现为专修大学文学部教授。主要研究领域：灾害社会学、地域社会论、社会调查论。主讲课程：环境社会学、灾害社会学。兼职：早稻田大学地域社会及危机管理研究所客座研究员。主要著作：《災害における人と社会》（文化书房博文社出版）等。网页：http://disasterjune.com/

浦野正树（Masaki Urano，早稻田大学文学学术院教授）

早稻田大学政经学部政治学科本科毕业，同大学文学研究科社会学专业硕士研究生毕业，同研究科社会学博士研究生课程学分修满。社会学硕士（早稻田大学）。曾在未来工学研究所担任研究员，后在早稻田大学文学部任教，经助教、专任讲师、副教授，现担任早稻田大学文学学术院教授、早稻田大学地域社会及危机管理研究所所长。主要研究领域：城市社会学、地域社会论、灾害社会学。主要（编）著作：《阪神·淡路大震災におけるボランティア活動》（早稻田大学社会学研究所发行，1996）、《阪神·淡路大震災の社会学》（昭和堂出版，1999）、《都市社会とリスク》（东信堂出版，2005）。网页：http://www.waseda.jp/sem-muranolt01

田中淳（Atsushi Tanaka，东洋大学社会学部教授）

东京大学文学部社会学科本科毕业，同大学社会学研究科社会心理学专业硕士研究生毕业。社会学硕士（东京大学）。先后担任未来工学研究所研究员、群马大学教养学部专任讲师、文教大学情报学部副教授及教授，现为东洋大学社会学部教授。主要研究领域：灾害心理学、集合行动论。社会兼职：中央防灾会议专门委员、文部科学省科学技术及学术审议会专门委员、文部科学省地震调查研究推进总部专门委员、国土审议会专门委员等。主要著作：《集合行動の社会心理学》（北澍出版社出版）等。

吉井博明（Hiroaki Yoshii，东京经济大学交流学部教授）

东京工业大学理工学部物理专业本科毕业，同大学研究生院理工研究科理科专业硕士研究生毕业，同研究科理科专业博士研究生课程学分修满。理学硕士（东京工业大学）。先后担任未来工学研究所研究员和主任研究员、文教大学情报学部副教授和教授，现为东京经济大学交流学部教授。主要研究领域：信息社会论、灾害信息论。主讲课程：信息生活论、媒体生态学等。主要著作：《情報のエコロジー》（北樹出版社出版）等。社会兼职：中央防灾会议专门委员、原子能安全委员会专门委员、地震调查研究推进总部政策委员会委员长代理、消防审议会会长。

执笔者介绍

浦野正树（Masaki Urano，早稻田大学文学学术院教授）

见"编者介绍"。

田中淳（Atsushi Tanaka，东洋大学社会学部教授）

见"编者介绍"。

田中重好（Shigeyoshi Tanaka，名古屋大学研究生院环境学研究科教授）

庆应大学法学部政治学科本科毕业，同大学研究生院法学研究科政治学专业博士研究生毕业。社会学博士（庆应大学）。曾担任弘前大学人文学部专任讲师、副教授、教授，现为名古屋大学大学院环境学研究科教授。主要研究领域：城市

社会学、灾害社会学。主要著作：《共同性の地域社会学》（ハーベスト社出版）、《超巨大地震がやってきた》（合著，时事通信社出版）等。

大矢根淳（Jun Oyane，专修大学文学部教授）

见"编者介绍"。

高梨成子（Naruko Takanashi，防灾及情报研究所所长）

东京女子大学文理学部社会学科本科毕业，东京大学研究生院社会学研究科硕士研究生毕业。曾担任未来工学研究所研究室室长，现任防灾及情报研究所代表。主要研究领域：防灾社会学、国家、地方公共团体和企业的防灾对策、社会调查、灾害信息论。兼职：消防大学、武藏大学和横滨市立大学的兼职讲师。主要著作：《エスニック・メディア》（合著，明石书店）。防灾及情报研究所网址：http://www.idpis.co.jp/

鹈饲卓（Takashi Ukai，兵库县立西宫医院名誉院长、兵库县灾害医疗中心顾问）

大阪大学医学部本科毕业。曾为消化器官外科进修医生，后长年从事急救医疗。1980年参加赴柬埔寨难民救援医疗队，回国后参与日本国际急救医疗队（JMTDR，现改名为日本国际紧急援助队医疗组）的组织和运营。先后参加埃塞俄比亚旱灾、墨西哥地震、伊朗难民营、伊朗巴姆地震等灾害急救医疗队。2002年，创立NPO"灾害人道医疗支援会"（HUMA），任理事长。NPO"灾害人道医疗支援会"网址：http://www.huma.or.jp/

松井丰（Yutaka Matsui，筑波大学人间综合科学研究科教授）

东京教育大学教育学部心理学科本科毕业，同大学研究生院人文科学研究科博士研究生毕业。文学博士（东京都立大学）。先后执教于东横学园女子短期大学、东京都立立川短期大学、圣心女子大学，现为筑波大学人间综合科学研究科教授。主要研究领域：社会心理学范畴内的灾害救援者惨事应激反应、记者的惨事应激反应、悲叹过程、恋爱以及援助行动。与本书主题相关的主要著作：《惨事ストレスへのケア》（ブレーン出版）。

畑中美穗（Miho Hatanaka，立正大学心理学部讲师）

筑波大学第二学群人学类本科毕业，同大学研究生院心理学研究科心理学专业博士研究生毕业。心理学博士（筑波大学）。曾为日本学术振兴会特别研究员，现担任立正大学心理学部讲师。主要研究领域：社会心理学。主要著作：《対人関係と適応の心理学》（合著，北大路书房出版）。

中村功（Isao Nakamura，东洋大学社会学部教授）

学习院大学法学部政治学科本科毕业，东京大学研究生院社会学研究科社会学专业博士研究生课程学分修满。社会学硕士（东京大学）。曾担任松山大学人文学部专任讲师和副教授、东洋大学副教授，现为东洋大学社会学部教授。主讲课程：灾害信息论、媒体沟通学概论。主要著作：《灾害情報と社会心理》（合著，北樹出版）等。网页：http://www.soc.toyo.ac.jp/~nakamura

中森广道（Hiromichi Nakamori，日本大学文理学部社会学科副教授）

日本大学文理学部社会学科本科毕业，同大学研究生院文学研究科社会学专业博士研究生课程学分修满。社会学硕士（日本大学）。先后担任城市防灾研究所研究员、日本大学文理学部社会学科助教和专任讲师，现为该大学社会学科副教授。主要研究领域：灾害社会学、灾害信息论、社会信息论。主讲课程：灾害社会学、社会信息论等。主要著作：《灾害情報と社会心理》（合著，北樹出版）等。网页：http://homepage2.nifty.com/nakamorihiromichi/

关谷直也（Naoya Sekiya，东洋大学社会学部专任讲师）

庆应大学综合政策学部本科毕业，东京大学研究生院人文社会研究科社会信息学专业博士研究生课程学分修满。社会信息学硕士（东京大学）。曾为日本学术振兴会特别研究员、东京大学大学院情报学部助教，现担任东洋大学社会学部媒体沟通专业专任讲师。主要研究领域：从与媒体及广告等的关联中，研究环境信息、灾害信息与社会心理。主讲课程：环境媒介论、灾害信息论、灾害等。主要论文："'風評被害'

の社会心理"、"'風評被害'の法政策"（均发表于日本灾害情报学会杂志《灾害情报》）等。

吉川忠宽（Tadahiro Yoshikawa，防灾城市计划研究所计划部部长）

神户商科大学商经学部国际商学科本科毕业，立命馆大学研究生院社会学研究科应用社会学专业博士研究生毕业。社会学博士（立命馆大学）。曾担任立命馆大学震灾研究课题组客座研究员等职，现为防灾城市计划研究所计划部部长。主要研究领域：灾害社会学、地域社会论、社会调查论。兼职：东洋大学、消防大学兼职讲师；早稻田大学地域社会及危机管理研究所客座研究员。主讲课程：灾害社会学、社会调查实践。主要著作:《震災復興の政策科学》（合著，有斐阁）等。

地引泰人（Yasuhito Gibiki，东京大学研究生院情报学府博士研究生）

庆应大学法学部政治学科本科毕业，东京大学研究生院学际信息学府硕士研究生毕业，现在东京大学大学院攻读博士学位。学际信息学硕士（东京大学）。专业：国际关系论、灾害信息论。主要论文："自治体行政組織の災害情報入手経路についての分析——2004年台風23号時における兵庫県豊岡市での避難勧告発令を事例に"（发表于日本社会情报学会杂志《社会情報学研究》）等。

山下裕介（Yusuke Yamashita，弘前大学人文学部副教授）

九州大学人文学部哲学科本科毕业，同大学研究生院文学研究科社会学专业博士研究生课程中退。社会学硕士（九州大学）。先后担任九州大学文学部助教、弘前大学人文学部助教和专任教师，现为该学部副教授。主要研究领域：社会理论、地域社会学、环境社会学。主讲课程：社会学、社会调查实践。主要著作：《震災ボランディアの社会学》（合著，ミネルヴァ书房出版）等。

菅磨志保（Mashiho Suga，大阪大学人际沟通设计中心特聘讲师）

东京都立大学（现改名为首都大学东京）人文学部社会学科本科毕业，同大学研究生院社会科学研究科社会福祉学专业硕士研究生毕业，神户大学研究生院自然科学研究科博士研究生毕业。学术博士（神户大学）。先后担任东京都社会福祉协议会东京志愿者及市民活动中心专职人员、东京都生活协同组合联合会消费生活研究所研究员、阪神·淡路大震灾主题纪念馆"人与防灾未来中心"专任研究员等，现为大阪大学人际沟通设计中心特聘讲师。兼职：早稻田大学理工学部兼职讲师等。主要研究领域：灾害社会学、地域防灾论、市民活动论。主讲课程：神会参与与志愿者活动、减灾人际沟通。主要著作：《震災ボランディアの社会学》（合著，ミネルヴァ书房出版）。

相川康子（Yasuko Aikawa，神户大学经济经营研究所副教授）

筑波大学第二学群比较文化学类（信息社会论）本科毕业。作为《男女雇佣机会均等法》实施后的第一批职业女性，进入《神户新闻》报社工作，先后在该报社的社会部、生活部、信息科学研究所、社论委员室工作；同时作为在职研究生，在兵库县立神户商科大学经济学研究科学习，博士研究生课程学分修满。2007年10月开始，担任神户大学经济经营研究所副教授（负责少子化问题研究部会）。阪神·淡路大震灾时，作为《神户新闻》生活部的记者，主要采访和报道女性问题、环境问题、市民救援活动。2001年春季至2007年9月的六年半时间里，作为《神户新闻》社论委员，负责执笔防灾减灾、复兴街区建设、市民活动、环境问题、地方自治体等方面的社论。社会兼职：NPO政策研究所理事、自治体学会运营委员。

角崎悦子（Etsuko Tsunozaki，亚洲防灾中心主任研究员）

国际基督教大学社会科学科城市社会学专业本科毕业，庆应大学研究生院经济学研究科城市社会学专业硕士研究生课程学分修满。先后在伦敦大学斯拉夫东欧研究学部和法国国立东洋文明研究所各在学一年，学习俄语和进行俄罗斯问题研究。先后在索尼公司、国际联合国际防灾10年（IDNDR）事务局、国际联合国际防灾战略（ISDR）事务局工作，2002年7月起，在亚洲防灾中心任主任研究员，负责"国际防灾协力"。

浅野幸子（Sachiko Asano，日本全国地域妇人团体联络协议会事务局职员、研究员）

法政大学社会学部本科毕业。毕业前后，到阪神·淡路大震灾的重灾区从事复兴援助志愿者活动4年。之后到消费生活研究所工作，现担任日本全国地域妇人团体联络协议会事务局职员、研究员。其间，作为在职硕士研究生，在法政大学大学院社会科学研究科政策科学专业学习，获硕士学位。主要研究领域：以地域政策、防灾及复兴、非营利组织论为主，同时也从事消费者问题、环境问题、女性和社会性别问题等方面的研究。兼职：东京女学馆大学兼职讲师。日本全国地域妇人团体联络协议会网页：http://www.chifuren.gr.jp/

中筋直哉（Naoya Nakasuji，法政大学社会学部教授）

东京大学文学部本科毕业，东京大学研究生院社会学研究科博士研究生毕业。社会学博士（东京大学）。先后担任东京大学文学部助教、山梨大学工学部副教授，现为法政大学社会学部及同大学大学院政策研究科教授。主要研究领域：地域社会学、城市社会学。主要著作：《群衆の居場所——都市騒乱の歴史社会学》（新曜社出版）。

樋口博美（Hiromi Higuchi，专修大学文学部副教授）

立命馆大学研究生院社会学研究科应用社会学专业博士研究生毕业，社会学博士。现任专修大学文学部副教授。主要研究领域：劳动社会学。主讲课程：生活论、社会调查实践、人与工作的社会学。主要著作：《キャリアの社会学》（合著，ミネルヴァ书房出版）。

渥美公秀（Tomohide Atsumi，大阪大学人际沟通设计中心副教授）

大阪大学人间科学部本科毕业，同大学研究生院人间科学研究科社会心理学专业硕士研究生课程学分修满，密歇根大学研究生院心理学专业博士研究生毕业，获博士（心理学）学位。先后担任神户大学文学部副教授、大阪大学大学院人间科学研究科志愿者人间科学讲座副教授，现为大阪大学人际沟通设计中心副教授。主要研究领域：集团动力学。主讲课程：志愿者集团动力学、灾害志愿者活动论、减灾人际沟通入门等。主要著作：《ボランティアの知》（大阪大学出版会出版）等。

下村依公子（Ikuko Simomura，早稻田大学地域社会及危机管理研究所专职人员）

早稻田大学第一文学部综合人文学科社会学专业本科毕业。曾担任日本经济研究所调查第五部研究员，现为早稻田大学地域社会及危机管理研究所专职人员。早稻田大学地域社会及危机管理研究所网页：http://www.waseda.jp/prj-sustain/

索引

（索引页码为原书页码，即本书边码）

あ

アエタ　阿艾塔　158
安倍北夫　安倍北夫　222
アメリカ戦略爆撃調査　美国战略轰炸调查　18,26
安全市街地形成土地区画整理事業　安全城市街区建设土地区划整理事业　166
安全文化　安全文化　123
安否情報　安否信息　108
伊豆大島近海の地震　伊豆大岛近海地震　118
伊勢湾台風　伊势湾台风　215
稲村の火　稲村之火　125
医療救護　医疗救护　79
医療チーム　医疗队　80
医療班　医疗组　181
ヴァルネラビリティ（社会的脆弱性）　社会脆弱性　38
ウォレス，A.F.C.　A.F.C. 沃拉瑟（A.F.C.Wallase）　22
うわさ　谣言　112

運営支援班　运营支援组　181
雲仙普賢岳噴火災害　云仙普贤火山喷发灾害　154
エージェント　行动主体　50
遠隔搬送　远距离运送　82
延焼遮断帯　延烧隔离带　160
延焼阻止要因　延烧阻止要因　160
援助バブル　泡沫援助　198
オオカミ少年効果（Cry wolf effect）　"狼来了"少年效应　104,120
奥田道大　奥田道大　222
オフサイトセンター　紧急事态援助中心　180

か

外傷後ストレス障害　外伤后应激障碍　94
海上保安庁　海上保安厅　87
開発途上国　发展中国家　229
回復過程　恢复过程　46
火砕流　火砕流　119

447

柏崎刈羽原発事故　柏崎刈羽核电站事故　175

『火星からの侵入』　《来自火星的入侵者》　18

仮設住宅　临时简易住宅　193,250

上木場　上木场　154

瓦礫の下の医療　瓦砾下急救　81

環境汚染　环境污染　229

環境破壊　环境破坏　195

環境問題　环境问题　199,218

関東大震災　关东大震灾　54,152

基幹災害拠点病院　基干灾害据点医院　84

危険社会　风险社会　176

気象情報　气象信息　112

帰宅困難者　回家困难者　142,192

来ルヘキ人　今后会回归人员　54

ギデンス，A.　A.吉登斯　195

機能班　机能组　181

規範　规范　106

キャントリル，H.　H.堪特利（H.Cantril）　18

救急搬送　急救运送　81

救急救命士　急救救命士　81

救急隊　急救队　81

急性ストレス障害　急性应激障碍　94

急性ストレス反応　急性应激反应　93

9.11ワールドトレード・センター事件　9.11纽约世贸中心大厦事件　36

旧北淡町富島地区　旧北淡町富岛地区　163

救命　救命　80

共助　共助　50,75,86,138,209

業績作り逃げ調査　业绩主义的"完事就跑"式调查　258

協働　互动合作　259

共同化住宅　共同重建住宅　153

共同参画　共同计划　237

共同募金会　共同募捐会　251

巨大災害　巨大灾害　187

巨大災害のリスク　巨大灾害的风险　205

巨大自然災害　巨大自然灾害　187

巨大台風　巨大台风　205

キリアン，L.M.　L.M.奇利安（L.M.Killian）　19

記録的短時間大雨情報　破纪录短时间大雨信息　118

緊急援助消防隊　紧急消防援助队　87

緊急火山情報　紧急火山信息　119

緊急地震速報　紧急地震速报　189

索引

緊急システム　紧急系统 47
緊急社会システム　紧急社会系統 50
緊急消防援助隊　紧急消防救助队 204
緊急被ばく医療　紧急核辐射医疗 182
緊急表出的組織　临时应急组织 37
グリーフケア　悲痛心理援助 85
グループミーティング　小组讨论法 99
グローバリゼーション　全球化 207
クワランティリ, E.L.　E.L. 库朗特利（E.L.Quarantelli）19, 32, 91
激甚災害法　《重大灾害法》61
結果防災　结果防灾 156
県外避難者　到县外避难的人员 144
研究実践　研究实践 259
研究者言語　研究者语言 262
原災法　核灾害法 180
減災目標　减灾目标 189
原子力緊急事態宣言　原子能紧急事态公告 181
原子力災害　核灾害 179
原子力災害特別措置法　原子能灾害対策特別措施法 180

原子力発電所　核电站 205
合意型危機　合意型危机 19
広域緊急援助隊　广域紧急援助队 87
広域災害・救急医療情報システム　广域灾害急救医疗信息系统 83
高規格道路　高規格道路 154
公助　公助 50, 86, 209
高所移転　迁居高地 55
高層難民　高楼层难民 142
広報班　信息发布组 181
国際緊急援助活動　国际紧急救援活動 203
国土安全保障省（DHS）　国土安全局 210
国連防災世界会議　联合国世界防灾会议 236
こころのケアチーム　心理援助小组 78
個人情報保護法　个人信息保护法 138
コミュニティ　基层地域社会、社区 222
コンクリート屋内退避　躲避到钢筋混凝土结构建筑的屋内 182

さ

災害　灾害 212
災害イメージ　灾害印象 220

災害因　致灾因子　21
災害下位文化　灾害亚文化　33,106,122
災害過程　灾害过程　137
災害観　灾害观　67,205
災害関連法令　灾害相关法令　57
災害関連死　灾害关联死亡　76,80
災害関連組織　灾害相关组织　86
災害救援医療チーム　救灾医疗队　84
災害救援者　灾害救援者　84
災害救援者の外傷性ストレス　救援人员的外伤性应激反应　99
災害救助法　《灾害救助法》　57, 155,193
災害共生論　灾害共生论　67
災害研究センター　灾害研究中心　26,32
災害死　灾害导致的死亡　70
災害時医療・救護　灾时医疗救护　80
災害支援　救灾支援　197
災害時行動モデル　灾时行动模式　71
災害時こころのケア対策会議　灾时心理援助对策会议　78
災害弱者　灾害弱者　136,233

災害時要援護者　灾时需要援助的人　136,146,192
災害情報　灾害信息　108
災害神話　灾害神话　128
災害専用相談電話　灾害专用咨询电话　8
災害対策基本法　《灾害对策基本法》　58,204,215
災害対策のナショナライゼーション　灾害対策国营化　66
災害弔慰金制度　灾害抚恤金制度　76
災害とジェンダー　灾害与社会性别　223
災害のグローバル化　灾害全球化　195
災害のメディア・イベント化　灾害媒体活动化　207
災害復興住宅　灾后复兴住宅　193
災害文化　灾害文化　122,206
災害ボランティア　灾害志愿者　53,257
災害ボランティアセンター　灾害志愿者中心　254
災害メンタルヘルスケア　灾害精神健康援助　78
再建支援法　《重建支援法》　155
避けられる死　可避免的死亡　80
砂防ダム　防沙坝　154

索引

去ルヘキ人　今后要离开人员　54
産業廃棄物　工业废弃物　174
惨事ストレス　惨事应激反应　92
三次被ばく医療　三次核辐射医疗机构　183
サンタクルーズ　圣克鲁斯　157
自衛隊　自卫队　87
ジェンダー　社会性别　33, 223, 243
ジェンダー・フリー・バッシング　自由激进社会性别运动　243
ジェントリフィケーション　居住地区高级化　153
市街地再開発事業　城市街区再开发事业　159
軸ずらし　错开轴心　157
時限的市街地構想　特定时期街区建设构想　155
自主防災組織　自主防灾组织　33,51,189,206
自助　自助　50,75,86,209
地震学　地震学　53
地震災害と死　地震灾害与死亡　73
地震報告　地震报告　53
システムの破壊　系统破坏　44
自然災害による死者　自然灾害致死者　71
事前復興　事前复兴　155

市町村防災行政無線　市町村防灾行政无线　111
シミュレーション型訓練　模拟演示型训练　184
市民言語　市民语言　262
社会システムの破壊　社会系统的破坏　44
社会的差別　社会歧视　138
社会的ネットワーク　社会网络　138
社会的排除　社会排斥　30,33,137
社会福祉協議会　社会福祉协商会　251
社会変動　社会变迁　46
15条規定　《原子能灾害对策特别措施法》（"核灾害法"）第15条规定　181
10条通報　《原子能灾害对策特别措施法》（"核灾害法"）第10条通报　180
住民安全班　居民安全组　181
首都直下地震　首都圈直下型地震　187
消防組織のストレスケア技法　消防组织应激反应援助方法　99
消防団　消防团　90
情報の細分化　信息细分化　120
情報の詳細化　信息详细化　120
昭和57（1982）年7月豪雨（長崎水害）　昭和57年(1982年)

451

7月暴雨（长崎水灾） 117
昭和三陸地震津波 昭和三陆地震海啸 55
初期被ばく医療 初期核辐射医疗 182
職場復帰 回归职场 235
女性（ジェンダー）開発指数 女性（社会性别）发展指数 232
ジラルデ，E．E.吉拉德 197
人災 人为灾害 65,67
震災関連死 震灾关联死亡 192
震災調査 震灾调查 54
震災同居 震灾同居 224
震災復興まちづくり模擬訓練 震灾复兴街区建设模拟训练 155
震災復興マニュアル 震灾复兴指南 155
震災予防調査会 震灾预防调查会 52
震災離婚 震灾离婚 224
図上訓練 图上训练 220,240
鈴木栄太郎 铃木荣太郎 215
ストレス 应激反应 235
スマトラ地震 苏门答腊地震 45,196
生活再建 生活重建 154,161
生活循環 生活循环 248
生活防災 生活防灾 156
脆弱性 （社会）脆弱性 24,37,233
正常化の偏見 正常化偏见 31,103,128
生存救出率 生存救出率 76
説得的コミュニケーション 有说服力的交流和沟通 102
全国社会福祉協議会 全国社会福祉协商会 89
前災害期 前灾害期 19
専門機関への依存 对专业机构的依赖 173
総括班 总括组 181
早期警戒メカニズム 早期警戒机制 236
創発組織 创发组织 32
ソーシャルキャピタル 社会资本 239
即興性 即兴性 37
ソローキン，P.A. P.A.索罗金（P.A.Sorokin） 18

た

待機所 待机所 143
大規模地震特別措置法 《大规模地震特别措施法》 63
大災害 大灾害 187
第三世界の防災 第三世界的防灾 200
対人援助活動 助人活动 252
耐震化 抗震化 189
耐震診断 抗震性能诊断 191

索引

耐震補強工事　抗震性能强化工程　190

第二次被ばく医療　二级核辐射医疗机构　182

大量廃棄　大量废弃　174

ダインズ，R.R.　R.R.戴恩斯（R.R.Dynes）　19,91

男女共同参画　男女共同计划　223

男女共同参画基本計画　男女共同计划基本计划　241

地域凝集性　地区凝聚力　106

地域社会のジェンダー関係　地域社会中的社会性别关系　239

地域赤十字奉仕団　地区红十字奉仕団　237

地域福祉活動　地区福祉活动　252

地域福祉コミュニティ　地区福祉社区　217

地域防災　地区防灾　256

地域防災計画　地区防灾计划　228

地域防災力　地区防灾能力　222

チェルノブイリ原発事故　切尔诺贝利核事故　180

地学的平穏の時代の終焉　地质学意义上平稳时代的终结　3

治山治水緊急措置法　《治山治水紧急措施法》　61

知識ギャップ仮説　知识沟假说　107

中越復興市民会議　中越复兴市民会议　157

中央防災会議　中央防灾会议　188

中央防災行政無線　中央防灾行政无线　111

調査災害　调查灾害状况　258

チリ地震津波　智利地震海啸　55,114

津波警報　海啸警报　114

津波てんでんこ　海啸来时分开跑　125

津波ハザードマップ　海啸灾害预测图　190

津波避難意識　海啸避难意识　190

津波防災訓練　海啸防灾训练　190

津波防潮堤　海啸防潮大坝　190

低地居住の戒め　低地居住训诫　55

帝都復興　帝国首都复兴　54

出来事の社会学　事件社会学　137

デフュージング　减压　96

デブリーフィング　讲评　97,99

天災　天灾　67

テント村　帐篷村　143

東海地震　东海地震　187,205

東海地震説　东海地震说　62

453

同潤会　同润会　54
東南海・南海地震　东南海・南海地震　187,205
導流堤　导流堤　154
都市化　城市化　229
都市生活のリスク　城市生活的风险　172
土石流　泥石流　117
土地区画整理事業　土地区划整理事业　159
都道府県防災行政無線　都道府县防灾行政无线　111
トリアージ　鉴别分类　81

な

新潟県中越沖地震　新潟县中越冲地震　81
新潟県中越地震　新潟县中越地震　45,157,192
2000年問題　2000年问题　3
日本海中部地震　日本海中部地震　115
日本災害救援ボランティアネットワーク　日本救灾志愿者网络　256
日本地震学会　日本地震学会　53
日本赤十字社　日本红十字会　88
日本DMAT　日本灾害派遣医疗队　87

人間開発指数　人类发展指数　231
濃尾地震　浓尾地震　52

は

波及性　波及性　175
ハザードマップ　灾害预测图　106
発展途上国の災害支援　发展中国家的灾害援助　201
パニック　恐慌行为　30
パニック神話　恐慌行为神话　103
ハリケーン・カトリーナ　卡特里娜飓风　187
阪神・淡路大震災　阪神・淡路大震災　45,53,63,73,81,187,205,217,220,223,244,247
被害情報　受害状况信息　108
被害想定調査　灾害损失预估调查　188
被災シナリオ　受灾剧本　220
被災者生活　灾民生活　155
被災者生活再建支援法　《受灾者生活重建援助法》　64,193,204,228
ヒット・エンド・ラン式調査　击跑配合战术式调查　258
ピナトゥボ山噴火災害　菲律宾皮纳图博山火山喷发灾害　158
避難　避难　182

索引

避難勧告　避难劝告　108,113,116
避難（勧告）準備情報　避难（劝告）准备信息　116
避難指示　避难指示　116
避難所　避难所　142, 193, 233, 245,250
避難所運営　避难所运营　147
避難所運営訓練　避难所运营训练　148,220
避難生活　避难生活　142
病院前救護　院前救护　81
兵庫行動枠組　兵库行动框架　236
風水害による死　风灾或水灾所致死亡　72
風評被害　风评被害　183
復元＝回復力　复元・恢复力　24
複合性　复合性　175
福祉　福祉　213
婦人会　妇女会　237
婦人防火クラブ　妇女防火俱乐部　237
復旧　复旧　152
復旧情報　复旧信息　108
復興　复兴　152
復興援助　复兴援助　198
復興計画　复兴计划　226
復興都市計画事業　复兴城市计划事业　152,159
プッシュ・メディア　推力媒体　110

不燃領域率　不燃空间率　189
プラント班　设备组　181
フリッツ，E.　E.佛瑞茨（E.Fritz）　8
プリンス，S.H.　S.H.普林斯（S.H.Prince）　18
プル・メディア　引力媒体　110
ベック，U.　U.贝克　199
ペルー地震（1970年）　秘鲁地震（1970年）　38
防護対策　防护对策　181
防災　防灾　212
防災意識　防灾意识　102
防災機能拡張組織　功能扩张防灾组织　88
防災教育　防灾教育　31, 102, 129, 206,220
防災高専門組織　高度专业性防灾组织　87
防災システム　防灾系统　204
防災能力　防灾能力　237
防災福祉コミュニティ　防灾福祉社区　212
防災マップ　防灾地图　256
防災無線　防灾无线广播　110
放射線　放射线　179
放射線医学総合研究所　放射线医学综合研究所　183
放射線班　放射线组　181
放射能　放射能　179

455

北海道南西沖地震　北海道西南冲地震　115

ボトムアップ式の訓練手法　自下而上式决策的训练方法　150

ボランティア　志愿者　30,254

ボランティア活動　志愿者活动　50

ボランティア元年　志愿者活动元年　53

ボランティアコーディネート　志愿者活动协调和调配　54,250,254

ボランティア組織　志愿者组织　99

ボランティア団体　志愿者团体　89

ま

まちづくり協議会　街区建设协商会议　226

マルチステークホルダー　各种相关人员　185

明治大津波　明治大海啸　55

メキシコ地震（1985年）　墨西哥地震（1985年）　38

木造老朽家屋　老旧木结构住宅　156

物語復興　故事复兴　157

や

山口弥一郎　山口弥一郎　55

ヨウ素剤　碘片　182

余震情報パニック　余震信息引起的恐慌行为　29,118

ら

ライフライン　生命线　88,108

ラポール（rapport）　相互信赖的友好关系　258

リーダーシップ　领导能力　240

リスク社会　风险社会　210,247

流言　流言　112

臨界　临界　180

臨時火山情報　临时火山信息　119

臨時震災救護事業局　临时震灾救护事业局　54

レジリアンス　应变及恢复能力　185

連鎖性　连锁性　175

69年周期説　69年周期说　62

ロジスティック　兵站服务　49

ロマプリエータ地震　美国加州Loma Prieta地震　157

わ

ワークショップ　自主集体研习活动　252

BCP（Business Continuity Plan）　灾时工作持续计划　209,225

DIG（Disaster Imagination Game）　灾害想象游戏　210,220

索引

DRC 類型　一种关于灾害救援组织的结构和功能的分类模型　32
FEMA（連邦緊急事態管理庁）　联邦紧急事务管理署　20
GDP　国内生产总值　203
JCO 臨界事故　JCO 核燃料处理工厂临界事故　81
JR 福知山線事故　JR 福知山线事故　180

NGO　非政府组织　50
NGO バブル　泡沫 NGO　198
NGO　非营利组织　256
NGO 法　非营利组织法　247
PTSD（心的外傷後ストレス障害）　创伤后应激障碍　77,94,99,183
SPEEDI　大型计算机　181

457

图书在版编目(CIP)数据

灾害与社会.1,灾害社会学导论/(日)大矢根淳等编著;蔡骥,翟四可译.—北京:商务印书馆,2017
ISBN 978-7-100-09797-0

Ⅰ.①灾…　Ⅱ.①大…②蔡…③翟…　Ⅲ.①灾害学—社会学—研究　Ⅳ.①X4-05

中国版本图书馆CIP数据核字(2013)第027203号

权利保留,侵权必究。

灾害与社会
1
灾害社会学导论

〔日〕大矢根淳　浦野正树　编著
　　　田中淳　吉井博明
蔡骥　翟四可　译

商务印书馆出版
(北京王府井大街36号　邮政编码100710)
商务印书馆发行
北京市艺辉印刷有限公司印刷
ISBN 978-7-100-09797-0

2017年4月第1版　开本850×1168　1/32
2017年4月北京第1次印刷　印张15½
定价:49.00元